뚜벅부부의 배낭여행기 ①
중국에서 유럽까지

지구와 연애하는 법

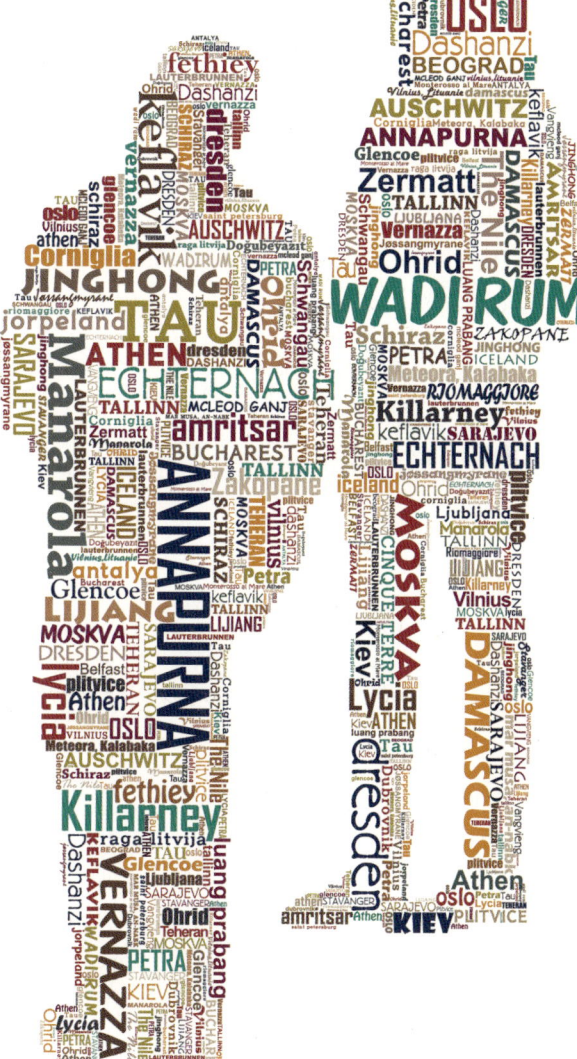

뚜벅부부의 배낭여행기 ①
지구와 **연애**하는 법

초판 1쇄 발행 2012년 7월 5일
초판 2쇄 발행 2012년 7월 25일

지은이 김승란 · 이호철
발행인 진현욱
기획 남기수, 곽동대
디자인 이경영, 곽선미, 조윤정
App 개발 조승현(TouchFarm)
인쇄 대일프린텍

발행처 엔크리에이티브(주) 도서출판 예린원 (출판등록 제9-86호)
주소 : 부산시 해운대구 수영강변대로 140 BCC 621호
전화 : 051-747-5099 팩스 : 051-747-6299
ncreativeinc@daum.net
blog.daum.net/ncreativeinc

ISBN 978-89-967311-7-7 (03980)

* 잘못된 책은 바꾸어 드립니다.
* 값은 뒷표지에 있습니다.
* 저자와의 협의에 의해 인지를 붙이지 않습니다.

ⓒ 김승란 · 이호철, 2012

뚜벅부부의 배낭여행기 ①
중국에서 유럽까지 **지구와
연애하는 법**

Greenland Sea
Barents Sea
Norwegian Sea
Denmark Strait
Iceland
Sweden
Norway
North Sea
Ireland
Germany
Poland
Belarus
Ukraine
Czech
Hungary
Romania
France
Spain
Bulgaria
Black Sea
Turkey
Greece
Mediterranean Sea
Iraq
Egypt
Libya
Algeria
Saudi Arabia
Morocco
Mauritania
Mali
Niger
Red Sea
Yemen
Sudan
Nigeria
Ethiopia
Kenya
Tanzania
Angola
Zambia
Namibia
Botswana
Zimbabwe
Mozambique
Madagascar
1 TRAVEL
2 TRAVEL
South Atlantic Ocean

추천의 글

자유로운 영혼,
이 아름다운 부부의 세계 유랑기

1990년 가을, 〈한겨레〉 워싱턴 특파원을 하던 나는 조지 부시 미국 대통령과 미하일 고르바초프 소련 당서기 사이에 이뤄진 정상회담을 취재하기 위해 핀란드의 헬싱키로 갔다. 마침 그때는 미국과 소련 사이 냉전도 크게 누그러졌고, 이에 앞서 지중해 몰타에서 있었던 미소 정상회담에서는 냉전의 종식이 공식으로 선언되기도 했다.

정상회담 관련 기사를 서울에 송고한 뒤 숙소 근방에 있는 조그만 호수 쪽으로 발걸음을 옮기는데, 길가에 '조르바'라는 이름의 조그만 레스토랑이 보였다. 들어 가보니 손님은 별로 없었다. 맥주를 시켜 마시면서 집 주인인 듯한 중년의 사내에게 청을 건냈다. 레스토랑 이름이 '조르바'이니, 혹시 영화 〈그리스인 조르바〉에 나오는 미키스 데오도라키스의 곡 '조르바의 춤'을 들을 수 있느냐고 물어보았다. 중년의 사내는 당연한 걸 묻는다는 듯 엷은 미소를 지으면서 카운터로 가더니 '조르바의 춤'을 들려주었다.

난생 처음 와본 북 유럽의 낯선 땅의 조그만 레스토랑에서 혼자 맥주를 마시며 듣는 '조르바의 춤'은 내게 경이로울 정도로 자유로운 해방감을 느끼게 해 주었다.
아마도 우리가 여행에서, 특히 전혀 다른 자연, 언어, 종족들이 살아가는 곳을 찾아간 여행에서 느끼는 것은 바로 이런 자유로운 해방감이 아닐까 싶다. 거기에서 우리는 '일상'의 단조로운 반복과, 삶의 이런저런 의무와 조건들의 억압으로부터 해방감을 느끼게 된다.

그러나 그게 어디 쉬운 일인가. 살아가는 일에서 자유로워진다는 게 어디 쉬운 일인가. '일상'에서 해방되자고 발버둥을 치지만, 그 '일상'의 무게는 천근바위처럼 무겁다. 특히 사회와 역사의 조건이 엄중해지면 우리의 머리와 가슴, 어깨를 짓누르는 짐은 더욱 무거워진다.

불과 몇 해 전, 나는 이를 온몸으로 겪었다. 2008년 8월, KBS 사장에서 강제 해임되었을 때, 나는 이제 모든 의무와 책임에서 벗어나 완전한 자유인이 되겠다고 마음먹었다. 마음껏 게으름도 피우고, 아무런 계획도 없이 그냥 아무데고 떠나 느릿느릿 걷겠다고 다짐했다. 닉네임도 '완전한 자유인'으로 하여 포탈에 등록했다. 헬싱키의 '조르바' 경험을 이제 본격적으로 해볼 참이었다. 우선은 우리 땅을 샅샅이 누비고 다닐 작정이었다.
그러나 나의 '조르바 꿈'은 검찰이 배임죄 기소와 함께 보낸 무려 6천 쪽에 이르는 수사 자료와 뒤 이은 기나긴 법정으로 이어지면서 산산조각이 나고 말았다.

그 시절, 나는 이루지 못한 '조르바 꿈'을 간접적으로나마 해소하기 위해 인터넷의 한 블로그를 열심히 찾았다. 그곳은 오아시스였다. 가보지 못한 세상 온갖 곳의 경이로운 모습과 사람들, 역사의 이야기가 가득 담겨 있었다. 천의무봉 같은, 자유로운 영혼을 가진 이호철·김승란의 블로그 '푸른 지구를 찾아 떠나는 여행'(blog.daum.net/freeleeandkim)이었다.
블로그 이름이 그러하듯, 이들에게 가장 중요한 가치는 어디에도 매이지 않는 자유, 해방인 듯하다. 그러기에 블로그 들머리에 이런 글을 담았을 터다.

노래하라.
아무도 듣지 않는 것처럼.
춤추라.
아무도 바라보고 있지 않는 것처럼.
일하라.
돈이 필요하지 않는 것처럼.

자유로운 영혼, 해방, 해탈의 경지다. 그리고 블로그 홈페이지에 펼쳐지는 한 장의 사진 – 미국 자이온 캐넌을 바라보는 김승란 선생의 뒷모습을 보면, 그냥 가슴이 벅차오른다. 저 경이로운 자연을 보면서, 그리고 그 앞에서 서 있는 자그마한 우리 인간을 보면서, 어찌 겸허해지지 않을 수 있을까.

내가 이 블로그를 보면서 늘 감탄한 일이 있다. 어떻게 이렇게 꼼꼼하게 기록하고, 수많은 사진을 남기고, 심지어 온갖 자질구레한 비용까지 다 남겨놓을 수 있을까. 여행을 다니면서 그걸 기록으로 남겨야 한다는 '압박'이 있으면 온전히 여행을 즐길 수가 없다.
여행은 그야말로 아무런 의무감이나 압박없이, 완전히 풀어진 자유의 상태에서 게으름과 해방감을 마음껏 즐기는 것인데, 기록으로 남겨야 한다는 그 부담은 엄청난 압박이 될 수밖에 없다. 그런데도 김승란 선생은 정말 꼼꼼하게 모든 걸 다 챙기고, 기록하고, 그걸 또 블로그에 옮겨놓는다. 남을 위한 배려가 없다면, 이건 불가능한 일이다.

이호철 선생은 아는 분들이야 다 알겠지만, 노무현 변호사의 삶을 근본적으로 바꿔놓은 '부림 사건'의 핵심 인물이다. 노무현 대통령의 자서전 〈운명이다〉에는 이런 구절이 나온다. "내 운명을 바꾸었던 '그 사건'을 만나고 나서야, 나는 판사로 변호사로 사는 동안 애써 억눌러 왔던 내면의 소리를 진지하게 듣게 되었다. 내 삶이 부끄럽게 느껴졌다."

부산 재야 활동에서부터 시작하여 청와대 민정수석까지 20여 년을 노무현 대통령과 함께 생활한 그에게 '노무현'은 그야말로 하늘이요, 바람이요, 모든 것이다. 김승란 선생은 오랜 시간 교편생활을 하다, 마침내 '자유의 길'을 결행한다. 이호철과 함께 오랫동안 계획하고 꿈꾸어온 그 길로 떠난다. 그 길 위의 이야기, 그 길에서 만난 사람과 역사, 자연의 이야기가 마침내 한 권의 아름다운 책으로 엮어졌다.

책을 보면 우선 사진이 놀랍다. 온갖 경이로운 자연의 모습이 시원하게 담겨있다. 단순한 자료사진이 아니라, 이호철 김승란 부부가 일일이 다니면서 찍은 것들이니, 훨씬 생생하고 그 값어치가 남다르다. 게다가 맛깔스런 글 솜씨로, 내가 직접 여행을 다니는 듯 착각이 들 정도로 생생하고, 재미있고, 감동적인 장면들과 만나게 된다. 그러면서 이들이 여행하면서 느끼는 것이 그냥 가슴에 젖어온다.

"여행이 우리에게 준 가장 큰 선물은 하늘과 땅, 태양과 바람에 가까이 있다는 것입니다. 자연이 주는 작은 소리에도 귀 기울일 수 있고, 그가 베푸는 색깔도 느낄 수 있습니다. 바람소리, 모래 흐르는 소리, 풀이 사그락사그락 움직이는 소리도 이제는 들립니다. 태양에 붉게 물드는 땅, 시시각각 변하는 하늘의 색깔도 즐깁니다." 김승란 선생이 자연의 경이로움에 감탄하며 이를 꼼꼼하게 기록하는 반면에 이호철 선생은 역사의 뜻, 자연의 의미를 새기는 구도자의 모습이다. 아이슬란드의 빙하 지역을 찾았을 때 그런 모습을 보게된다.

"나는 이 음산함이 두렵기만 한데, 남편은 격렬한 떨림을 전한다. 뭔가 새로운 게 만들어지는 것 같지 않냐고, 새로운 생각을 할 수 있지 않냐고, 틀에 박혀 있는 것보다 아무것도 없는 것이 더 낫지 않냐고. 아무것도 없음이 좋고, 낯설어서 좋고, 경이로워서 신기하다며 웬만해선 카메라 앞에 서질 않는 사람이 아이슬란드에서는 카메라 앞에도 자주 선다."

이들이 길 위에서 띄운 편지들을 읽고, 이들이 만난 사람들과 역사 이야기를 듣고 하다 보면, 어느새 그 모든 것이 내 속에 차곡차곡 담긴다. 그리고 마지막 페이지를 덮고 나면, 이 자유롭고 아름다운 영혼의 부부가 세계 곳곳을 함께 다닌 것 자체가 경이로움으로 느껴진다. 일상을 훌훌 털고, 이렇게 자유로운 영혼이 될 수 있는 용기는 어디에서 오는 것일까.

2012년 6월

정 연 주 (전 KBS 사장)

들어가는 글

여행은 선물

안나 푸르나 트레킹 때였다. 7박 8일의 산행을 마치고 히말라야의 낮은 지역까지 내려온 마지막 날, 우리가 묵을 롯지의 텃밭에서 양배추를 발견했다. 산에서의 며칠 동안 신선한 야채를 통 먹지 못해 안 그래도 그리웠었다. 트레킹 동안은 고산증에 대한 두려움 때문에 모든 것을 조심조심 했지만 4천 미터가 넘는 베이스캠프까지 무사히 잘 갔다 왔다는 안도감에다, 아래로 거의 다 내려왔다는 방심까지 합쳐졌을 것이다. 우리는 주인에게 양배추를 통째로 뽑아달라고 부탁했고 그 자리에서 대충 씻어 우걱우걱 씹어 먹었다. 그런데 그날 밤 그만 오지게 탈이 나버렸다. 밤사이 열이 올라 몸은 펄펄 끓었고 망치로 두들겨 맞은 듯이 온 몸이 아팠다. 카트만두로 돌아가야 하는 날을 뒤로 미룬 채 속에 있는 모든 것을 다 토해 내고도 설사는 멈추지 않았다. 네팔 병원에 대한 막연한 불신감 때문에 병원도 찾지 못하고 비상약만 먹으면서 그냥 생으로 앓았다. 단 사흘 만에 몰라보게 변한 몰골로 그래도 여행을 계속하겠다며 우리는 인도 델리로 넘어갔다. 깜깜한 밤, 무거운 배낭을 질질 끌고 포장도 제대로 안된데다 빗물까지 질퍽거리는 델리의 여행자 거리, 파하르간지를 헤매 겨우 잡은 우리의 숙소는 참~~ 그랬다.
창문도 없는 좁은 방안에는 퀴퀴한 냄새가 진동했고 어디선가 날아온 모기는 밖으로 나가지 않고 윙윙거리고 있었다.

"우리 왜 이러고 있지? 뭐 하러 여행 나왔을까?"

우리에게 여행은 한 보따리의 종합 선물이었다. 우선 자연이 다가왔다. 일상에서는 그저 무심히 지나쳤던 바람소리 풀 소리 그리고 태양의 빛깔, 계절의 냄새를 느낄 수 있었다.
우리에게 여행은 같이 한 시간에 대한 추억의 공유다.
일상으로 돌아온 어느 날 남편에게서 문자 메시지와 함께 사진 한 장이 날아들었다.

"여보! 이 사진 보니까 어디가 생각나?"

사진은 한국의 어느 지점이었지만 나의 대답은 두 번을 망설일 것도 없었다.

"독일 포츠담의 상수 공원."

"딩동댕."

어느 날 라디오에서 나오는 노래 한 소절, TV 속의 한 장면을 보고 우리 둘은 함께 했던 어느 나라 어느 마을을 동시에 떠올렸다. 하루 24시간 같은 장면을 같은 시선으로 바라보고 툭툭 던지듯이 생각을 나누는 것이 우리 둘의 여행 방식이었고 그것이 가족들과 친구들에게 보내는 블로그의 글로 나타났다.
여행은 또한 사람을 만나는 일이었다. 이미 역사가 되어 있는 옛날 사람들의 흔적과 자취는 우리와 다른 세상을 만나게 했고 그 사회를 이해하도록 만들었다. 여행을 한 기간은 2년 정도였지만 수억 년을 넘나드는 지구의 역사와 인류의 역사를 만났다. 그리고 여행은 현재의 사람과 현재의 역사를 만나는 일이기도 했다. 그들 또한 우리를 통해 새로운 세상을 만났을 것이다. 그들이 우리의 여행이었고 우리가 그들의 여행이었다.

원래 우리 둘은 남편의 청와대 생활이 끝나면 바로 세계여행을 떠나자고 약속을 했다. 권력이 아니라 자연인으로 돌아가고 싶었다. 무수한 책임이 요구되고 긴장이 연속되는 시간과 이별하고 싶었다. 무엇보다 관료화 되었을지도 모르는 자신을 벗어 던져야 했다. 그를 위해서 우리는 익숙한 시간, 익숙한 습관을 버리고 낯선 것과 만나려고 했다. 외국의 몇 군데로 공부를 하러 갈 수도 있었지만 책상에서 배우기보다는 길 위의 세상에서 배우고 느끼고 싶었다. 그냥 뚜벅뚜벅 우리 두 발로 세상 속으로 걸어 들어가고자 했다. 책임만큼 무거웠던 부담을 훌훌 털고 무엇보다 가벼운 자유의 발길이 닿는 대로 세상을 보고 싶었다. 넓은 세상에 대해 궁금했고 우리와는 다른 사람들의 사는 모습을 보고 싶었다. 낯선 지구 환경과 인류의 장구한 역사에 대해 그 수만 년의 시간 속으로 들어가서 배우고 싶었다.

그러나 금방 여행을 떠나지는 못했다. 노무현 대통령의 퇴임과 함께 남편은 봉하로 내려와 농사를 지었고 그해 연말에서야 우리 둘은 배낭을 쌀 수 있었다. 꼭 1년만 세계 여행을 한 뒤 다시 돌아와 생활 터전을 아예 봉하로 옮길 계획이었다. 그러나 여행 몇 달 만에 대통령님은 서거하셨고 우리는 여행을 중도에 포기했다. 그러나 한국으로 돌아와 삼재까지 마치고 우리는 다시 여행을 나갔다. 혹사에 가까울 만치 우리는 걷고 또 걸었다. 그리고 일년만 여행하고 봉하로 복귀하겠다던 우리의 계획은 바뀌었고 중국부터 유럽까지의 1년 여행을 마치고도 북미대륙과 실크로드까지, 2010년 겨울까지 세상 속을 걸어 다녔다.

대통령님이 돌아가신 지 벌써 삼년. 이제는 그가 떠난 자리에 조금은 익숙해 간다. 그러나 낯설고 새로운 것을 만나는 우리의 일상은 여전히 여행 같다. 반드시 떠나야만 만나는 여행이 아니라 지금의 이 삶이 여행이다.

책으로 엮은 글은 여행을 다니면서 가족과 주변 사람들에게 안부를 전하기 위하여 개인 블로그에 올린 내용이다. 거기에다 여행지마다 노트에 긁적여 놓았던 일기를 첨부하여 약간 정리하였다. 망설이고 있던 우리를 위로하며 수고를 마다하지 않은 엔크리에이티브의 진현욱대표, 남기수이사께 감사드린다.
여행을 다니면서 지치고 힘들 때 우리 블로그에 응원을 보내줬던 가족과 친구를 비롯한 모든 분들, 그리고 바람으로 늘 우리와 함께 하신 대장님께 이 책을 바친다.

2012년 6월

김승란 · 이호철

blog.daum.net/freeleeandkim

• Contents •

추천의 글 6

들어가는 글 10

01 길 위에서 띄우는 편지

우리는 잘 있습니다 요르단 와디럼사막 22

무기를 내려놓은 예술의 거리에서 중국 베이징 따산즈 34

나눔을 배우는 새벽에 라오스 루앙프라방 40

티베트를 만나다 인도 맥그로드 간지 46

천개의 바람이 되어 아일랜드 킬라니 52

자연의 시간이 하라는대로 스위스 라우터브룬넨 60

돈을 줘야 하는 이유, 돈을 받아야 하는 이유 우크라이나 키예프 68

사람들이 빛나다 크로아티아 두브로브니크 74

친절과 속임수 사이에서 시리아 다마스쿠스 82

02 세상사람들

- 90 한국인 게이코 중국 징훙
- 96 블랙홀에 빠진 부끄러운 여행자들 라오스 방비엥
- 102 히말라야 트레킹의 동행 네팔 안나푸르나
- 116 세상에서 가장 친절한 사람들 이란 테헤란
- 122 슈퍼와 마르케 할머니 독일 슈방가우
- 128 히치 하이크, 무섭고 슬픈 마리아 슬로베니아 루블라냐
- 136 푸엇 아저씨네 막내 데니스 마케도니아 오흐리드
- 144 묻지도 말고 말하지도 마라 이집트 카이로

03 중년부부의 배낭

You Good! I Good! OK? 아이슬란드 케플라빅 152

역시, 공짜는 없다 독일 드레스덴 160

깨진 노트북과 연어회 노르웨이 오슬로 166

답답이 까막눈의 두려움과 안심 러시아 모스크바 174

여행과 일상 리투아니아 빌뉴스 182

비와 진저 몽키 호스텔 폴란드 자코파네 186

여행의 고수, 여권을 잃어버리다 그리스 아테네 194

음네야와 아미르의 2박3일 이집트 나일강 202

아주 특별한 크리스마스와 생일 선물 시리아 마르무사 수도원 210

겨울밤과 이발소 터키 도우베야짓 222

04 역사를 만나다

230 수십억 년의 지구와 일흔 셋 할아버지 <small>아이슬란드</small>

240 다시 짜맞추는 기억의 편린들 <small>인도 암리차르</small>

248 2500년 만에 만난 페르세폴리스 <small>이란 쉬라즈</small>

254 거리 벽화가 모든 것을 말한다 <small>북아일랜드 벨파스트</small>

260 역사를 기억하지 못하는 자, 다시 그 역사를 반복할 것이다 <small>폴란드 아우슈비츠</small>

266 제국의 도시 혁명의 도시 예술의 도시 <small>러시아 상트페테르부르크</small>

276 이제 더 이상의 맹주는 없다 <small>세르비아 베오그라드</small>

284 살아있어줘서 고맙습니다 <small>보스니아 사라예보</small>

292 차우셰스쿠 궁전과 소박한 교회 <small>루마니아 부쿠레슈티</small>

300 노래혁명, 발트의 길 위에 서다 <small>에스토니아에서 리투아니아까지</small>

05 뚜벅뚜벅 걷다

차마고도는 그들이 살아가는 길이었다 중국 리지앙 310

둘이라서 다행이다 스코틀랜드 글렌코 318

온 몸이 얼어붙던 추위, 그러나 용서한다 스위스 체르마트 326

햇살 눈부신 지중해의 다섯마을을 가다 이탈리아 친케테레 332

고맙다. 튼튼한 두 다리와 두 발에게 노르웨이 스타방예르 338

삶의 질을 묻다 룩셈부르크 뮬러탈 숲 344

한 장의 사진이 심장을 쿵쿵 뛰게 했다 크로아티아 플리트비체 호수 350

수도원이 공중에 매달렸다 그리스 메테오라 356

바람의 계곡에서 붉은 장미를 만나다 요르단 페트라 364

바다였지만, 우리는 올리브 나무 숲 트레킹을 택했다 터키 리키아의 길 374

에필로그

어느 날의 걸음. 와우! 484만 걸음 388

여행경비 결산 404

사진보기

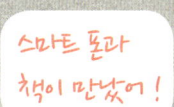
스마트 폰과 책이 만났어!

지도보기

〈지구와 연애하는 법〉을 더 스마트하게 보는 법

아이폰으로 만나는 〈지구와 연애하는 법〉. 책에서 못다 보여준 **사진**, 책으로 보여주기 힘든 **지리정보**, 그리고 **각 여행지 팁**을 iPhone용 App으로 만날 수 있습니다.

1. **App Store**의 검색창에서 〈**지구와 연애**〉를 검색해 **지구와 연애 어플리케이션**을 다운받습니다.
   * 연관 검색어 / 김승란, 이호철, 예린원, N creative, 엔크리에이티브, TouchFarm, 터치팜, 스마트팁

2. 설치한 〈**지구와 연애**〉 **App**을 실행시킨 후 책 속에 **smart TIP** 마크 가 있는 사진을 아이폰 카메라로 인식시킵니다. 인식이 완료되면 화면에는 아래와 같은 서비스를 제공하는 아이콘이 뜹니다. 목록에서 원하는 아이콘을 터치하면 해당 정보를 볼 수 있습니다.

3. 각 서비스에서는 지면의 한계로 미처 소개되지 못한 관련 여행지 사진과 여행 정보 팁, 지리정보를 얻을 수 있습니다. 물론 저자와의 **SNS**, 저자 블로그 방문도 가능합니다.

〈**지구와 연애**〉App을 실행시키고 카메라로 본문 중 TIP 마크가 있는 사진을 인식시킨다.

📱 **App Store에서 다운로드 가능**

〈지구와 연애〉 App 아이콘 설명

카메라뷰 / 스마트 TIP 마크가 있는 페이지의 사진을 카메라로 인식합니다.

지도메뉴 / 구글맵을 통해 해당 지역의 지리 정보를 목록형식으로 볼 수 있습니다.

정보보기 / 각 여행지 입국 시 비자 필요 여부, 부부가 머물렀던 숙소, 그 주변에서 즐길 수 있는 추천 음식에 대한 정보를 볼 수 있습니다.

사진메뉴 / 책에 소개 된 47개 여행지의 사진을 목록 형식으로 볼 수 있습니다.

SNS / 페이스북, 트윗을 통해 저자와 만남을 가질 수 있으며, 저자 블로그로 바로 갈 수 있습니다.

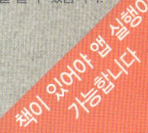
책이 있어야 앱 실행이 가능합니다

길 위에서 띄우는 편지 01

우리는 잘 있습니다_ 요르단 와디럼사막

무기를 내려놓은 예술의 거리에서_ 중국 베이징 따산즈

나눔을 배우는 새벽에_ 라오스 루앙프라방

티베트를 만나다_ 인도 맥그로드 간지

천개의 바람이 되어_ 아일랜드 킬라니

자연의 시간이 하라는대로_ 스위스 라우터브룬넨

돈을 줘야 하는 이유, 돈을 받아야 하는 이유_ 우크라이나 키예프

사람들이 빛나다_ 크로아티아 두브로브니크

친절과 속임수 사이에서_ 시리아 다마스쿠스

우리는 잘 있습니다
요르단 와디럼 사막

해지는 와디럼 사막의 바위언덕

여행이 우리에게 준 가장 큰 선물은 하늘과 땅, 태양과 바람에 가까이 있다는 것입니다. 자연이 주는 작은 소리에도 귀 기울일 수 있고 그가 베푸는 색깔도 느낄 수 있습니다. 바람 소리, 모래 흐르는 소리, 풀이 사그락사그락 움직이는 소리도 이제는 들립니다. 태양에 붉게 물드는 땅, 시시각각 변하는 하늘의 색깔도 즐겁습니다.

사람들은 그럽니다. 여행이 길어질수록 우리의 얼굴이 편안해지는 것 같다고. 우리도 모르는 새 그렇게 바뀌어 가고 있는 모양입니다. 자연을 느낄 여유도 없이 바삐 움직여야 했던 예전과 달리 느긋해진 시간 덕분에 어느덧 자연의 넉넉함을 배우나 봅니다.

아버님, 어머님. 저희들은 지금 요르단 남부의 와디럼 사막에 와 있습니다. 인간이 만든 어떤 건축물보다 더 아름답고 더 광활한 자연 속에 있습니다.

이집트의 다합에서 요르단의 와디럼 사막까지 오는 길은 참 멀었습니다. 아침 일찍 다합을 떠나 누웨이바까지 봉고차로 두 시간, 항구에서 여섯 시간을 기다린 뒤 다시 두 시간 배를 타고 홍해를 건너 요르단의 아카바에 겨우 도착했습니다.

먼 옛날 카라반 무역의 중심지였던 아카바에서 하룻밤을 자고 새벽에 택시를 타고서야 겨우 와디럼 사막의 입구에 도착했습니다.
끝도 없이 펼쳐지는 사막으로 들어가기 위해서는 먼 옛날부터 살아온 베두인 사람들과 함께 가야 합니다. 어디가 어디인지도 제대로 분간할 수 없는 여행자들은 이들이 모는 지프차나 낙타를 타야만 사막을 들어갈 수 있기 때문입니다.

우선은 와디럼의 비지터 센터 Visitor center 에서 우리와 동행할 베두인 가이드를 만나 그가 사는 마을로 들어왔습니다. 아주 작은 마을입니다. 몇 채 안되

는 집과 조그마한 학교가 하나 있습니다. 학교 운동장은 먼지 가득한 마른 풀만 풀썩입니다. 낙타들도 보입니다. 이 녀석들의 몸 색깔은 자연의 색 그대로입니다. 언뜻 보면 모래인지 낙타인지 구별이 잘 안됩니다.

우리의 사막투어는 낙타가 아니라 사륜구동차를 타고 하는 1박 2일 투어입니다. 마음이 설레입니다. 사막 여행은 몇 년 전 모로코의 사하라 사막 이후 처음입니다. 그때도 겨울이었는데 어찌나 추웠던지, 사막엘 들어가려고 하는 지금 한편으로는 설레고 한편으로는 걱정도 됩니다.
우리를 실은 지프차가 출발합니다. 마을을 떠난 지 5분도 안되어 사막이 펼쳐집니다. 오늘 우리 팀은 일본인 카츠, 프랑스인 로렌스, 나미비아인 실키, 그리고 우리 둘. 모두 다섯명 입니다. 고작 일주일 휴가를 받아 요르단으로 여행 온 카츠는 조용한 친구입니다. 그냥 조용히 사막을 느끼고만 있습니다. 로렌스와 실키는 커플인데 참 말이 많습니다. 로렌스는 영화 '아라비아 로렌스'의 실제 배경이기도 했던 와디럼 사막에 들어와서 마치 옛날 자기 집으로 돌아온 것 같다며 떠벌립니다.

아버지! 예전에 우리가 살던 집에는 나무와 꽃이 많았지요. 하루도 빠짐없이 새벽 등산을 다녀오신 아버지는 아침 일찍부터 그 나무와 꽃들에게 물을 주었습니다. 아버지는 아침 식탁에서 한 번씩 우리들에게 물었지요.
　"느거들, 목련꽃 핀 거 봤나?"
　"연산홍 핀 거는 봤나?"
　"… …"
무슨 무슨 꽃 이름을 대며 계절의 변화에 대해서 말씀하셨지만, 저는 꽃이 피었다는 사실을 알고 있었던 적이 거의 없었습니다. 큰 이파리가 뚝뚝 다 떨어지고 난 어느 날, 목련이 피었다가 져버렸구나라고 문득 깨닫기도 했지만 사실 그런 경우도 많지 않았습니다. 꽃이 피는지 지는지 전혀 관심이 없었으니까요. 제가 알 수 있었던 유일한 변화는 천리향 꽃이 피었을 때 뿐이

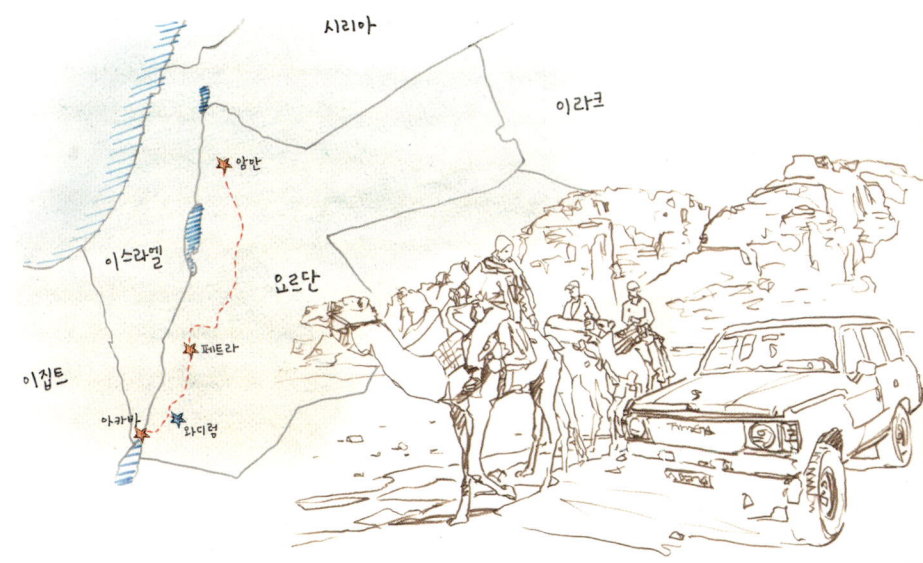

었습니다. 천리까지 꽃향기가 퍼진다는 그 꽃은 제가 관심을 두지 않아도 내 코 밑까지 향기를 들이밀어 꽃이 핀 사실을 느낄 수밖에 없었으니까요. 마당 연못에 살고 있는 콩알만한 물고기의 상태까지 세세하게 살피면서 그녀석들 숨쉬기 좋게 한다며 매일 아침 연못에 떨어진 나뭇잎을 하나하나 다 건져올리던 아버지와 어머니의 모습은 그저 흘러가는 일상처럼 우리 집의 한 풍경이었을 뿐입니다.
저는 밖에서 친구들과 만나는 것이 더 좋았고 날마다 그들과 어울려 계절이 어떻게 가는 줄도 몰랐으니까요.
그랬던 제가, 여행을 떠나오니 자연이 보입니다. 바람소리도 들리고 팍팍한 사막의 벌판에서 자라나는 풀이 소중하게 보입니다.
이런 곳에서도 생명의 씨앗을 뿌려 놓은 이놈들이 대단하게 느껴지기도 하구요. 발걸음을 옮길 때 혹시 이 녀석들을 밟으면 어떡하나 걱정이 되기도 하고 우리 차바퀴가 이들을 쓰윽 밀어버리지 않을까 마음 졸입니다.

우리를 실은 차가 '로렌스의 샘'에 도착했습니다. 계곡 사이 언덕 위로 조금만 올라가면 샘이 있답니다. 낙타에게도 말에게도 샘에서 내려온 물을 마시게 합니다. 베두인 사람들은 관광객들을 위해 천막을 쳐놓고 베두인 차를 팔고 있습니다. 아무것도 없을 것 같은 사막에서도 샘솟는 물이 있다니 참 경이롭습니다.
베두인 가이드는 우리더러 로렌스의 샘이 있는 곳까지 올라가보겠냐고 물었지만 게으른 여행자 다섯, 어느 누구도 원치 않습니다. 산을 오르고 싶어서 여기를 온 것이 아니기 때문입니다. 그저 황량한 사막, 끝도 없이 펼쳐진 모래바다를 보고 싶었기 때문입니다.

베두인 사람들에게 '와디럼'은 그들의 집입니다. 이렇게 척박한 곳에서 어떻게 살 수 있을까, 그냥 한번 들르는 여행자들은 한결같이 의문을 갖지만 그들의 삶에서 이곳은 자연스러운 건지도 모릅니다. 먼지도 바람도 많고 여름에는 덥고 겨울에는 추운 곳. 그러나 이들은 세상 어디보다 여기가 가장

사막의 낙타는 자연의 색 그대로입니다.
언뜻 보면 모래인지 낙타인지
구별이 잘 안됩니다.

편안한 그들의 집입니다. 모래바람을 막아주는 터번과 낙타가 그래서 사막 생활의 가장 자연스러운 동행이겠지요.

제가 와디럼 사막을 알게 된 건 지난해 연말쯤이었습니다. EBS 세계테마기행의 요르단 편에서였습니다. 지난해 연말이라면 십 년 이상을 기다려온 우리의 세계여행이 '실현 가능한 현실'로 다가오고 있는 시점이었습니다. 저도 그렇고 남편도 그렇고 대충 주변의 일들이 정리가 되어 '드디어 여행을 떠날 수 있겠구나' 느끼던 때였습니다. 그때만큼 세계 구석구석이 현실적으로 다가온 적은 없었습니다. 딱 그 무렵, 요르단의 와디럼 사막이 방영된 겁니다. 쿵쿵거리는 심장을 애써 누르며 외마디를 질렀습니다.

"우리, 저곳에도 가자!!!"
지금 우리가 바로 그곳에 와 있습니다. 거칠 것이 아무것도 없는 붉은 사막, 험준한 바위산, 하늘… 그리고 우리가 있습니다.

와디럼Wadi Rum. 와디는 여기 말로 계곡이라는 뜻입니다. 와디럼, 럼 계곡입니다. 사막인데도 이름에 계곡을 붙여 놓은 것은 저 거대한 바위산들 때문일 겁니다. 제일 높은 바위산은 1,700m도 넘는답니다. 우리나라로 치면 사막 한가운데 덕유산만한 높이의 산이 불쑥 솟아 있다는 이야기입니다. 사막에는 모래만 있다고 생각했는데 와디럼의 거대한 바위산은 참 장엄합니다. 거대한 바위산과 모래 계곡이 만들어져 있는 곳이 와디럼 사막입니다.
와디럼은 달의 계곡이라고도 불립니다. 요르단에서 가장 많은 별을 볼 수 있는 곳도 이곳이라고 합니다. 주변에 인공적인 불빛이 하나도 없어 밤이 되면 밤하늘 그대로가 이 광활한 사막 위에 내려앉는다고 합니다. 오늘 밤, 달은 없어도 쏟아지는 별은 마음껏 볼 수 있겠지요. 달의 계곡 와디럼, 별의 계곡 와디럼에서.

한참동안 사막 여기저기를 돌아다니던 지프는 거대한 사구 앞에 우리를 내려놓습니다. 완전 붉은 모래언덕입니다. 발이 푹푹 빠지는 언덕 위를 오릅니다. 미끄러지지 않으려고 발바닥에 힘을 주니 오히려 모래 깊숙이 빠져 올라가기가 더 힘듭니다. 한쪽 발이 모래에 닿는 듯하면 가볍게 힘을 주고 얼른 다른 발로 옮기면 조금 낫습니다. 괜히 힘주며 용을 쓰면 더 오르기 어려운 것이 모래언덕인가 봅니다. 바람이 만들어 놓은 사선의 모래언덕 꼭대기까지 올랐습니다.

사람들이 올라오는 쪽은 발자국이 많지만 다른 한쪽은 사람들의 흔적이 전혀 없습니다. 어쩌면 불어오는 바람이 사람들의 흔적을 금방 지워버리기 때문인지도 모릅니다. 모래산 위에는 바람이 물결을 만들어 놓았습니다. 화면을 잘라버리는 듯 파란 하늘과 붉은 모래언덕이 갈라져 있습니다.

와디럼은 붉은 사막입니다. 모래를 가만 살펴보면 사막을 만들어내고 있는 돌들이 보입니다. 마치 어항 속에 넣어두는 돌처럼 맨들맨들한 붉은 돌입니다. 이 녀석들이 바람에 깎이고 날려서 온통 붉은 와디럼 사막을 만들어 내고 있나 봅니다.

사람의 손길이 전혀 없는 자연 그대로의 사막인 것 같은데 여기도 아주 오래전 옛날 사람들의 흔적이 있습니다. 와디럼 바위산의 벽면에는 수천년 전 사람들이 새겨 놓은 그림을 볼 수 있습니다. 나바티안의 흔적이라고 합니다. 낙타, 새, 사람들이 그려져 있습니다. 와디럼이라는 지명이 그리스 로마 문헌에도 나와 있다는 걸 보면 여기는 아주 오래전부터 사람들이 살았나 봅니다.
여행을 나오니 백 년 이백 년의 역사는 바로 얼마 전 같이 짧게 느껴집니다. 가는 곳마다 천 년 이천 년, 아니 그를 훨씬 뛰어넘는 오랜 시간이 등장하여 인류의 길고도 위대한 역사를 종종 체험하기 때문입니다.
역사는 엄연히 발전하고 있다는 사실을 확실하게 깨닫습니다. 그리고 그 역사의 흐름에는 반드시 인간이 존재하고 있었다는 것도 또 한 번 생각하게

합니다. 단순히 자연만이 덩그러니 있는 것이 아니라 그 자연을 일구어 온 위대한 인간의 역사 말입니다. 카츠와 실키가 열심히 나바티안의 그림들을 보고 있습니다. 한국 일본 프랑스 나미비아. 나라는 달라도 오래전 인류가 남겨놓은 흔적 앞에서 느끼는 감정은 비슷한 가 봅니다.

우리를 태운 지프차는 다시 사막 위를 달립니다. 사막 위에는 따로 정해진 차도가 없지만 나름대로 지키는 규칙은 있는가 봅니다. 중간 중간에 움트고 있는 작은 나무는 살짝 비켜가고 가능하면 앞선 차량들이 만들어 놓은 차도로만 달립니다. 사방천지가 모래사막과 바위산으로 다 비슷하게 생긴 것 같은데 군데군데 찾아가야 하는 다음 목적지에 정확하게 도달하는 걸 보면 사막에도 분명 길이 있나 봅니다.

지프는 사막 이곳저곳을 돌아다녔습니다. 베두인 가이드는 별로 말이 없습니다. 우리더러 모래 언덕을 오르라, 바위산을 타라, 아니면 협곡 속으로 혹은 사막 한가운데로 걸어봐라 하고선 자기는 가만 앉아 사막만 바라보고 있습니다. 때로는 사막 한가운데 자라고 있는 나무만 멀뚱하니 쳐다보고 있습니다. 원래 베두인이 이렇게 무뚝뚝한 건지, 그냥 있는 그대로를 조용히 보고 싶어 하는 우리 팀의 분위기를 존중하는 건지, 자기도 우리도 그저 사막을 느끼고만 있습니다. 그런데 그게 참 좋습니다. 거대한 자연 앞에 오면 인간의 자잘한 설명이 하찮게 느껴지기 때문입니다.

해질녘이 다 되어서야 사막 한가운데 있는 캠프에 우리를 내려놓습니다. 오늘 저녁 우리가 묵어갈 베두인 캠프입니다. 서쪽 하늘에 해가 지려나 봅니다. 해가 뜨고 지는 것은 하루도 빠짐없이 일어나는 일인데 일상에서는 어찌 그리 무심했는지요.

제가 꼬박꼬박 출근하던 시절 - 그리 오래된 일도 아닌데 아주 까마득합니다 - 겨울 이맘때 쯤이면, 해운대 달맞이 언덕을 넘어가는 출근시간이 동해바다에서 떠오르는 일출시간대와 거의 맞아 떨어졌습니다. 바다가 붉게 물드는 장관이 아침마다 펼쳐졌겠지만 꼬부랑 고갯길을 운전해야 하는 저는 거기에 감동할 여유가 없었습니다. 힘든 꼬부랑 고갯길 운전이어서라기보다 늘 지각을 할 듯 말 듯 급했기 때문입니다. 덕분에 천하제일경이라는 해운대 바다의 해맞이는 한 번도 마음 놓고 구경한 적이 없습니다. 그렇게 무심했던 저에게 여행은 아무 걱정 없이 오랫동안 기다려 일출도 보게 하고 또 이렇게 느긋하게 일몰을 감상할 수 있는 기회를 줍니다. 시간에 쫓기지 않아서 얼마나 편안한지 모릅니다.

저녁 바람이 서서히 차가워지기 시작합니다. 와디럼 사막의 해지는 장면을 보기 위해 바위 언덕 위를 올랐습니다. 서쪽 하늘로 넘어가는 태양이 마지막으로 보내오는 붉은 빛으로 온통 물듭니다. 모래사막도 붉고 바위산도 붉고 사람들의 얼굴도 붉어졌습니다.

이제 오늘 밤 잠자리를 준비해야 합니다. 지난번 사하라 사막에서는 잠자리라는 게 맨 모래위의 거적 같은 깔개와 이불, 거기다 사방은 다 열려있고 고작 하늘을 가리는 누더기 천뿐이었는데 그때에 비하면 여기는 호텔급 입니다. 두 명이 들어갈 수 있는 텐트에 담요도 깨끗하게 두 장씩이나 주고 바닥에는 스펀지 시트도 깔려 있습니다. 이만하면 오늘밤은 그리 고생 안 해도 될 것 같습니다. 이제 별이 쏟아지는 요르단에서 가장 아름다운 와디럼의 밤을 기다립니다.

저녁식사 시간이라는 신호가 왔습니다. 사막의 모래에 웅덩이를 파서 구워낸 바비큐 닭과 밥, 브로클리, 감자, 피망 등을 넣어 만든 매콤한 야채 소스, 그리고 빵과 진한 베두인 차까지 맛나는 저녁입니다. 오랜만에 장작이 타는 소리도 들었습니다. 모두들 배불리 저녁을 먹고 나니 베두인 사람들이 전통 악기를 연주하면서 노래까지 불러줍니다. 사하라 사막에서도 느꼈지만 이들의 음률은 참 단조롭습니다. 아프리카의 음악은 선율보다는 흥을 돋우는 박자에 더 치중하는 것 같습니다. 노래가 무슨 내용인지는 모르지만 이들이 두드리는 리듬에 익숙해지면 저절로 흥이 납니다.

밖은 이미 어둡습니다. 과연 하늘에는 별이 쏟아지고 있었습니다. 온갖 별자리들이 눈에 들어오고 정말 오랜만에 은하수도 봅니다.
아버지, 어릴 때 우리 집 옥상에서도 항상 은하수를 볼 수 있었지요. 이제는 부산의 어느 곳에서도 은하수를 볼 수 없게 되어버렸습니다. 어린 날 우리 집 옥상에서 보던 은하수를, 한참이나 멀리 떨어진 이곳 요르단 하늘에서 다시 봅니다. 밤하늘의 별들은 우리 카메라에 담을 수는 없습니다. 실력이 모자라는 건지, 카메라가 밤하늘을 담는데 성능이 부족한 건지… 둘 다 때문이겠지요. 그래서 보여드릴 수가 없습니다. 대신 우리 가슴속에 담습니다.

다시 아침이 왔습니다. 걱정과는 달리 정말 포근한 밤을 보냈습니다. 오늘 아침에는 와디럼 사막에 안개가 피었습니다. 간밤에는 비가 조금 왔는지 텐트 위로 떨어지는 빗소리도 들었습니다. 와디럼 사막은 한여름에는 4~50도를 넘나드는 불볕더위가 계속되고 겨울에만 비가 내린다고 합니다. 이렇게라도 비가 내려주니 사막에도 생명이 살 수 있나 봅니다. 잠결에 들었던 빗소리가 오히려 반가웠던 이유도 '생명' 바로 그것이었습니다. 안개 낀 아침, 사막을 걸어봅니다. 모래가 더 붉게 보입니다. 우리보다 먼저 일어나 사막을 걷고 있는 사람도 보입니다. 이른 아침 우리는 사막위의 한 점이 될 때까지 한참을 걸었습니다.

와디럼을 떠나야 할 시간입니다.
붉은 모래바다와 거대한 바위산, 황량하고 광활한 사막벌판, 바람 소리, 모래 소리, 풀 소리 … 태양 … 쏟아지는 별 …
모두, 여기 그대로 두고 떠납니다.

우리는 잘 있습니다.

무기를 내려놓은 예술의 거리에서

중국 베이징 따산즈

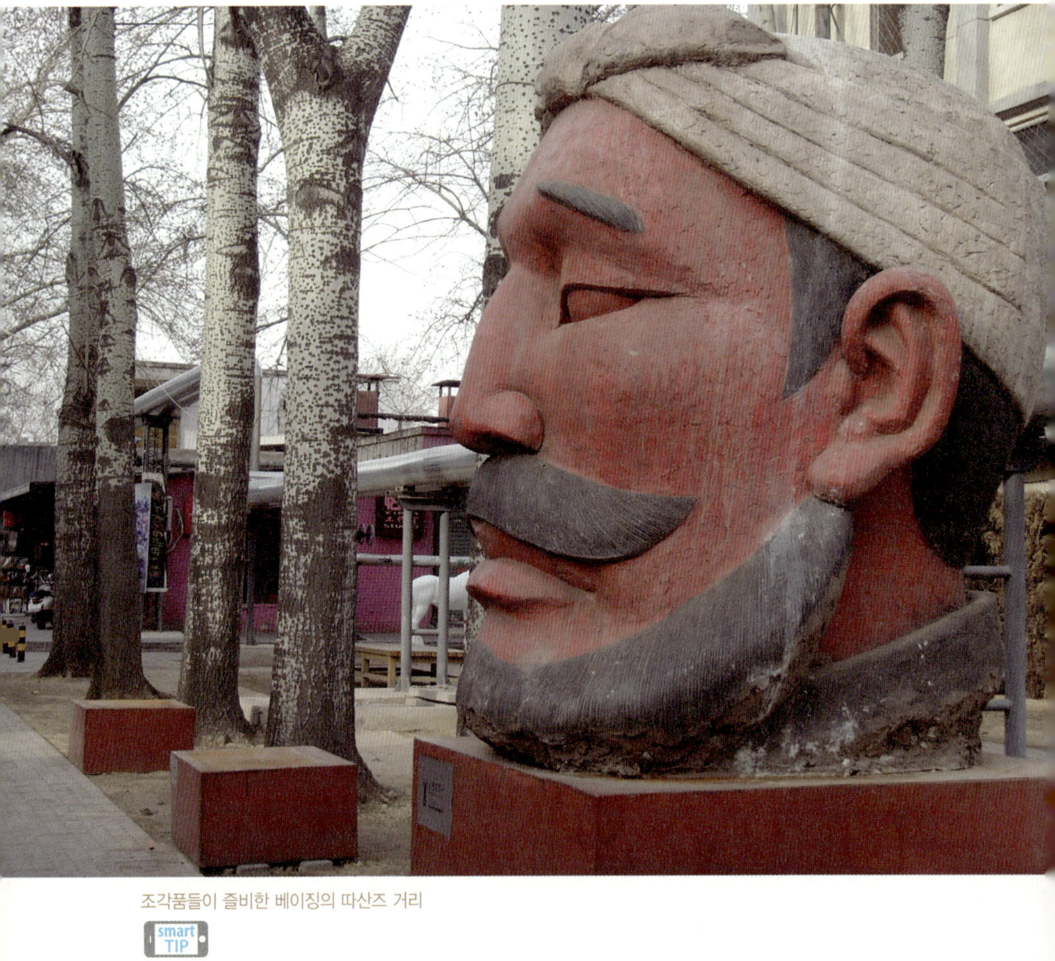

조각품들이 즐비한 베이징의 따산즈 거리

smart TIP

프랑스 파리의 오르세 미술관하면 제일 먼저 떠오르는 사실은 '기차역을 개조해서 만든 미술관'이라는 것입니다. 1900년 파리 만국박람회 개최에 맞추어 단장한 오르세역은 급속한 산업화 발전 과정에서 밀려나 텅 빈 역사로만 쓸쓸하게 남아 있었습니다.
일부에서는 철거를 하자는 의견도 있었으나 프랑스 정부가 이를 보존하는 방안을 강구한 끝에 1980년, 현재의 오르세 미술관으로 거듭났습니다.
미술관이 전시하고 있는 다양하고 수준 높은 작품과는 별도로, 용도폐기된 기차역 건물이 미술관으로 다시 태어났다는 사실 하나만으로도 우리의 관심을 끌었습니다.

우리나라 밀양의 연극촌도 마찬가지입니다. 더 이상 뛰어놀고 공부할 학생이 없어 폐교된 학교가 연극을 위한 공간으로 탈바꿈 하였습니다.
코흘리개 꼬마들의 웃음소리는 이제 더이상 들을 수 없지만 전국에서 모여드는 예술을 사랑하는 사람들의 웃음과 함성이 가득한 곳으로 새롭게 태어난 것입니다.

중국 베이징을 여행하고 있는 우리는 여기에서도 그런 곳을 발견했습니다. '798 예술구', 흔히들 따산즈(大山子)라고 부르는 동네입니다. 수많은 갤러리와 스튜디오, 서점, 까페들이 줄지어 있는 곳. 각종 예술 기획, 전시회, 이벤트가 열리고 거대한 조각들이 골목을 메우고 있는 798 예술 특구.
중국 미술계의 해방구라고 불리우는 이곳은 원래 중국의 군수물자를 만들어내던 거대한 무기 공장이었습니다. 1950년대 같은 공산권 국가였던 동독이 설계하고 구소련이 원조하여 조성한 중국 공업화의 현장, 냉전과 이념의 시대를 상징하는 역사적 현장이었습니다. 그러나 1980년대 중국이 개방 정책을 펼치면서 도심 한가운데 있던 군수 공장은 점점 그 의미를 잃어가기 시작했습니다.

공장은 하나 둘 문을 닫았고 798 거리는 점점 폐허처럼 방치되어 갔습니다.

그러던 중 한 대학 교수가 따산즈 지역 공장의 창고 한켠을 임대 받아 작업장으로 쓰기 시작했습니다. 버려진 공단의 낮은 임대료 덕분이었다고 합니다.

그 후부터 따산즈에는 미술가, 사진작가, 디자이너들이 하나둘씩 모여들어 공장으로 쓰였던 넓은 공간을 활용하여 작업실을 만들고 갤러리를 열어 작품을 전시했습니다. 몇 년도 안되어 따산즈는 유명해지기 시작했고 전 세계 작가들이 전시회를 열고 사람들이 모여 들었습니다. 쇳물을 녹여 무기를 생산하던 공장, 쇠망치 시끄럽던 거리는 조각품과 그림들로 채워졌고 삭막하던 거리는 예술을 사랑하는 사람들로 물결을 이루었습니다.

이곳에는 가동중인 공장도 아직 몇 남아있고 외관은 여전히 원래 공장의 붉은 벽돌과 철재 파이프가 드러나는 오래되고 낡은 건물들입니다. 때로는

중국 베이징 따산즈

1950~60년대의 정치 구호가 쓰여진 벽들도 남아 있습니다. 그러나 베이징 시내 그 어느 곳 보다도 해방의 냄새, 자유의 향기를 풍기고 있는 곳이 따산즈였습니다.

이 거리 저 거리 아무 계획 없이 그저 발길 닿는 대로 돌아 다녔습니다. 어디든 무료로 들어갈 수 있는 갤러리에서는 수많은 작품을 만날 수 있었고 때로는 젊은 작가들이 직접 작업하고 있는 현장을 볼 수도 있었습니다. 골목골목 늘어서 있는 크고 작은 조각은 우리의 눈길을 사로 잡았습니다.

따산즈 거리를 돌아다니면서 이곳이 우리를 감동시키고 있는 이유가 무엇인지 생각했습니다. 많이 바뀌기는 했지만 여전히 더러운 베이징의 일부 거리와 다르게 한결같이 깨끗한 따산즈의 거리? 그것도 부인할 수 없는 사실이었습니다.

낡은 것과 새로움이 만나는 현장? 그것도 사실입니다. 화력발전소를 개조했다는 영국 런던의 현대미술관 테이트모던이나 설탕공장을 재활용했다는 이탈리아 파르마의 파가니니 음악당, 그리고 정수장 건축물을 재활용한 우리나라 서울의 선유도 생태공원 역시 낡음에서 새로움을 창조한 곳이기 때문에 의미 있고 감동적이었습니다. 그러나 따산즈에서는 단순히 창조적 발상이라든가, 건물 사용의 효용성을 넘어서는 특별한 감동이 있었습니다.

무언가를 깨부수고 사람을 죽이는 '파괴'가 목적이었던 무기 생산 공장이 사람들을 행복하게 만드는 '예술 창조'의 공간으로 재탄생했다는 사실이었습니다.

무언가를 깨부수고 사람을 죽이는
'파괴'가 목적이었던 무기 생산 공장이
사람들을 행복하게 만드는
'예술 창조'의 공간으로 재탄생 했습니다.

나눔을 배우는 새벽에

라오스 루앙프라방

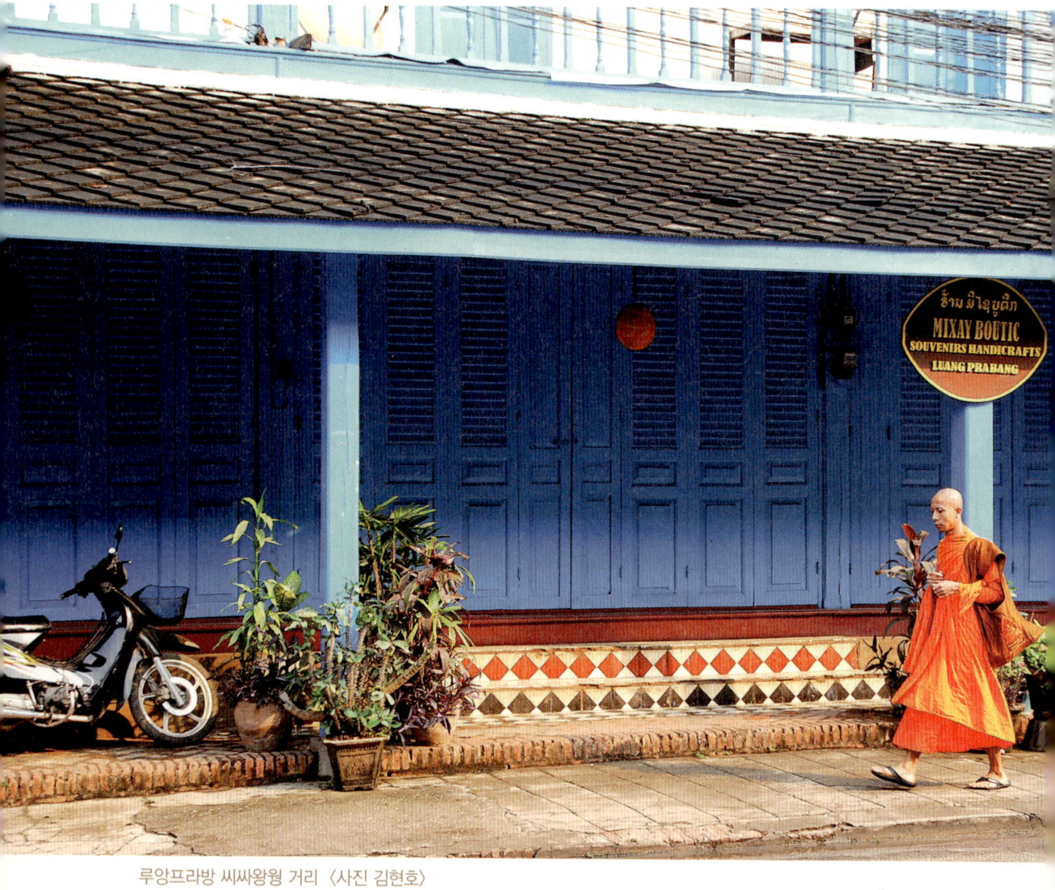

루앙프라방 씨싸왕웡 거리 〈사진 김현호〉

smart TIP

라오스 루앙프라방의 하루는 어둠이 완전히 가시지 않은 어스름한 새벽부터 시작해야 합니다. 조용하던 씨싸왕웡 거리에 사람들이 하나둘씩 모여듭니다. 사람들의 손에는 한결같이 무언가를 하나씩 들고 있습니다. 찰밥, 과일, 과자 등이 담긴 대바구니입니다.

사람들은 옷매무새를 가다듬고 새벽 거리의 땅바닥에 정숙하게 앉아 누군가를 기다립니다. 조금의 시간이 지났습니다. 저 멀리서 주홍색 승복의 스님들이 줄을 지어 걸어오는 것이 보입니다. 나이 든 스님들도 계시지만 아주 어린 스님들도 보입니다. 모두 맨발입니다. 땅바닥에 앉아 있던 사람들은 자신들의 바구니에서 음식을 조금씩 떼어내어 스님들의 대바구니에 넣어줍니다. 스님들의 발우*는 점점 채워지기 시작합니다.
다른 쪽에서도 한 무리의 스님들이 걸어옵니다. 사람들은 또 자신들의 바구니에서 음식을 덜어 스님들에게 공양합니다. 한 시간이 다 되도록 골목골목에서 스님들의 행렬은 이어졌고 사람들의 공양도 계속되었습니다. 루앙프라방의 가장 경건한 아침 풍경, '딱밧'이라는 의식입니다.

딱밧은 승려들이 걸식으로 의식을 해결하는 방법으로 불교에서는 출가 수행자들이 지켜야 할 규율 중의 하나입니다. 라오스에서는 사찰이 곧 학교이며 사람들이 살고 있는 삶의 터전입니다. 수행자들은 딱밧을 통하여 욕심과 아집을 버리고 걸식하는 걸인으로 세상에서 가장 낮은 자세를 배웁니다. 그들이 맨발인 이유도 바로 이 때문입니다. 가난한 나라 라오스의 사람들은 아침마다 스님들을 위해 밥을 짓고 그들에게 밥을 올리며 나눔을 실천하는 공덕을 쌓습니다.

우리를 감동시킨 것은 딱밧의 행렬이 줄지어 가는 제일 마지막입니다. 그곳에는 더 가난한 어른들, 더 어려운 아이들이 빈 바구니를 들고 서 있습니다.

---

* 부처 또는 비구가 소지하는 밥 그릇

탁밧 행렬이 이어지는 루앙프라방의 새벽 〈사진 허발〉

줄지어 오던 스님들은 자신들이 공양 받은 음식의 일부를 떼어내어 그들의 바구니에 담아줍니다. 이로써 마을에 있는 모든 사람들이 밥을 나누어 먹는 셈입니다. 아시아에서 가장 가난하다는 나라, 라오스의 한 도시 루앙프라방에서 아침이면 하루도 빠지지 않고 이루어지는 소박한 나눔입니다.

감동입니다.
어떤 사람들은 이제 딱밧조차도 하나의 관광 상품으로 전락해 버린 것 같다고 씁쓸해합니다. 맞을지도 모릅니다. 경건해야 할 나눔의 행렬은 관광객들에게 일방적으로 노출되고 가까이까지 들이미는 그들의 카메라에 새벽의 의식은 부산스러워 보였습니다.
그러나 이 의식이 상품처럼 변질되어 보이는 것은 구경꾼, 심지어 훼방꾼이 되어버린 바로 관광객 그들 때문일 것입니다. 라오스 사람들에게 '딱밧'은 매일 아침 변함없이 진행되어 온 '함께 나누며 살아가는 경건한 삶의 방식'입니다.

2008년 뉴욕 타임지는 세상에서 꼭 가봐야 할 여행지 1위로 라오스를 꼽았습니다. 바다도 없고 그 흔한 기차도 지하철도 없는 나라, 아직 고속도로가 없는 나라가 라오스입니다. 시간이 딱 멈춘 것 같은 나라입니다. 시끌벅적한 중국을 떠나 라오스로 들어오면서부터는 멈춰있는 풍경에 우리만 달리고 있는 듯한 묘한 느낌을 받았습니다. 덩달아 마음이 급하던 중국과는 달리 라오스 루앙프라방에서는 조용히 웃음 짓는 이 사람들을 닮아가는 듯 우리도 천천히 움직이는 것 같습니다. 닮아야겠다고 스스로에게 다짐하며 느긋해지는지도 모르겠습니다.

이런 말이 있다고 합니다.
    "캄보디아 사람들은 벼를 심고, 베트남 사람들은 벼를 수확하며, 라오스 사람들은 그 벼가 자라나는 소리를 듣고 산다."

자연에 조용히 귀 기울이는 사람들이 있는 곳이 라오스인 것 같습니다. 라오스에는 위대한 유적이 있는 것도 아니고 화려한 자연이 있는 것도 아닙니다. 휘황찬란한 현대 건축물도, 사람들을 빠져들게 하는 예술도 별로 없습니다. 그러나 라오스는 꼭 가봐야 할 여행지로 사람들을 끌어들입니다. 그곳에 가면 사람들을 만날 수 있기 때문입니다. 웃고 있는 사람들을 만날 수 있기 때문입니다.

루앙프라방의 어느 거리에서나 두 손을 모으고 싸바이디(안녕)라고 말하는 수줍은 라오스 사람들을 만납니다. 새벽 딱밧을 마치고 열리는 아침 시장, 어둑어둑 저녁이 되면 열리는 야시장에서도 소란스러움은 없습니다. 결코 손님을 잡아끌거나 흥정을 부치는 요란도 없고 돈이라면 뭐든 다 할 수 있다는 흥청거림도 보이지 않습니다.

도시 곳곳에 있는 사원들도 전혀 유난스럽지 않습니다. 종교가 이들 삶의 전체를 지배하고 있지만 이들은 결코 내세우지 않습니다. 그들의 미소에 모든 것이 다 들어있습니다.

내일이면 루앙프라방을 떠납니다. 6시간이 넘는 버스를 타야 합니다. 그러나 우리는 벌써부터 그리워집니다. 조용한 미소와 함께 우리들에게 건네는 그들의 "싸바이디"가 그리울 겁니다.

하교 길의 라오스 아이들

학교 운동장에서

루앙프라방 야시장

티베트를 만나다

인도 맥그로드 간지

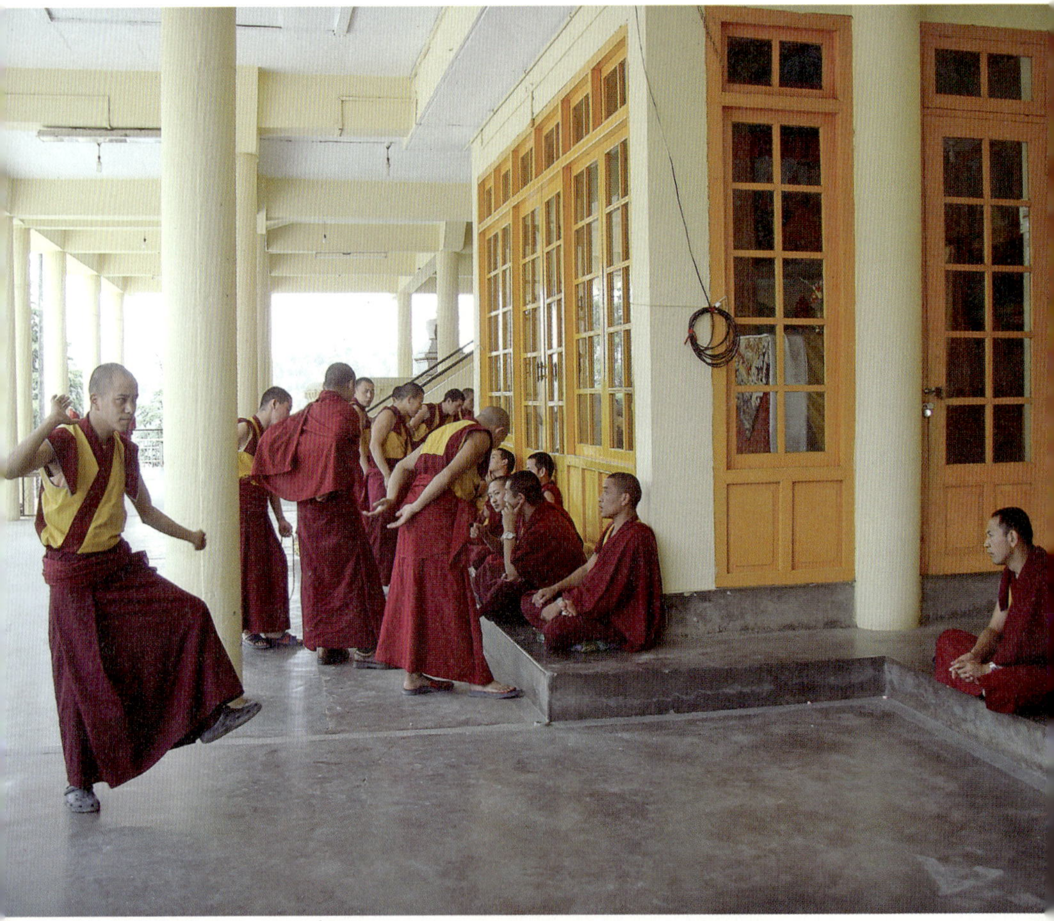

토론중인 스님. 남갈 사원

smart TIP

아직도 인도 북부입니다. 마날리에서 야간버스로 10시간 정도 울퉁불퉁한 산길을 달려온 여기는 맥그로드 간지입니다. 우리나라 사람들에게는 다람살라로 알려진 곳입니다. 정확하게 말하면 1,300m 고지의 다람살라는 아랫마을이고 이곳은 다람살라에서 500m는 더 올라온 맥그로드 간지, 티베트 망명정부가 있는 곳입니다. 티베트 지도자 달라이라마의 거처도 바로 여기 있습니다. 1959년 달라이라마가 망명하여 이곳에 정착한 이후 많은 티베트인들이 목숨을 걸고 중국을 탈출하여 새로운 보금자리를 만든 곳이기도 합니다. 그래서 사람들은 이곳 맥그로드 간지가 중국 땅에 있는 티베트보다 더 티베트다운 곳이라고 합니다. 온 거리에 티베트 스님들이 보이고 티베트 아이들의 학교와 티베트 음식점들이 있습니다.

우리는 이곳에서 며칠째 여장을 풀고 있습니다. 달라이라마가 살고 있는 남갈 사원도 가고 티베트식 오체투지도 배우고 꼬라길도 돌고 있습니다.
3천 미터급 높은 산 트레킹도 하고 제법 먼 이웃 마을까지 마실을 다녀왔습니다. 인도 여행 중 맥그로드 간지에서 몇 개월째 살고 있는 후배 부부를 만난 것도 큰 사건이었습니다. 덕분에 목말라 있던 한국말도 실컷 하고 한국 책도 한가득 빌려놓고 이 마을 주민 처럼 살고 있습니다. 잠시 잃었던 입맛까지 돌아와 맥그로드 간지의 하루하루는 여행이라기보다는 휴식입니다.

며칠째 아침이면 달라이라마가 머물고 있는 남갈 사원을 갔습니다. 달라이라마는 마침 외국에 나가셔서 사원에는 없었습니다. 그러나 사원은 늘 시끌벅적합니다. 스님들이 공부를 하고 있기 때문입니다. 이곳 스님들의 공부는 서로 짝을 지어 토론하는 것이 많은 모양입니다. 그것도 주로 실외에서 토론을 합니다.

"당신은 이 부분에 대해 어떻게 생각하시오"
한 스님이 다른 스님에게 한쪽 다리를 들고 세차게 손뼉을 치면서 물어봅니다. 그러면 상대는 또 큰 몸짓을 하면서 자신의 의견을 말하는 아주 독특한 토론 방식입니다. 밤늦도록 우리 숙소에서도 들리던 요란한 소리 대부분이 스님들의 토론 때문이었습니다.

스님들의 토론장 옆으로는 오체투지를 하는 사람들을 볼 수 있습니다. 오체투지는 몸의 다섯 군데, 즉 양팔 양다리 이마를 땅에 붙이면서 절을 하는 불교 의식을 말합니다. 우리도 사원에 나가는 날에는 옆 사람을 보면서 오체투지를 따라했습니다. 불교를 믿는 것도 아니고 그렇다고 다른 신심이 있는 것도 아니지만 다른 나라의 문화를 배워보자는 생각이었습니다. 몇 번을 하지 않았는데도 온 몸에 땀이 줄줄 흐릅니다.

티베트 사람도 아니면서 오체투지를 하고 있으니까 신기하게 보였나 봅니다. 쳐다보는 사람, 비디오를 찍는 사람, 사진 한 장 찍기를 청하는 사람… 우리에게 많은 관심을 보였습니다. 우리가 영 엉터리로 했는지 사원에서 자원봉사를 하던 사람이 참다못해 정확한 방법을 가르쳐 주기도 했습니다.

하루는 남갈 사원 주변을 도는 꼬라길을 걸었습니다. 여기 사람들은 성지를 오면 주변을 돌아보는 꼬라는 반드시 한다고 합니다. 그들에게는 달라이라마가 살고 있는 이 사원이 바로 성지였습니다. 사원 주변을 한 바퀴 돌기도 하고 여러 번을 돌기도 합니다. 꼬라길의 도중에는 불경이 적혀 있는 조각 헝겊을 자주 만납니다. 타르쵸입니다. 옴마니밧메훔이 적혀 있는 바위가 보이기도 합니다.

불경을 새겨 넣은 둥근 나무통의 마니차를 갖다놓은 곳도 많습니다. 예전에 글을 읽지 못하는 사람들이 글이 적힌 돌을 만지거나 마니차를 한 바퀴 돌리기만 하여도 혹은 타르쵸가 바람에 날리기만 하여도 불경을 한 번 읽은 것과 같다고 했답니다. 종교의 작은 배려를 느낍니다. 꼬라를 도는 중간 중간에도 옴마니밧메훔의 불경소리가 들립니다.

종교가 없는 우리들에게는 꼬라가 구원의 길이 아니라 인도 북부의 히말라야 설산을 볼 수 있는 아름다운 길이었습니다.

타르쵸와 옴마니밧메훔이 쓰여진 바위

이곳을 오기 전까지 우리에게 인도라는 나라는 늘 더운 나라였습니다. 단 한 번도 눈 덮인 인도의 산을 상상도 한 적이 없습니다. 이는 고정관념이라는 게 얼마나 틀릴 수 있는가를 알려주는 계기도 되었지만 관심을 가지지 않은 진실에 대해서 사람이 얼마나 무식할 수 있는가를 알려주는 사건이기도 했습니다. 인도의 북부, 그곳에는 참 아름다운 히말라야 설봉들이 있었습니다.

오늘은 맥그로드 간지에서 바라다보이는 3천 미터 높이의 트리운드에 올랐습니다. 작은 배낭 하나 울러 메고 편안하게 오른 산길이었습니다. 트리운드의 꼭대기 높은 곳에서 오랫동안 앉아있다 왔습니다. 그 길을 따라 계속 산을 넘으면 얼마 전 우리가 떠나온 마날리로 갈 수도 있고 헬레나 노르베르 호지의 '오래된 미래', 라다크에도 갈 수 있습니다. 그러나 우리의 마음은 인도와 티베트를 잇는 험준한 히말라야, 자유를 찾아 목숨을 걸고 산을 넘었다는 티베트 사람들에게 가 있었습니다. 마을의 티베트 박물관에서 보았던 여전히 핍박받고 있는 중국 내의 티베트 민족에 관한 자료들이 떠올랐기 때문입니다.

며칠 전에는 아랫마을 다람살라와 중간에 있는 티베트 망명정부에 갔습니다. 허름한 건물이었지만 그들이 키워나가고 있는 희망을 보았습니다. 중국으로부터의 독립을 위한 대외활동도 있었지만 우리의 눈에 들어온 것은 지금 티베트 사람들을 위한 활동이었습니다. 인도 어느 지역보다 맥그로드 간지가 깨끗했던 것도 망명정부의 환경청 덕분인 듯 보였습니다. 그리고 또 하나 눈에 띈 건 망명정부의 교육부였습니다. 꼬마아이를 맡기는 탁아소부터 학교·사원에 대한 지원은 물론 망명한 어른들을 위한 교육도 하고 있었습니다. 이들이 진정으로 바라는 것은 중국으로부터의 평화로운 독립, 그리고 티베트 정부의 건설이기 때문입니다.

맥그로드 간지에 있는 내내 자비심, 사랑, 봉사, 행복, 평화와 같은 단어가 우리를 따라 다녔습니다. 티베트라는 나라가 그랬고, 망명정부가 그랬고, 전 세계에서 모여든 자원봉사자들이 그랬습니다. 한국에서 두 사람 다 치과의사였던 후배 부부는 그곳에서 티베트 말을 배우고 있었습니다. 탁아소에서 아이들을 돌보는 자원봉사도 하고 낮 동안은 티베트 청년들에게 영어를 가르치는 봉사를 하면서 한편으로는 하루에 몇 시간씩 티베트 말을 배우고 있었습니다. 라다크로 올라가서 봉사활동을 하면서 살고 싶다면서 말입니다.

'당신들의 삶은 한국에서도 이미 봉사활동 그 자체'라고 몇 날 며칠을 같이 있으면서 한국으로 돌아오라고 꼬드기고 있지만 그 결과는 알 수 없습니다. 그들이 결정해야 하는 그들의 삶이기 때문입니다. 다만 우리들은 후배 부부

공중 외줄타기를 하고 있는 딸, 북을 치고 있는 엄마 아빠

뿐만 아니라 맥그로드 간지에서 살고 있는 모든 사람에게서 평화와 사랑의 기운을 가득 받았습니다.

내일이면 아름다운 부부와 아름다운 산과 사랑스러운 이 마을을 떠나 파키스탄과의 국경에 위치한 암리차르로 떠납니다. 여행은 늘 만남과 헤어짐이 있는 것이지만 암리차르, 여하튼 또 새로운 곳으로 떠납니다.

천 개의 바람이 되어

아일랜드 킬라니

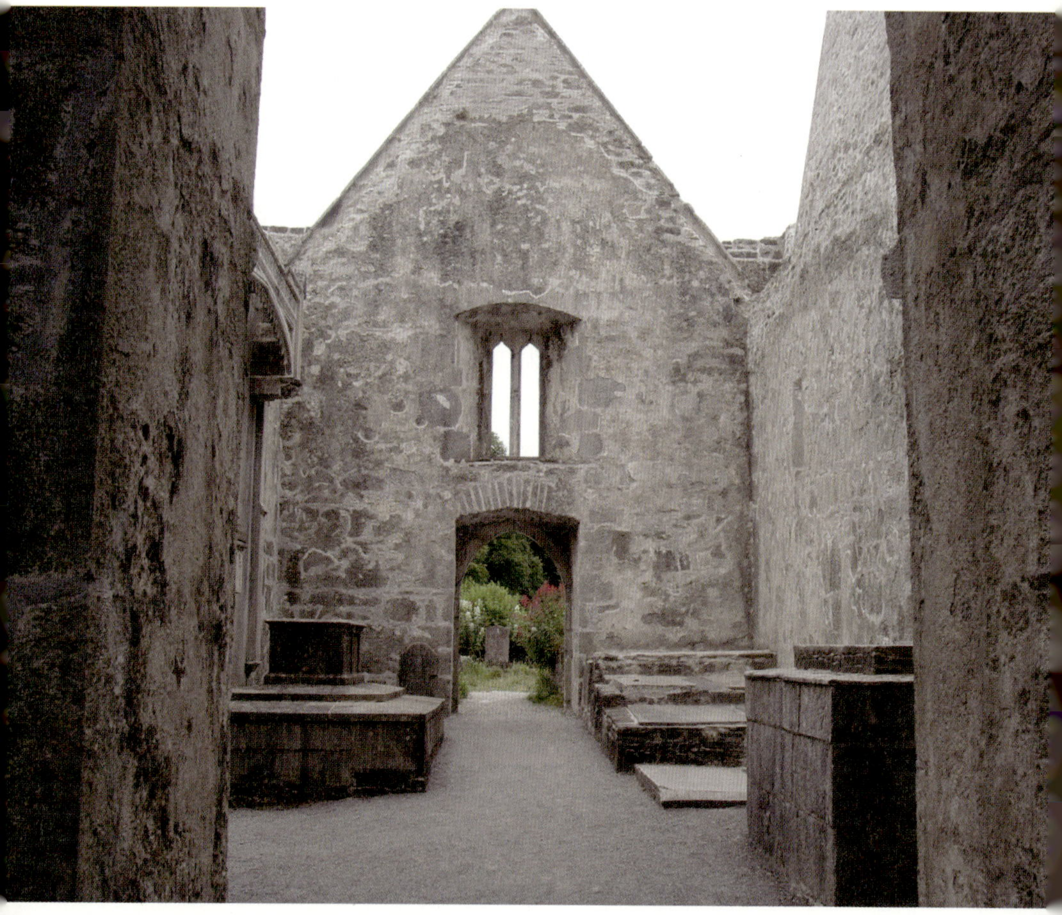

무덤만 남은 킬라니의 오래된 성당, 무크로스

smart TIP

오늘 우리는 다시 여행을 떠납니다. 산다는 것은 사랑하는 사람과 함께 웃고 울면서 지내는 것이라 생각했는데… 한국에서의 지난 3주는 너무나 힘들고 고통스러운 나날이었습니다. 우리가 사랑했던 것 보다 더 많은 사랑을 받아서 고마우면서도 미안하고 미안하면서 원망스럽습니다. 할 말이 너무 많은데 같이 이야기 할 사람도 별로 없고, 원망하지 말라고 하셨지만 가슴에는 원망이 너무 많습니다.

한국에서 우리가 할 일도 없고 어떤 일도 할 수가 없었습니다. 책을 읽을 수도 없고… 잠도 제대로 잘 수가 없고… 꿈에서라도 한 번 보면 마음이 편할 텐데 악몽으로 밤을 보내서… 힘듭니다. 술 마시는 것 말고는 할 수 있는 일이 아무것도 없습니다.

공항에서 한 명의 외국인을 만났는데 그는 밀짚모자에 노란 대장님의 사진을 붙이고 있습니다. 정말 고맙습니다. 외국인까지 그 분을 기억을 해줘서. 우리 둘도 각각의 작은 가방에 노란 추모 매듭을 달았습니다. 불교에서 윤회를 나타내는 끝이 없는 매듭, 진짜 윤회가 되었으면 좋겠습니다.
조카도 대장님도… 한참 뒤에 만날 것을 바라면서… 우리 다시 나갑니다.

- 2009년 6월 16일. 인천공항에서 -

ps. 2009년 5월 말 우리는 이란을 여행하고 있었다. 딸처럼 사랑하던 조카의 죽음과 아버지처럼 따르던 노무현 대통령님의 서거 소식에 우리는 여행을 그만두고 한국으로 돌아왔다. 3~4월 어지러운 한국 소식을 들으며 돌아가야 한다고 생각했으면서도 실행하지 못하고 여행을 계속했던 죄스러움을 우리 스스로도 용서하기 어려웠다. 장례식과 삼재까지. 제정신이 아닌 남편을 부여잡고 다시 여행을 나가자고 내가 설득했다. 주변에서도 "대통령님도 허락하신 여행이었으니 그대로 계속하라"며 남편을 놓아주었다.
아무렇게나 짐을 싸고 다시 나서던 날, 설렘은커녕 두려움조차도 없어져 버린 우리의 여행이었다. 바람이 불었다. 대장님이 오신 거다. 곁에 계신 거다. 항상 우리와 함께 하시는 거다. 그 이후 우리는 세상 모든 곳에서 불어오는 바람을 느꼈고 그 바람과 함께 여행을 했다.

킬라니 시내

지구를 거의 반 바퀴 돌아 도착한 아일랜드의 킬라니입니다. 지금 시각은 저녁 10시. 그러나 아직 해는 지지 않았고 밖은 여전히 훤합니다. 어두워지지 않는 밤, 사람들은 펍으로 모여듭니다. 바이올린 기타 아코디언으로 아일랜드 전통음악을 연주하고 기네스 맥주 한잔을 시켜놓고 밤이 새는 줄도 모릅니다. 떠들썩하게 이야기꽃을 피우고 춤을 추며 노래를 부릅니다. 신기한 것은 펍의 이런 문화가 젊은이들만의 전유물이 아니라 나이든 사람들도 충분히 즐기고 있다는 사실입니다. 우리나라로 치자면 밤마실 격인데 싱그러운 음악과 요란스럽지 않은 춤, 자분자분 이야기가 있는 부러운 나라입니다.

킬라니 국립공원을 구석구석 돌아보기로 하고 자전거를 하루 종일 빌렸습니다. 불편한 마음으로 여행을 다시 떠나오면서 우리는 서로에게 말했습니다. 그저 걸어보자고… 자전거를 탈 수 있으면 하루 종일 바퀴를 굴리고 산을 오를 수 있다면 산을 오르고 트레킹을 할 수 있다면 실컷 트레킹만 하자고… 아일랜드에 가서도 걷고, 스코틀랜드에서도 걷고 또 걷고… 그저 걷자고… 그리고 나서 무슨 생각이라도 해보자고…

자전거를 타고 킬라니 국립공원으로 들어갑니다. 로스 성 Ross Castle, 좁은 숲길, 호수… 달리고 또 달립니다. 숨이 차면 한쪽 옆으로 자전거를 세워두고 그냥 한참을 가만 앉아 있습니다. 돈 아끼려고 점심으로 준비해 간 삶은 감자, 삶은 계란도 까먹고 또 달리다가 또 멍청하게 쉽니다. 잔잔한 호수에 일인용 카약을 타는 사람들, 배를 타는 사람들, 낚시하는 사람들이 보입니다. 아무도 없는 어두운 숲길을 지나기도 하고 두 손을 꼭 잡고 느릿느릿 걸어가는 노부부를 만나기도 합니다.

킬라니 국립공원

푸른 숲의 푸른 나무 향기가 우리를 감쌉니다. 바람이 부는 모양입니다. 바람이 붑니다. 천개의 바람이 붑니다. 치열한 한국과는 상반되는 비현실적인 상황입니다.

미안합니다. 이렇게 아름다운 세상, 우리끼리 봐서 정말 미안합니다.

둘이서 하는 여행이지만 우리 둘은 서로 거의 말이 없습니다.
문득문득 내뱉는 몇 마디가 전부입니다. 다시 자전거를 탑니다. 달립니다. 아침 9시부터 오후 5시까지, 점심 먹고 물 마시고 잠시 쉬는 것을 제외하고는 그냥 자전거만 타고 있습니다.

돌아오는 길에 무크로스 성당 Mukross Abbey 을 들렀습니다. 국립공원 안에 있는 성당이라고 해서 찾았는데 성당은 흔적만 있고 사실은 묘지입니다. 기도실이었다는 표식은 있지만 성당 안도 알고 보니 온통 묘지입니다. 무심한 표정으로 비석 하나하나를 읽어갑니다. 마음이 무겁습니다. 두고 온 한국 생각에 바람만 쳐다봅니다. 작은 비석도 생각나고, 하늘 공원도 떠오릅니다.

여기에 있는 많은 비석들은 대부분 이렇게 시작합니다.
   'In Loving Memory of … His(Her) Wife, son, daughter …'
   아름다운 추억속의 …
그리고 이렇게 끝납니다.
   'Rest In Peace.'
   평화롭게 잠드시기를.

지금 우리가 할 수 있는 것은 Loving Memory를 떠올리는 것과 Rest In Peace를 비는 것일까요? 지금 우리는 작은 배낭에 노란 리본을 달고 다닙니다. 우리가 할 수 있는 것은 아무 것도 없습니다. 끝이 없는 매듭, 다시 돌아오는 윤회의 노란 매듭을 우리의 가방에 달고 다니는 것이 전부입니다.

오늘 우리는 기네스 맥주의 고향 아일랜드에서 기네스 맥주를 한잔 올립니다.
   "In Loving Memory … Rest In Peace …"

미안합니다.

끝이 없는 매듭,
다시 돌아오는 윤회의 노란 매듭을
우리의 가방에 달고 다니는 것이
전부입니다.

자연의 시간이 하라는대로

스위스 라우터브룬넨

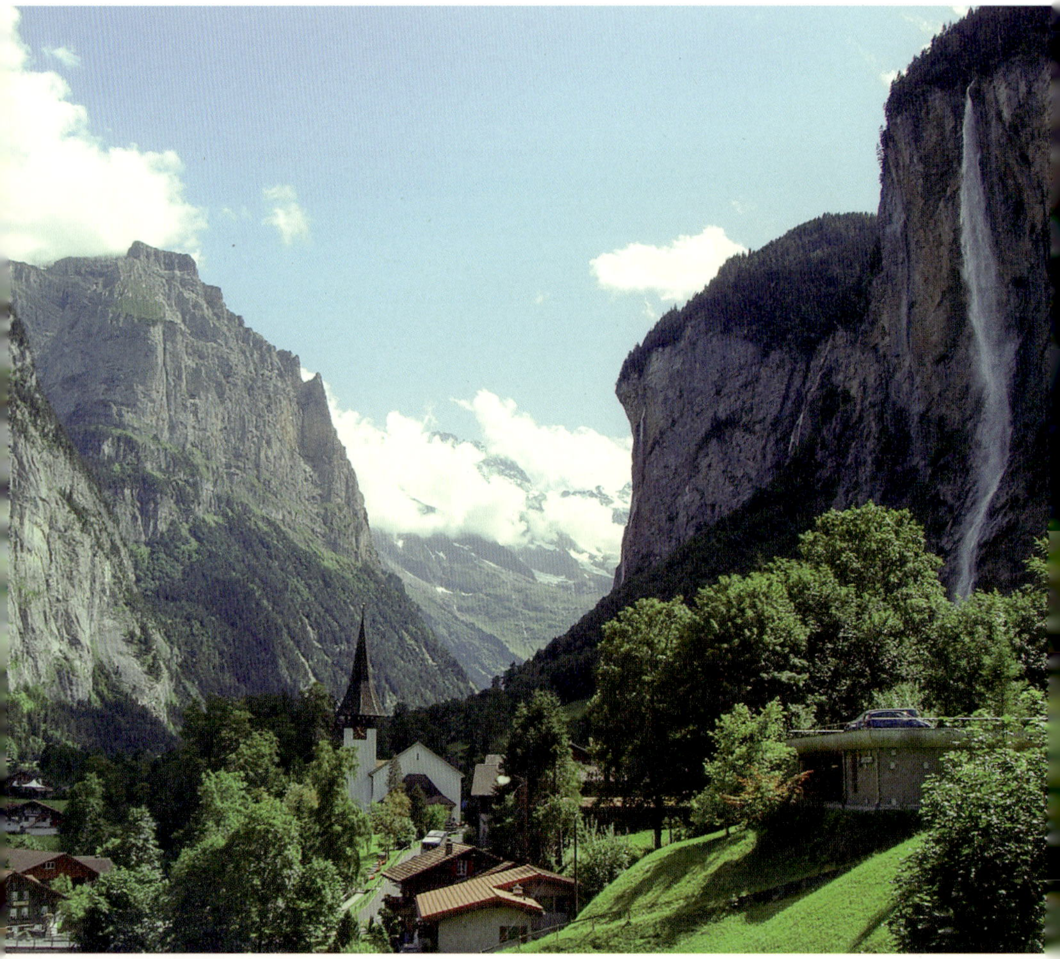

시간을 알리는 종소리가 울리는 라우터브룬넨 골짜기

smart TIP

한국에서의 제 일상은 그랬습니다. 날짜는 기억하지 못해도 요일은 반드시 기억하고 있어야 했습니다. 오늘이 월요일인지 화요일인지 그래서 어느 반 수업이 있고 진도는 어디까지 나가 있고 무엇을 준비해야 하는지 무엇을 들고 교실에 들어가야 하는지.
시간도 정확하게 인지하고 있어야 했습니다.
아침 7시에는 집에서 출발해야 되고 몇 교시에는 수업이 있고 빈 시간에는 무엇을 해야 하는지. 12시는 점심, 저녁 5시가 되면 공식적인 하루 일과 끝. 하루를 이리저리 쪼개고 계산하고 있어야 했습니다.
오늘은 수요일이니까 금요일이니까 학교에 남아야 하고 저녁 9시가 되면 시끌벅적한 아이들의 소리와 함께 집으로 돌아갈 준비를 해야 했습니다.
회의, 약속, 해야 할 일 등 요일과 시간을 기억해야 했고 무엇을 준비해야 하는지 무엇을 처리해야 하는지 신경을 곤두 세워놓고 있어야 했습니다.
날씨와 상관없이, 해 뜨고 지는 시각과 상관없이 그 많은 숫자들을 기억하고 있어야 했습니다.

남편은 훨씬 더했습니다. 양복 안주머니에 넣고 다니는 일주일 단위의 빽빽한 스케줄 표를 보고 기절하는 줄 알았습니다. 요일이나 시간 단위보다 훨씬 세밀하게 분 단위의 일정표를 가지고 있었습니다. 잠시의 여유도 없이 쉴 새 없이 돌아가는 기계 같았습니다. 계절의 시간이나 자연 현상으로의 시간 흐름은 우리와는 먼 이야기였습니다.

사실 여행을 떠나와서도 우리는 시계에서 완전히 벗어나지는 못했습니다. 몇 시 기차를 타야하는지 생각해야 했고 걷고 있더라도 돌아가는 마지막 버스 시간은 놓치지 않아야 했습니다. 몇 일 어느 곳에 예약을 해두었으니 그 날짜를 정확하게 기억하고 있어야 했습니다. 전보다 느슨하기는 했지만 한국에서의 일상과는 또 다르게 시간과 요일에 얽매여야 했습니다.

그런데 알프스 산이 보이는 스위스 라우터브룬넨에서는 순진히 자연의 시간에 우리를 맡기고 있습니다.

'아! 주변이 어두워지는 걸 보니 저녁이 되었구나. 저녁을 먹어야겠어. 배도 부르고 노곤하고 밖은 완전히 어두워졌고… 이제는 잠 잘 시간이다.'

'오늘은 날씨가 맑으려나?'

아침에 일어나 창가에 들어오는 햇살의 양과 하늘의 구름 형태를 보면서 오늘 산을 오를까 말까를 결정합니다.

'오늘 밤엔 별이 많은 걸 보니 내일은 저쪽 산자락을 한번 올라가 볼까?'

'오늘은 두꺼운 옷을 입어야겠구나. 오늘은 그냥 샌들을 신고 나가도 되겠구나.'

'교회의 종소리가 들린다. 또 한 시간이 지나갔나?'

일출과 일몰, 맑음과 흐림, 우리의 일상을 순전히 자연의 변화와 자연의 시간에 맡겨놓고 있습니다.

유럽으로 여행 나오는 언니네 부부가 여기 라우터브룬넨에 나타나기 전까지 벌써 일주일이 넘도록 우리는 그저 편안하게 쉬고 있습니다. 책을 읽고 비디오를 보고 햇살이 화창하면 밖으로 나가 이 산 저 산을 오르고 저녁이면 풀냄새를 맡으며 산책도 나갑니다. 꽈배기처럼 꼬아놓은 파스타 면을 사서 반죽이 필요 없는 수제비를 만들어 먹고 물보다 더 싼 스위스 맥주를 사서 저녁을 즐깁니다. 매일 풀고 다시 싸야 했던 배낭을 한번 펼치고는 며칠 동안이나 다시 챙기지 않아도 되는 매일 같은 방입니다. 참 편합니다.

간밤에는 천둥과 번개가 치고 무섭도록 비가 내리더니 아침에는 구름 하나 없이 하늘이 화창하게 열렸습니다. 우리가 묵고 있는 슈첸바흐 산장의 마당에서도 알프스가 선명하게 드러납니다.

오늘은 산으로 가야겠습니다.

기차를 타고 2,061m의 클라이네 샤이데거까지 올라가서 내려올 때는 걸어서 올 생각입니다. 하늘엔 구름 한 점 없습니다. 차창 밖으로는 자전거로 올라가는 사람들도 보입니다. 대단합니다.
클라이네 샤이데거 역. 많은 여행객이 붐비고 있습니다.

남편과는 이곳이 두 번째 입니다. 20세기의 마지막 해였습니다. 난생 처음 떠나온 유럽. 영국 프랑스 이탈리아를 거쳐 들어온 스위스였습니다. 스위스를 지나 앞으로도 여행 일정은 한참 더 남아있는 시점이었습니다. 우리는 그날 흰 우유 하나와 딸기 잼을 사서 알프스를 오르고 있었습니다.

이탈리아에선가 만난 사람이 알프스에서는 깨끗한 눈을 퍼담고 우유 반 컵과 딸기 잼 한 숟갈을 넣으면 환상적인 천연 빙수가 된다고 해서였습니다. 철없는 부부는 만년설로 만든 환상의 천연빙수를 꿈꾸며 저 아랫동네 인터라켄에서부터 우유와 딸기 잼을 준비했더랬습니다.

그날의 클라이네 샤이데거는 한 치 앞도 보이지 않게 눈보라가 치고 있었습니다. 융프라우 꼭대기까지 올라가는 산악열차에서 내다봤던 세상은 그냥 뿌옇게 흐려 있었습니다. 꼭대기도 마찬가지였습니다. 문을 열고 밖으로 나가는 것은 엄두도 못 냈습니다. 지구 북쪽의 어느 땅이었지만 남극의 블리자드가 부는 듯 했습니다. 커다란 통유리 너머로 보여야 하는 알프스의 위용은 온데간데없고 그냥 아무것도 없는 뿌연 회색의 세상이었습니다. 그래도 괜찮았습니다. TOP OF THE EUROPE이라는 문구와 난생 처음 보는 얼음 궁전이 우리를 흥분시켰습니다. 천연 빙수는 나중에 내려가서 먹어도 될 것이라고 낙관했습니다. 여행을 떠나오기 전부터 메모해두었던 '알프스 꼭대기에서 핫 초코 마시기' 'TOP OF THE EUROPE 글자 앞에서 사진 찍기' 그리고 '세상에서 가장 높은 우체국에서 편지 부치기' 까지… 하나하나

아이거글레셔역에서 내려오는 길

다 했습니다. 그래도 알프스에 올랐다는 흥분을 가라앉힐 수가 없어 한국으로 전화를 걸었습니다.

"여기 알프스예요!!! 유럽에서 제일 높은…"

그러나 전화 너머로 들려오는 음성은 착 가라앉아 있었습니다. 시동생이었습니다.

"아버지가 많이 아프세요."

아버님의 위에는 암세포가 자라고 있었고 수술을 해야한다고 했습니다. 블리자드가 부는 바깥만큼이나 정신이 아득해졌습니다.

지금 당장 돌아가겠노라며 전화를 끊었습니다. 알프스의 꼭대기에서 우리는 갑자기 바빠졌습니다. 돌아갈 수 있는 방법을 찾아내야 했습니다. 항공사에 전화를 걸어 비행기 표를 바꾸고 그 비행기를 탈 수 있는 지점까지 기차를 타고 움직여야 했습니다. 한편으로는 한국에 있는 의사 친구한테 전화를 해서 아버님의 상황을 상담하고 입원하시려는 병원을 알아보았습니다. 그 때 그곳에서 우리가 할 수 있는 최선이었습니다.

다시 산악열차를 타고 클라이네 샤이데거 역까지 내려왔습니다. 올라갈때와 마찬가지로 그곳은 여전히 바람이 세차게 불고 있었고 잔뜩 흐려 있었습니다. 원래는 여기서부터 아래로 걸어 내려가다 어느 모퉁이 동화처럼 나타나는 깨끗한 눈뭉치에 우유와 딸기 잼을 넣은 천연 빙수를 만들어 먹을 작정이었습니다. 그러나 우리는 인터라켄까지 내려가는 기차를 타야했고 다음날 한국행 비행기를 위해 밤늦게라도 제네바에 도착해야 했습니다. 처음 찾은 우리의 알프스는 오직 눈보라 치는 세상과 뿌연 하늘이었습니다.

오늘의 클라이네 샤이데거는 화창합니다. 햇살이 눈부십니다. 욕심을 부립니다. 아이거글레셔 Eigergletscher(2,320m)역까지 걸어 오를 수 있을 것 같습니다. 융프라우를 등지고 산을 오릅니다. 고도가 높아서인지 숨이 찹니다. 아이거 북벽이 보입니다. 등산을 좋아하는 사람들에게는 한 번 오르는 것이 꿈이라지만 우리는 그저 밑에서 바라보기만 합니다. 알프스의 빙하가 바로 눈앞에 보이는 거대한 자연이었습니다. 앞에 사람은  그저 한 점이 되었습니다. 한참을 그대로 앉아 있었습니다. 편합니다. 바빠 서두르지 않아서 좋고 시간에 얽매이지 않아서 좋습니다. 실컷 쉬었고 충분히 즐겼습니다. 이제는 내려가야겠습니다.

바쁠 것도 없습니다. 누군가를 만나야 할 약속도 없고 처리해야 할 일이 있는 것도 아니고. 동화처럼 나타나는 눈동산이 없는 것이 조금 아쉽지만, 우유와 딸기 잼을 넣어 만든 천연빙수는 없지만 천천히 쉬엄쉬엄 다른 사람들도 보면서 산길을 내려갑니다. 2,300m에서 산 위에서 800m 산 아래 마을로 그냥 터벅터벅 걸어 내려갑니다.

2,500m를 넘어가면 풀 한 포기 없는 암벽에 눈 덮인 산만 있다가 아래로 내려가면서 나무는 없이 초록 풀밭만, 그 아래로는 드디어 나무도 보입니다. 생명은 다들 자기가 살아갈 수 있는 곳에 터전을 잡습니다.
1,200m 정도 되는 벵겐Wengen 마을을 지났습니다. 저 멀리 아랫마을이 우리 집(?)이 있는 라우터브룬넨입니다. 십년 전에도 그리고 삼년 전에도 그 자리에 그대로 서 있는 라우터브룬넨의 예쁜 교회가 보입니다.

저녁이 다 돼 가나 봅니다. 햇살도 약해졌고 볕을 묻으며 슬그머니 어둠이 오고 있습니다. 저녁을 알리는 종소리가 들립니다. 자연의 시간이 우리더러 그만 집으로 돌아가 푹 쉬라고 말하고 있습니다.

돈을 줘야 하는 이유,
돈을 받아야 하는 이유
우크라이나 키예프

드네프로 강에서 본 러시아의 어머니

68 길 위에서 띄우는 편지

우크라이나의 수도 키예프입니다. 우크라이나는 옛 소련의 한 연방으로 흑해 연안의 나라입니다. 키예프는 모스크바, 상트페테르부르크와 함께 옛 소련의 3대 도시 중에 하나였습니다.

키예프에서 눈에 가장 많이 띄는 건 성당입니다. 그저 오래된 유적으로 관광지처럼 남아있는 다른 유럽 도시들의 성당과 다르게 이 곳에서는 신앙이 여전히 생활의 중심에 있는 현재 진행형으로 보입니다.
유럽의 성당에는 사실 미사를 드리고 있는 모습보다는 관광객이 더 많았습니다. 그러나 여기는 남녀노소 없이 모두 입구에서 성호를 그리고 성당 안에서는 촛불을 밝히고 기도를 올립니다. 성당을 나설 때도 다시 성호를 그리고 기도를 합니다. 그저 성당이기 때문에 형식적으로나마 예를 지키는 모습은 결코 아닌 듯합니다. 성당 안으로 들어갈 때 여성들은 이슬람권에서 보던 것처럼 반드시 스카프를 두르고 남성들도 아주 경건하게 기도를 합니다. 키예프. 우리는 이곳에서 신앙심 가득한 사람들을 만납니다.

성당의 모양도 다르고 색깔도 다 다릅니다. 푸른색 담과 황금색 돔의 성 미카엘 대성당, 초록 지붕에 돔 끝부분만 황금색인 성 소피아 성당, 정갈한 도미션 성당, 층층의 계단이 눈에 띄는 성 앤드류 성당….
하느님의 영광을 나타내는 성당도 예쁠 필요가 있다는 생각을 문득 해 봅니다. 키예프에는 이런 황금색 돔의 성당이 400여 개는 된다고 합니다. 신앙을 떼놓고 이 사람들의 생활을 이야기 할 수 없는 증거이기도 합니다.

소련 연방이 해체되고 사회주의가 무너졌다고 하지만 그래도 우크라이나에서는 아직 사회주의 냄새가 많이 납니다. 드네프로 강가 어디에서나 볼 수 있는 큰 동상이 대표적인 것입니다. 일명 '러시아의 어머니'라고 불리는 동상, 높이가 무려 62m에 무게가 530톤이랍니다. 스탈린그라드 전투에서 희생된 전쟁 영웅들을 추모하여 러시아의 볼고그라드에 있는 동상을 따라 세운 것입니다. 동상 아래에 있는 기념관에는 소비에트 시절에 영웅 칭호를

크레쉬샤티크 거리 연주자

받은 11,600명의 군인과 200명의 노동자들의 이름이 새겨져 있습니다. 혁명과 이념의 시대가 지나고 난 지금 이렇게 엄청난 규모의 동상은 한 도시를 내려 누르는 듯 죄어옵니다.

'영웅 칭호'와 같은 단어들에서 우리는 어색함을 느낍니다. 동상 바로 아래 놓여져 있는 대포 탱크 헬리곱터, 멀리 세워져 있는 미사일 등에서 사회주의 군사강국을 지향했던 구 소련의 모습을 봅니다.

그 시절엔 그랬을까요? 결연한 의지로 주먹을 꽉 쥐고 서릿발이 내리는 엄중한 눈빛, 어디론가 달려가고 있는 모습을 대형으로 조각해놓고 사람들의 결연한 의지를 불태웠을까요? 그것이 매체이건 길거리의 벽이건 모든 생활에서 선전과 선동이 그리 중요했을까요? 이런 것들이 전 국가적으로 아주 중요한 사업이었을까요?

주변에 있는 조각들이 대부분 총을 들고 수류탄을 던지고 칼을 휘두르는 대형 조각상들입니다. 생활 깊숙이 스며들 듯 도시 전체에 촘촘히 들어서있는 정갈한 그리스 정교회 성당과는 또 다른 선전 선동의 도시 키예프입니다.

키예프의 중심거리 크레쉬샤티크로 나갔습니다. 역시 이곳에도 거리의 음악가들이 있었습니다. 벌써 찬바람이 부는 가을 거리에 정말 잘 어울리는 클래식 기타 연주가 우리의 마음을 사로잡았습니다. 처음 들어본 음악인데 어쩜 그리 분위기와 잘 맞는지 나도 모르게 지갑을 열어 돈을 주고 있었습니다.

지하도로 들어섰습니다. 좁고 어두운 지하도 안에서 영화 레옹의 주제 음악 'The Shape Of My Heart'가 기타 선율로 흐르고 있었습니다. 지나가는 사람도 거의 없는 지하도의 이 벽 저 벽으로 기타 음들이 부딪히면서 더 큰 울림을 만들어 내고 있었습니다. 하마터면 그 지하도에서 울 뻔 했습니다. 너무나 감동적이었습니다. 빠른 손놀림과 열정적인 연주. 우리는 또 지갑을 열었습니다.

남편은 거리의 연주자들을 만나면 이렇게 말하곤 합니다.

'저런 사람들에게는 꼭 돈을 줘야 한다. 저 사람이 연주만 하고 살아갈 수 있도록. 저런 사람이 살기 힘들어서 돈벌이가 되는 다른 일을 찾으러 떠난다면 어떻게 되겠냐? 거리에서 많은 사람들에게 주는 행복과 감동을 없애는 것과 마찬가지 아니냐! 저 사람이 계속 저렇게 멋진 연주를 할 수 있도록, 저것만 하고도 살 수 있도록 그의 음악을 듣는 사람은 반드시 얼마라도 돈을 지불해야 한다.'

맞습니다. 저 사람은 저토록 멋진 연주를 계속하고 돈을 받아서 살아야 하고, 그 음악을 듣고 감동하는 사람은 돈을 내야 한다는 사실.

드라마 촬영지로 유명한 앤드류 성당

남편은 웃으며 여기에 한 가지 덧붙입니다.
우리 같은 사람들에게는 나라에서 여행경비를 대줘야 한다고.
이건 또 웬 궤변?
우리의 여행이 단순히 우리 둘만의 것이 아니라 주변 친구들에게 '세상에 대한 지평을 넓혀주는 것'이라서 그렇답니다.

그러면서 블로그의 글도 그냥 어디를 갔다 왔네, 거기는 그냥 좋더라 라는 식으로 무식하게 쓰지 말고 좀 더 공부하고 좀 더 생각하면서 써야 한답니다. 지금은 그것이 우리가 해야 할 일이랍니다.

어디선가 우리를 응원하고 있는 사람들을 위해 우리를 지켜보고 있는 사람들을 위해 고단한 행군을 이어갑니다. 누가 부르지도 시키지도 않는 행군을 오늘도 계속합니다. 우리 사고의 지평을 넓히기 위해, 그리고 우리를 응원하고 있는 사람들의 지평을 넓히기 위해. 지금 여행을 하고 있는 우리가 받고 있는 주변 사람들의 응원이 바로 그에 응당한 지불이기 때문입니다.

오늘 밤 모스크바로 떠나는 야간기차를 탑니다. 이 밤 내도록 달리는 기차 안에서는 러시아 키릴 문자를 열심히 공부해서 반드시 외워야 합니다. 이건 생활입니다. 러시아라는 또 낯선 곳에서 살아남기 위한 생존법칙입니다.

사람들이 빛나다

크로아티아 두브로브니크

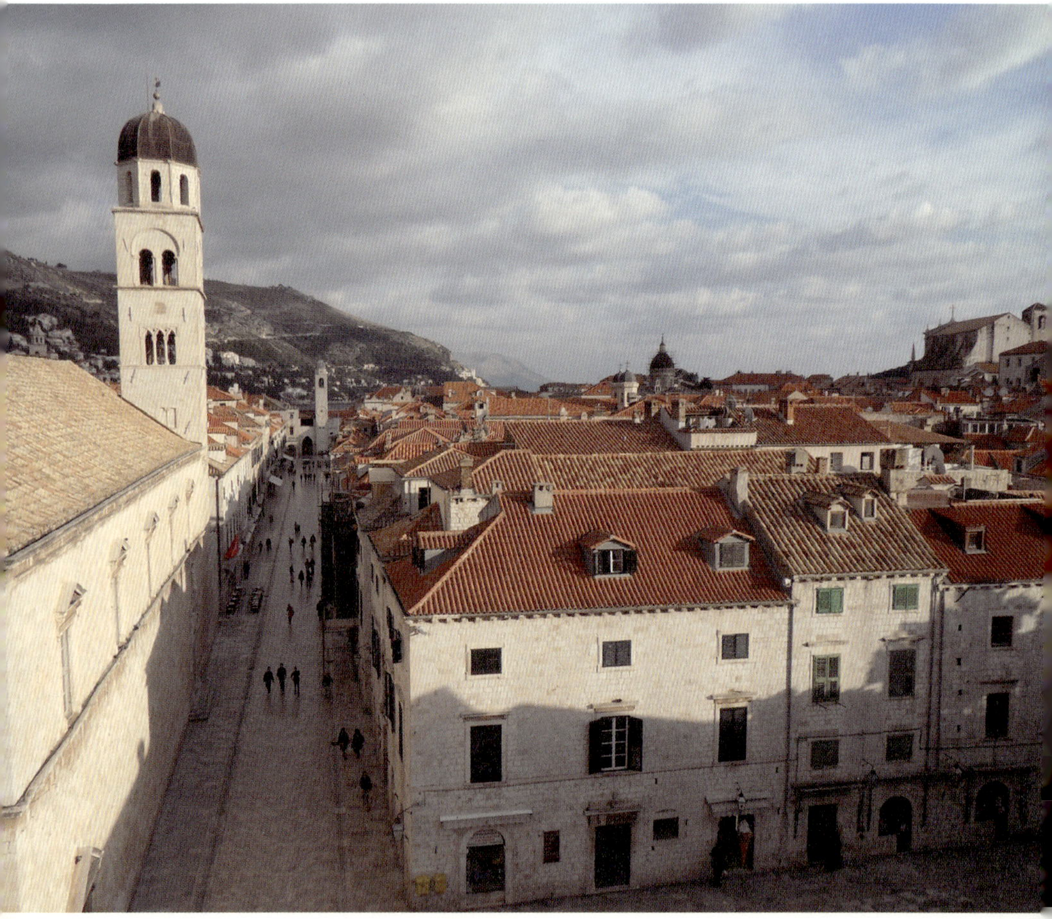

성벽에서 내려다 본 '돌이 마술을 부린 도시' 두브로브니크

smart TIP

시인 바이런은 '아드리아 해의 진주'라 그랬고, 극작가 버나드쇼는 '지상의 천국'이라 했습니다. 투어야 여행사 손준호 대장은 '열정 가득한 사랑의 도시'라 전했고 작가 권삼윤씨는 『두브로브니크는 그 날도 눈부셨다』며 우리를 이끌었습니다. 진주이어야 했고 천국이어야 했으며 사랑 가득한 두브로브니크는 우리가 가는 그 날도 눈부셔야했습니다.

수도 스플리트에서 두브로브니크로 가는 길 내내 푸른 아드리아 해가 펼쳐졌습니다. 차만 타면 자동적으로 골아떨어질 수 있는 나 같은 잠보조차도 4시간이 넘는 해안 길을 따라가는 동안 차창의 절경을 놓칠까 쉽사리 잠을 이룰 수 없었습니다. 6천 km나 된다는 크로아티아의 해안선은 구비구비 돌아가고 있었습니다.

한 모퉁이를 돌면 소담한 마을이, 또 한 구비를 돌아가면 해안가의 조그만 마을이 나타났습니다. 우리가 두브로브니크를 들어서는 그날은 파도조차 일렁이지 않았습니다. 오로지 눈부신 태양과 푸른 바다 뿐, 어느 한 곳 머무르고 싶지 않은 곳이 없었습니다. 굳이 두브로브니크를 가지 않아도 좋다는 생각을 했습니다. 이 해안가의 어느 집에 마냥 머물면서 아무 것도 하지 않는, 심심하면서도 행복한 그런 무료한 한낮을 꿈꾸었습니다.

설레는 마음으로 두브로브니크에 들어섭니다. 성벽으로 둘러싸인 올드타운. 처음 와 본 곳인데도 권삼윤씨의 책을 얼마나 열심히 읽었던지 이미 눈에 익은 장면입니다. 사진을 찍으면서도 예전에 우리가 여기에 서 있었다는 착각이 들 정도였습니다.
어쩌면 이 도시를 들어서기도 전에 나는 스스로에게 강요하고 있었는지도 모릅니다. 두브로브니크는 항상 눈부셔야만 한다고, 그곳은 항상 진주이어야 하고 또 천국이어야 한다고 말입니다.

어떤 도시에 먼저 여행 온 이들의 소감을 마치 내 것인양 하고 그 도시에 도착하면 단정 지은 이미지를 찾아내려고 애써 노력하는 나를 발견합니다.
이건 아닌데 이건 아닌데… 스스로에게 너무 강요한 건 아닌가 반성합니다.
있는 그대로 보자, 보는 대로 느끼자, 다른 사람의 느낌을 내 것인 것처럼 강요하지는 말자. 그곳의 햇살이 눈부시지 않아도 좋고 보석 같지 않아도 괜찮다…
혼자서 자꾸 중얼거립니다.
두브로브니크에 대한 다른 사람의 느낌을 지우려고 애써 노력하지만 어느 새 우리 입에서도 탄성이 터져 나왔습니다.

"정말 아름답다!!!"

올드타운의 필레 게이트 Pile Gate를 들어서자마자 성벽으로 올라갔습니다. 두브로브니크를 온 몸으로 느끼기 위해서였습니다. 두브로브니크가 우리의 감동을 훨씬 더 업그레이드 시킨 건 문화재를 사랑하는 유럽 지성인들의 행동이었습니다.

1991년 6월, 크로아티아는 구 유고연방으로부터 독립을 선언했고 곧바로 세르비아계가 이끄는 신유고 연방군과 치열한 전쟁을 치러야 했습니다.
당시 신유고 해군의 격렬한 포화가 두브로브니크 앞바다에 퍼부어지자 프랑스의 학술원장이었던 장 도르메송은 '유럽 문명의 상징이 불타고 있는데 팔짱만 끼고 있을 것인가'라며 유럽의 지식인들을 이끌고 아드리아 해안에 범선을 띄워 보트시위를 했습니다. 국가와 민족을 떠나 전 인류의 귀중한 문화유산을 지키기 위해 목숨을 걸었던 어느 지성인의 일화는 너무나 감동적이었습니다.

그러나 두브로브니크에 도착한 우리들은 다른 차원의 의문을 던집니다.
문화재에 대한 깊은 애정은 감동적이다 치고, 왜 이 지성인들이 인간의 생명에 대해서는 아무런 말을 하지 않았을까 하는 의문입니다.
문화재의 가치를 평가절하를 하고자 하는 것은 아닙니다. 부서지고 나면 지

성벽으로 둘러싼 두브로브니크 올드타운

금처럼 다시 복원이라도 가능한 문화재의 보존을 위해서는 자신들의 목숨까지 걸었던 사람들이, 한번 잃고 나면 영원히 되살릴 수 없는 사람들의 목숨이 바로 그 문화재 안에서 숨지고 있다는 사실에는 왜 입을 열지 않았는지 안타깝습니다. 해상 보트시위가 단순히 문화재 보호차원만이 아닌 전쟁반대의 상징성도 있다는 것을 이해하면서도 아쉬운 부분입니다.

두브로브니크의 올드타운 전체를 감싸고 있는 성벽 위를 걷습니다. 오른쪽으로는 푸른 아드리아 해가 펼쳐지는 모두 2km의 거리입니다. 목숨을 걸고 온 몸으로 지키고자 했던 유럽 지성인들의 두브로브니크 사랑을 배우며 걷

습니다. 그것이 결코 문화재에 대한 애정만이 아닌, 인간 생명에 대한 사랑이라는 것을 굳게 믿으며 걷습니다.

성벽을 따라 돌다 보면 구시가지의 빼곡한 지붕들이 다 내려다보입니다. 붉은 지붕과 대리석 바닥이 세월과 햇살에 반짝거립니다. 두브로브니크는 동쪽으로 산을 이고 서쪽 해안에 있는 도시라 아침에 해만 뜨고 나면 종일 햇살을 받고 있습니다. 날씨만 흐리지 않다면 하루종일 눈부실 수밖에 없는 곳입니다.

지금도 이곳 사람들은 유고 내전 당시 불바다가 되었던 올드타운의 처참한 모습을 기억하고 있습니다. 자신들의 보금자리가 부서지고 무너지고 불타는 모습을 또렷이 전합니다. 그러나 지금은 말끔하게 제 모습을 되찾았습니다. 피난갔던 사람들은 다시 이곳으로 돌아와 살아남은 가족들과 함께 삶을 이어가고 있습니다. 두브로브니크는 350여 년 전에도 큰 지진이 일어나 대부분의 건물들이 무너진 적이 있습니다. 수백 년의 세월동안 무너짐과 보수, 파괴와 복원이 이어지면서도 두브로브니크는 여전히 그 자리에서 빛나고 있습니다.

성벽을 내려와 구시가지 안을 걷습니다. 두브로브니크가 항상 눈부시다고 칭송을 받는 이유는 도시를 온통 뒤덮고 있는 대리석 벽과 대리석 바닥 때문입니다. 햇살을 받은 대리석이 항상 빛이 나는 '돌이 마술을 부린 도시'이기 때문입니다.

루짜 광장에 있는 한 건물로 들어섭니다. 유고내전 당시 이 도시의 참상과 그때 죽어간 사람들의 사진을 전시해 놓은 곳입니다. 세르비아군의 크로아티아 공격으로 폐허가 된 두브로브니크를 보여주고 있습니다. 한쪽에서는 당시의 장면이 슬라이드로 재생되고 있습니다. 도시가 불타고 건물이 무너지고 있습니다. 다 부서진 건물 잔해 더미 위에 초점 흐린 눈빛이 보입니다. 불과 이십여 년전 지구촌의 한쪽에서 일어난 전쟁입니다.
마음 한 켠으로는 세르비아의 베오그라드가 떠오릅니다. 나토군의 집중포화로 벌집구멍만 남은 채 파괴 되어버린 베오그라드의 건물들을 기억해 냅니다. 세르비아가 유고내전의 원인이라며 받은 공습이었습니다. 죄 없는 가족들이 죽어가야 했다고 슬픈 눈으로 말하던 베오그라드의 사람들과 여기 이 기념관에 걸려있는 크로아티아 젊은이들의 사진이 동시에 겹쳐집니다. 무슨 이유를 들이대도 전쟁이란 인류가 인류에게 저지를 수 있는 가장 큰 죄악입니다.

세계여행을 떠나오기 전, 두브로브니크는 이미 환상의 도시였습니다. 진주요, 천국이요, 사랑이요, 항상 눈부심이었기 때문입니다. 그러나 사흘 내내 두브로브니크를 돌아다니면서 마음이 달라졌습니다.

눈이 부시지 않아도 좋았습니다. 비가 내려도 상관없었습니다. 햇살이 비쳐야만 꼭 눈부신 아름다움이 드러나는 것이 아니라는 걸 알았기 때문입니다. 반짝반짝 빛나는 대리석 바닥같이 눈으로 확인되는 눈부심은 이제 없어도 됐습니다. 하늘과 바다, 자연과 어우러진 도시 경관이 꼭 여행자의 마음을 사로잡는 매력으로 다가올 필요도 이제는 없었습니다.

인간의 생명을 사랑하는 사람들, 인류의 유산을 소중하게 생각하는 사람들의 행동과 실천을 이곳에서 보았기 때문입니다. 죽고 죽이는 전쟁의 소용돌이를 딛고 일어선 이 도시 사람들의 밝은 얼굴에서 진정한 눈부심을 발견했기 때문입니다.

그것이야말로 삶의 한가운데 발견할 수 있는 진주였고 이 도시를 방문한 사람들에게 행복을 주는 천국, 두브로브니크라는 사실을 알게 된 까닭입니다.

친절과 속임수 사이에서

시리아 다마스쿠스

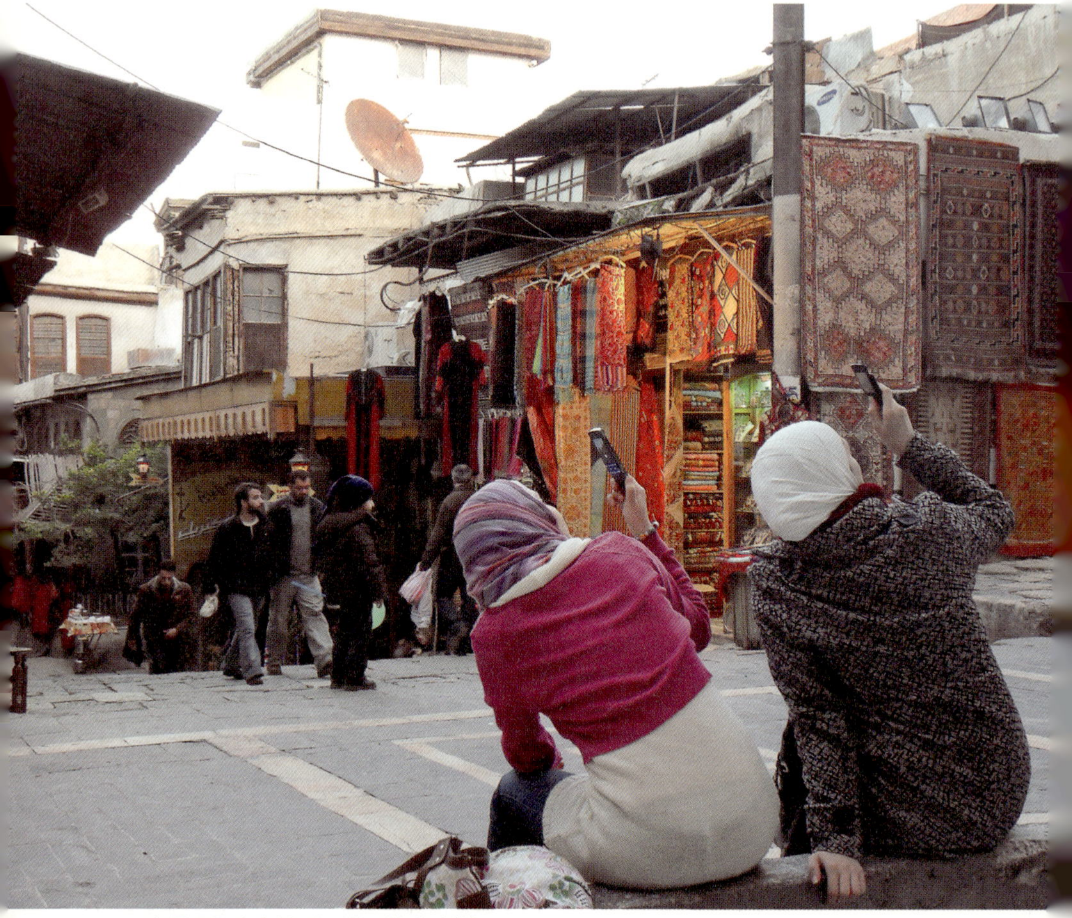

히잡을 두른 채 셀카를 찍고 있는 이슬람 여대생

smart TIP

아주 오래된 도시, 시리아의 다마스쿠스에 들어왔습니다. 다마스쿠스는 BC 5천 년 경에도 사람이 살았던, 세계에서 가장 오래된 도시입니다. 인류 최초의 살인사건으로 알려진, 성경에 나오는 카인이 아벨을 죽였던 장소이기도 합니다. 다마스쿠스는 메소포타미아와 이집트를 연결하는 실크로드의 중심지로 아라비아 상인들이 많이 오가던 도시였습니다. 지리학적으로 중간에 위치한 나라의 운명이 대부분 그러하듯 시리아도 앗시리아, 페르시아, 나바티아, 로마제국, 오스만 투르크 시대에 이어 몽골 시대도 거쳤습니다. 근세에는 프랑스의 지배도 받았던 아주 복잡한 나라입니다. 그래서 이곳을 거쳐 갔던 수많은 나라의 유물들을 발견할 수 있습니다. 다마스쿠스에는 물론 과거만 있는 것은 아닙니다. 올드 시티만 벗어나면 고층빌딩에 고가도로까지 현대적인 분위기를 내는 곳도 많습니다. 그러나 여행자들의 관심은, 먼 옛날이 남아있는 올드 다마스쿠스입니다.

우리가 다마스쿠스에서 보고 싶은 것은 실크로드의 분위기가 남아있는 중세 아라비아입니다. 대상 무역로의 중심지다운 시끌빅적한 시장으로 들어가보고 싶었습니다. 다마스쿠스의 중심에 있는 올드 시티에는 갖가지 물건들을 파는 가게가 즐비합니다. 카페트, 청동과 은, 가죽제품, 그리고 수공예품들이 가득합니다.

상점들의 모양도 옛날 모습 거의 그대로입니다. 1990년대 이후 새로이 정비했다고는 하지만 여전히 나무문에 자신들만의 독특한 분위기를 간직하고 있습니다. 화려한 색깔과 복잡한 무늬의 카펫이 눈에 띕니다. 모던하면서도 심플한 것을 좋아하는 현대인들에게, 뭔지 모를 과거로의 향수를 불러일으킵니다.

이 사람들은 화려한 것을 좋아하는가 봅니다. 카펫의 색깔이나 무늬는 화려하면서도 복잡하고, 작은 쟁반을 하나 만들어도 빈틈없이 아라비안 무늬를 새겨 놓았습니다. 식탁보 하나에도 깨알 같은 코란이 새겨져 있고 금실 은실 장식도 매달려 있습니다. 화려한 금은 제품도 많이 보입니다. 다마스쿠스 시장에서 보이는 금은 세공품, 화려한 직물 등은 대부분이 베두인족의

우마이야드 모스크

예술품입니다. 남편은 이걸 보고 한곳에 정착하지 않고 돌아다니면서 살아가는 유목민들의 특성이라고 합니다.

이들에게는 땅이 중요한 것이 아니라 들고 다니기 편하면서도 값어치가 나가는 금은이 중요한 재산이었을 거랍니다. 한 곳에 정착해 농사를 짓던 우리 조상들에게 땅이 중요한 재산이었던 것처럼 이들에게는 금은이 가장 효과적인 재산 축적의 형태였을 거랍니다. 그래서 금은을 이용한 장식품을 만들어내는 솜씨도 뛰어났을 것이라고.

문득 우리 두 사람의 손가락에 끼어져 있는 금반지를 봅니다. 보석 따위를 전혀 좋아하지 않는 내가 가지고 있는 유일한 금붙이가 지금 손가락에 끼워져 있는 아무 장식 없는 한 돈 반짜리 금반지입니다.

이번 여행을 나오면서 남편도 한 돈 반짜리 금반지를 손가락에 끼고 나왔습니다. 바로 이 순간 21세기의 유목민으로 살고 있는 우리에게는 이 금반지가 최후의 비상금입니다. 혹시 여행에서 돈을 잃어버리거나 다 써버리면 금반지라도 팔아서 집으로 돌아가야 합니다. 다행히 현재까지는 이 반지를 팔아야 하는 상황은 없었습니다. 앞으로도 그랬으면 좋겠습니다.

가게들은 즐비하게 늘어서 있지만 물건을 사는 사람은 별로 보이지 않습니다. 밖으로 걸어놓은 청동 제품은 혹시 100년도 더 된 것이 아닌가 하는 생각마저 듭니다. 진열을 해 놓았다기보다 가지고 있는 모든 물건을 그냥 쌓아놓은 듯합니다. 하루에 하나라도 팔리는지 의문입니다. 그러나 그다지 아쉽지도 않은 듯 느긋해 보입니다.

아주 오래 전부터 자신의 조상들이 그래 왔던 것처럼… 오늘 하나를 팔면 좋고 안 팔려도 할 수 없다는… 그것 또한 신의 뜻이라는 듯 한가하게 보입니다. 지나가는 여행자를 붙잡고 그저 흥정이나 붙이던 성가신 이집트 상인의 모습을 다마스쿠스에서는 전혀 볼 수 없습니다. 약삭빠르게 눈치를 보던 요르단 암만 시장의 상인들도 보이지 않습니다. 우리 눈에만 보이지 않았을지도 모릅니다. 아니면 우리가 그렇게 느끼고자 해서 그럴 수도 있습니다.

금색 은색 화려한 치장이 많이 보이던 시장 안의 작은 가게

우리 눈에 비친 올드 시티의 다마스쿠스는 그저 자신들의 오래된 물건을 진열해 놓은 채 기다리고 있는 모습입니다. 마치 누군가 물건을 사러오기로 예약이라도 받아둔 것처럼 말입니다. 그래서인지 다마스쿠스에서의 우리 마음은 가볍습니다. 사람들은 이 가게 저 가게 기웃거리는 우리에게 한편으로는 호기심을, 다른 한편으로는 가장 따뜻한 눈길을 보내주는 곳이 다마스쿠스입니다.

시리아는 미국이 불량국가의 하나로 지정한 나라입니다. 물론 미국 마음대로 정한 것이겠지요. 그래서인지 '시리아' 하면 뭔지 모를 두려움을 가지고 있었습니다. 그러나 정작 여기서 만나는 이들의 눈길은 따스하기만 합니다. 세계적으로 유명한 여행 가이드북 론니플래닛에서도 '시리아에서 당신이 가장 먼저 느낄 수 있는 것은 이방인들에게 보내는 그들의 환대일 것이다' 라고 적혀 있었습니다.

이집트나 요르단에서 만난 여행자들도 한결같이 친절한 시리아 사람들 이야기를 해 주었습니다. 그래서 우리는 어쩌면 시리아라는 나라에서 이란과 같은 친절을 만날지도 모른다는 기대를 가지고 있었는지도 모릅니다. 결국 이런 선입견 때문에 시리아를 들어오는 국경에서부터 낭패를 보기도 했습니다. 요르단 국경에서 시리아로 넘어오면서 친절하게 다가오는 사람만 믿고 차를 탔다가, 정상 가격의 다섯 배가 넘는 택시비를 물어야 했습니다. 이집트나 인도처럼 애초부터 사람들이 거짓말을 잘한다라는 사전 정보라도 있었으면 그리 쉽게 속아 넘어가지는 않았을 겁니다. 책 속의 한 구절, 그리고 여행자들의 평가가 우리의 긴장을 풀어 놓았는지도 모릅니다.

생각해보면, 여행자들은 늘 친절과 속임수 사이에 있습니다. 낯선 이에게 베푸는 현지인들의 친절을 속임수로 잘못 받아들이는 아픔과, 속임수를 친절로 여기고 당하는 슬픔 사이에 있습니다. 그러나 우리는 압니다. 세상에는 낯선 이에게 친절을 베푸는 사람들이 훨씬 많다는 것을.
그래서 우리는 기꺼이 그들에게 다가갑니다.

수도사 얼굴을 한 사기꾼 같은 놈을 만나서 잡친 기분으로 시작했지만, 그 이후는 모든 것이 다 좋은 시리아의 다마스쿠스에서 안부 전합니다.

세상사람들 02

한국인 게이코_ 중국 징훙

블랙홀에 빠진 부끄러운 여행자들_ 라오스 방비엥

히말라야 트레킹의 동행_ 네팔 안나푸르나

세상에서 가장 친절한 사람들_ 이란 데헤란

슈퍼와 마르케 할머니_ 독일 슈방가우

히치 하이크, 무섭고 슬픈 마리아_ 슬로베니아 루블라냐

푸엇 아저씨네 막내 데니스_ 마케도니아 오흐리드

묻지도 말고 말하지도 마라_ 이집트 카이로

한국인 게이코

중국 징홍

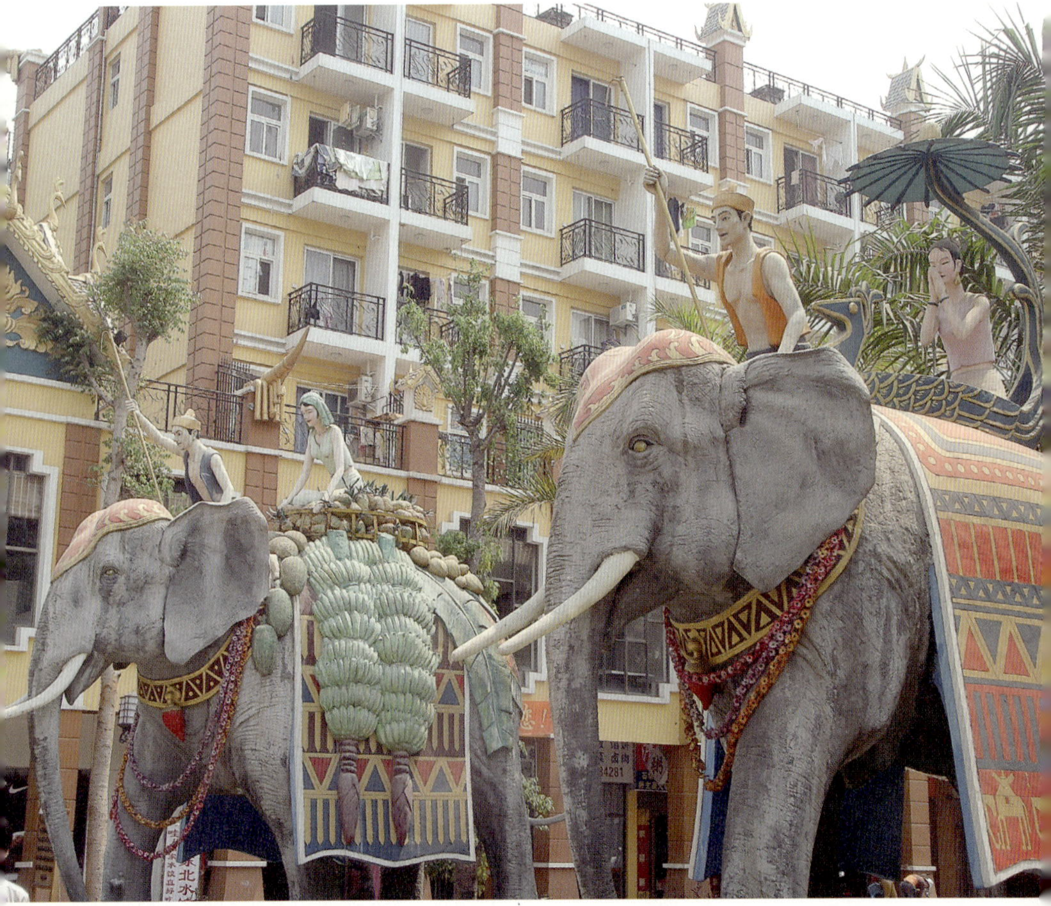

이색적인 중국의 남방, 징홍의 거리

smart TIP

우리가 그녀를 만난 것은 중국 따리(大理)에서 징홍(景洪)으로 가는 야간버스에서였다. 내 인생 최악의 잠자리였던 10년 전 보다는 나아졌다고 하지만 중국의 야간버스는 여전히 지저분한 먼지가 펄펄 날리고 있었다. 며칠 동안이나 머리를 감지 않은 듯 보이는 사람들에다 이층으로 짜 맞춘 침대 밖으로 시커멓고 냄새나는 발이 볼썽사납게 튕겨져 나와 있었다. 어떤 사람이 어떻게 자고 일어났는지 언제 빨았는지 도무지 알 수 없는 찌든 이불까지 신경을 건드렸다. 게다가 도로는 포장도 안되어 덜컹거리는 버스 때문에 밤새 멀미에 시달렸다. 분명 정상적인 사람들이었겠지만 이미 정나미가 떨어져 있는 나로서는 버스 안에 있는 사람들이 끔찍하게만 보였다. 휴게소에 잠시 멈춰도 밖으로 나갈 힘조차 없었다.

그런데 가만, 휴게소에서 내린 사람들이 다시 올라타는데 좀 인간다운 여자가 보인다? 무척 깨끗했다. 어라? 저 여잔 어디서 나타난 거지? 분명 여행하는 사람인데???

징홍 버스 터미널에 도착하자마자 우리 둘은 의도적으로 그 여자에게 접근(?)했다. 의도적 접근이라면 뭔가 미심쩍겠지만 배낭여행자들에게는 필수 코스다. 버스 터미널에서 시내까지 택시비 나눠 내기, 숙소를 찾는 인원을 불려 가격 깎기, 상호 정보 교환, 3인용 도미토리가 있다면 금상첨화… 현실적인 계산 이외에도 배낭여행은 새로운 사람을 만나는 게 때로는 목표요 과정이지 않는가! 상대가 나홀로 배낭족이라면 성공률 거의 100%다. 그 쪽도 혼자서 차비를 내거나 숙소를 찾는 것보다는 여럿이 어울리면 훨씬 더 유리하다는 계산이 불 보듯 뻔하기 때문이다. 게다가 여자 혼자인 경우 낯선 도시에서의 두려움까지 없앨 수 있으니 거절할 리 만무하다.
더구나 홀로 하는 여행에서 동행을 구할 때 우리 같은 커플은 가장 좋은 상대다. 딱히 자신의 성과 달라 문제를 일으킬 일 없고 커플이 한꺼번에 나타나니 택시비, 숙박비 절감에 더 유리하기 때문이다. 다만 그 커플이 다른 사람의 끼어듬을 원하지 않는 경우가 많아서 문제지만, 우리처럼 먼저 달려드

가방을 던져놓고
우리는 방을 찾는 일부터
시작해야 했다.

는 커플이라면 만사 OK다. 또 우리가 좀 선하게 생겼잖는가? ㅋㅋㅋ

예상대로 일본인이다. 서양 사람들은 한중일 세 나라 사람들을 구별하기 어렵다고 하지만 우리끼리는 서로 보면 딱 안다. 저 사람이 한국 사람인지, 일본 사람인지 아니면 중국 사람인지. 굳이 하는 말을 듣지 않아도 된다. 입고 다니는 옷차림, 신발이 다르고 머리 형태도 뭔가 좀 표가 나고 하여튼 분위기 자체가 다르다.
게이코라고 했다. 역시나 우리의 의도적 접근을 아주 기뻐하며 받아들인다. 시내까지 택시를 타서 정확하게 나누기 삼, 2/3는 우리가 내고 1/3은 게이코가 냈다. 혼자 타면 어차피 다 내야 하는데 택시비만 봐도 게이코는 땡잡은 거다. 숙소가 많다는 도심에 도착해서 한쪽 구석에 배낭을 벗어 남편한테 지키라고 하고 우리 둘은 방을 구하러 다녔다. 셋이서 같이 쓰는 도미토리를 구하거나 아니면 우리 둘이 쓰는 방과 혼자 쓰는 방, 각각 하나씩을 구하는 게 나의 목적이었다. 하여튼 한 명 방을 구하는 것보다는 둘, 둘의 방을 구하는 것보다 셋의 방을 구하는 게 조금이라도 더 싸다. 구석구석 골목골목 가격 대비 괜찮은 방을 찾아다녔다. 같이 다니면서 이런저런 얘기를 하는 분위기로 보아 게이코도 제법 고수의 배낭 여행자다. 밤차를 타고 와서 웬만하면 포기하고 방을 구할 만도 한데 좀 돌아다니는 수고 따위야 아무렇지도 않은 듯 행동한다. 역시 고수다. 사실 약간 짜증도 났다.

'이 여자를 만나지 않았다면 우리 둘은 그저 그런 방을 구할 수 있을 것 같은데… 무슨 진드기처럼 붙어서 이 여자 방까지 고민해줘야 하다니… 고작 택시비 그거 조금 아끼려다가 내가 이런 수고까지 해야 되나…'

막급까지야 아니었지만 슬그머니 후회스러웠다.

3월이었지만 중국의 남쪽 지방 시상판나(징훙)는 이미 아열대 기후였다. 땀은 비 오듯 쏟아지고 밤새 멀미로 시달린 배는 고프다 못해 아프기까지 하고 머리는 멍해져 왔다. 우선 아침밥이라도 먹고 나서 해결하자고 제안했다. 그리고는 남편한테 한국말로 투덜거렸다.

"좀 짜증난다. 이 여자 억수로 깐깐하다. 그냥 우리 둘만 가면 안될까?"

게이코가 빤히 보고 있어서 얼굴은 웃고 있었지만 나는 투덜거리고 있었다. 내가 한 말을 알아차린 걸까? 밥을 먹고 대충 아무 방이나 구하잔다.

"아메리칸 브랙퍼스트를 먹을래? 아까 지나다보니 아침밥을 파는 곳도 있던데~ 우리는 밥 먹고 싶은데~."

같은 동양 사람이니 혹시 밥을 먹어도 괜찮냐고 물어봤는데 좋단다. 자기는 '비빔밥'을 먹고 싶단다. 오잉, 비빔밥? 의아해하는 우리를 보며 사실 할머니가 한국 사람이었단다. 그래서 할머니가 만들어주는 비빔밥이 그립다나 어쨌다나. 오잉? 할머니? 한국 사람?

그래도 그때까지만 해도 별 느낌이 들진 않았다. 그럴 수도 있겠다, 할머니가 한국 사람일 수도 있겠다, 뭐 그런.

밥을 먹고 배를 채우니 마음이 좀 너그러워진다. 세 명이 함께 쓰는 도미토

징홍 터미널에서 게이코와 헤어지면서.

리를 구했다. 체크인을 하려고 여권을 내는데… 헉! 그녀가 한국 여권을 내민다.
겉장이 초록색인 대·한·민·국·여·권!
　"너 한국인이냐?"
그렇단다. 자기는 한국 사람이란다.
　"일본인이 아니고?"
할머니 할아버지가 한국 사람, 그 아래 태어난 아버지도 한국 사람, 그리고 어머니도 한국 사람. 당연히 자기도 한국인이란다. 일본에서 태어나고 일본에서 자라고 일본말을 쓰고는 있지만, 자기 집안은 일본으로 귀화를 하지 않아 여전히 한국 사람이란다. 그래서 한국 국적을 가지고 있단다.
마음이 짠해졌다. 원래 우리는 같은 숙소를 구한다 해도 오늘 하루 노는 건 따로 할 생각이었다. 그런데 마음이 달라졌다. 우리는 그날 하루 종일 게이코랑 같이 놀았다. 아까 한국말로 투덜거린 것, 혹시 그 말을 다 알아 들었을까봐 미안해서만은 아니었다. 일본인으로 살아가야 하는 한국인 게이코에 대한 짠한 마음 때문이었다. 아니, 한국인으로 살아야하는 일본인 게이코 때문이지… 늦은 저녁까지 맥주를 시켜놓고 우리는 한국과 일본, 일본 속의 한국인 이야기로 시간 가는 줄 몰랐다.

다음 날 아침. 체크아웃을 하는데 게이코의 침대는 마치 잔 적도 없는 듯 깨끗하게 정리되어 있었다. 전날 이야기 중에 일본인들이 묵고 나간 호텔에는 사람이 드나든 흔적도 없이 말끔히 정리되어 있더라는, 여행자들 사이에는 제법 유명한 '깔끔한 일본인 이야기'를 잠깐 했었다. 자기도 어릴 때부터 그런 청결 교육을 정말 많이 받았지만 그런게 참 싫다고 했었는데… 그런데 게이코는 아침에 일어나서 짐을 정리하면서 어느새 자기가 받은 교육대로 하고 있더란다. 그동안은 여행 다니면서 간혹 침대를 어질러 놓고 체크아웃을 하기도 했는데, 어제 저녁 그 이야기를 듣고 나서는 꼭 그래야겠다고 생각이 들더란다. 한국 여권을 가지고 있었지만 게이코는 역시 일본인이었다.

징훙에서 헤어지고 아주 여러 날 후에 게이코에게서 메일이 왔다. 잘 다니고 있냐고, 보고 싶다고… 물론 영어로 쓴 메일이었다.
징훙에서도 우리와 그의 대화는 모두 영어였다. 한국에서 태어나 한국 여권을 가지고 있는 우리와 일본에서 태어나 일본인의 습성을 그대로 가지고 있는, 역시 한국 여권의 게이코와의 대화는 참 우습게도 영어였다.

블랙홀에 빠진 부끄러운 여행자들

라오스 방비엥

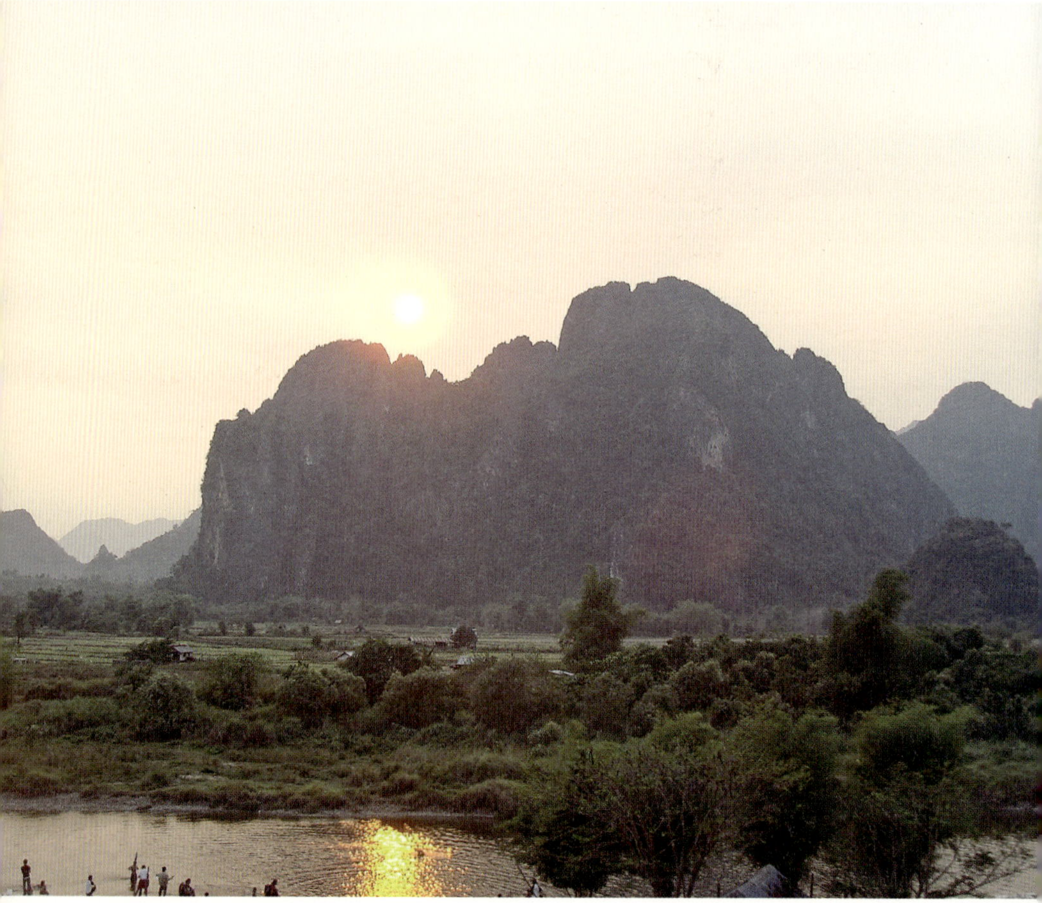

해가 지는 쏭 강변의 방비엥

smart TIP

라오스의 방비엥. 여행을 떠나기 전에는 이집트의 다합, 파키스탄의 훈자와 더불어 배낭여행자의 세계 3대 블랙홀 중의 하나라고 들었다. 한번 들어서면 그 매력에 빠져 헤어날 줄 모르는 블랙홀. 그래서 사진을 들여다보며 거기에 빠져 들어갈 날을 기대하고 있었다.

그런데 여행을 나와서는 방비엥에 대한 생각이 왔다 갔다 했다. 방비엥을 다녀왔다는 여행자들이 늘어놓는 혹평 때문이었다. 젊은 서양애들로 방비엥이 독점되어 밤새 춤과 소음으로 시달릴 거라나?

서로 상반된 의견이 충돌되고 있는 방비엥. 우리에게는 어떻게 다가올 것인가가 더 궁금한 상태로 방비엥으로 떠났다.

라오스는 국토의 많은 부분이 산악지형이다. 루앙프라방에서 방비엥으로 오는 길. '해리포터'나 '반지의 제왕' 같은 판타지 영화를 찍으면 어울릴 듯한 비현실적인 풍경들이 돌연히 나타났다가 사라지곤 했다. 아침 9시 출발 예정이었던 미니밴은 결국 10시가 다 되어서야 루앙프라방을 떠났고 6시간을 훌쩍 넘기고 방비엥에 도착했다. 해는 벌써 어스름지고 있었다.

쏭 강변에 자리 잡은 우리 숙소는 기대 이상이었다. 우리 돈으로 만 오천원 정도밖에 안 하면서도 발코니 너머로 보이는 풍경은 환상적이었다. 조용히 흐르는 강과 신기루처럼 솟아있는 키 작은 산봉우리가 중국의 계림이나 베트남의 하롱베이와 꼭 닮았다. 색깔이 거의 없는 담백한 수채화였다.

그래, 딱 여기까지여야 했다.

멈춰있는 세상을 우리만 시속 40~50km로 달려오고 있는 것 같은 묘한 느낌이 배낭여행자의 블랙홀로 완성되기 위해서는 지금까지의 이 상태로 머물러야 했다.

그러나 방비엥이 블랙홀이 아니라 지옥일수도 있다는 불안감을 떠올리는 데는 그리 오랜 시간이 필요하지 않았다. 해가 넘어가고 어둠이 오자 우리 숙소 바로 옆으로 BAR라는 어색한 간판들이 번쩍이기 시작했고 수채화

쏭강의 야외 BAR

같은 풍경과는 도저히 어울리지 않는 음악소리가 판을 치기 시작했다. BAR마다 경쟁하듯 음악소리를 높이고 귀청은 떨어져 나갈 것 같았다. 미소조차 조용한 라오스 사람들과는 전혀 딴판인 지옥같이 시끄러운 세상이 밤새도록 이어졌다. 불면의 밤으로 고통스러웠다.

아침이 되었다. 그냥 떠나야할까?
중심지라고 해봐야 몇백 미터밖에 되지 않는 조그만 마을. 간밤에 우리를 헝클어놓았던 BAR의 반대편으로 걸음을 옮겼다. 포장도 되지 않은 먼짓길이었다. 건기를 맞은 쏭 강은 강 밑바닥을 드러내고 있었다. 돈을 내고 건너야하는 철다리를 피해 방비엥 사람들은 아래까지 돌아 내려와 나무다리를 건너거나 그도 아니면 바지를 걷어 올리고 그냥 철벅철벅 강을 건너고 있었다. 우리도 사람들을 따라 나무다리를 건넜다. 이리 저리 아무렇게 칸을 질러놓은 논과 사이길, 돌산들이 삐죽삐죽 중간에 솟아 있었다. 우리가 걷는 길에만 마른 먼지가 풀썩일 뿐 아무런 움직임도 없었다. 마주 오는 소떼만 없었다면 그냥 그대로 정지된 화면이었다. 멈춰선 한 폭의 수채화였다. 정말 평화로웠다. 무절제한 간밤의 방비엥과는 완전 다른 모습이었다. 떠나야겠다는 마음을 접었다.

결국 우리는 하루 더 머물면서 방비엥 카약킹을 했다. 동굴 탐험, 쏭 강 카약킹, 수영, 그리고 점심까지 다 포함해서 10달러밖에 되지 않는 투어였다. 강이 흐르고 있는 동굴, 그러나 높이가 낮아 제대로 일어서지도 못하고 튜브에 누워서 손으로 노를 저어야 하는 동굴이었다. 피복이 벗겨져 니켈 전

선이 그대로 드러나는 렌턴을 머리에 쓰고 물속으로 들어가는, 생각해보면 위험천만한 탐험이었다. 그리고 카약킹. 영화에서 보던 것처럼 마주 오는 물과 전투를 벌이고 파도를 헤치는 모험 가득한 카약킹을 기대했다면 폭소를 터뜨려야 했다. 밑바닥이 드러난 강은 우리를 겨우 하류로 내려 보내고 있었다. 노를 저어 물살을 가르는 것이 아니라, 어떤 땐 길다란 막대 노로 강바닥을 짓누르고 앞으로 나가야 하는 경우도 있었다. 강물이 불어나는 우기가 되면 노를 젓지 않아도 카약은 물살의 힘으로 저절로 흘러가는 곳이라고 했다.

다행스럽게 어느 지점에서는 강물이 사람 키보다 훨씬 더 깊었다. 그곳은 높은 나뭇가지에 어설픈 점프대를 매달고 사람들이 강물로 뛰어내리는 곳이었다. 허술한 나무다리에, 점프대라는 것도 믿음직스럽지 못한 그넷줄 하

나. 품! 하는 웃음이 나왔지만 어쩐지 정감이 갔다. 방비엥다웠다. 사다리랍시고 얼기설기 붙여 놓은 나무를 오르는데 삐걱거리는 소리를 내면서 심하게 흔들렸다. 두려움과 함께 그넷줄을 잡고 휘청휘청 흔들흔들 강 위에서 떨고 있었다. 그네를 꽉 잡은 손을 놓고 그만 강물로 떨어져야 했는데 그것 역시 공포심과 호기심의 짬뽕이었다. 풍덩 풍덩… 어쨌든! 우리는 방비엥의 자연을 즐겼다.

그러나 또 한편으로 우리는 이곳에 와서야 확실하게 알아버렸다. 왜 방비엥이 배낭여행자의 블랙홀이 될 수 있는지, 그리고 어떤 이에게는 부끄러운 지옥이 될 수 있는지. 쏭 강을 따라 곳곳에 마련되어 있는 휴식 공간, 이름하여 야외 BAR는 혼돈 그 자체였다. 귀가 찢어질 만큼 락 음악을 크게 틀어놓고 소리를 지르며 아슬아슬한 비키니 차림으로 술을 마시고 춤을 추고 그네를 타고 강물 속으로 뛰어드는 대부대의 서양 아이들. 어제 우리가 보았던 강 건너의 방비엥이 아니었다. 이곳은 조용한 방비엥 사람들의 땅이 아니라 눈도 몸도 다 풀어진 술 취한 서양 애들의 점령지였다. 해질녘 붉은 노을을 받으면서 조용히 멱을 감던 방비엥 사람들은 이 무질서한 애들에게 그들의 강을 내어주고 술을 팔고 음악을 틀어주고 그들을 위해 높다란 나뭇가지의 그넷줄을 잡아주고 있었다. 방비엥이 한번 들어가면 빠져나올 수 없는 블랙홀일 수 있는 것은 술 취한 그들에게만 해당되는 것이었다.
부끄러웠다. 여행이 부끄러웠다. 조용한 마을을 침입하여 사람들의 삶을 통째로 뒤집어엎고 있는 여행자가 부끄러웠다.

다시 카약을 탔다. 흐르는 강물에 카약을 맡긴다. 그냥 흘러내린다. 잊어버리고 싶었다. 조금 전의 악몽 같은 소음을 잊고 싶었다. 아슬아슬한 서양 애들의 건방진 도도함을 지워버리고 싶었다.

기억을 지우고 있는 나의 머리에 다시 방비엥의 자연이 담기기 시작했다. 소리 없이 흐르는 강, 강변의 산봉우리, 파란 하늘, 목욕하고 있는 들소, 튜브를 타고 책을 읽으면서 강을 흘러 내려오는 사람들…
다시 평화로운 방비엥이었다. 우리를 실은 카약이 강의 하류에 다다랐다. 방비엥의 아이들이 보인다. 자그마한 작살로 물고기를 잡는 아이들, 수영을 하는 아이들도 보인다. 아이들의 꺄르르 웃음소리도 들린다. 하늘이 붉어졌다. 서쪽 하늘 저편으로 해가 지려나 보다.
방비엥의 사람들이 하나 둘씩 강으로 모여들었다. 오늘 하루를 마친 사람들이 쏭 강에 몸을 씻는다. 긴 치마 씬으로 몸을 가린 채 머리를 감고 몸을 씻는 방비엥의 여인들, 검은 몸매가 드러나는 남자들, 까르르 웃음소리의 아이들.

우리는 이들만을, 지금의 이 풍경만을 마음속에 남겨두기로 했다. 부끄러운 블랙홀의 방비엥은 그것을 자초한 서양 애들에게 줘버리고 우리는 조용한 강변 마을, 방비엥 만을 담아가기로 했다.

히말라야 트레킹의 동행
네팔 안나푸르나

안나푸르나 베이스캠프로 오르는 포터들의 등짐

한 포터의 죽음

시암 바아두르(Shyam Bahadur), 네팔의 포터였던 27살의 그는 1997년 10월 25일 사망했다. 그가 포터로 일하기 시작한 것은 그의 나이 24살 때였다. 그는 안나푸르나 트레킹 코스 가운데서도 해발 5,416미터에 이르는 토룽 라(Thorung-La) 지역까지 짐을 나르곤 했다. 1997년 10월 24일 아침, 그의 일행은 목적지에 다다르고 있었다. 그러나 그는 몸 상태가 나빠지고 있음을 느끼기 시작했다. 고통을 호소했을 때 그를 고용한 여행자들은 그에게 혼자 산을 내려가라고 했다. 만약의 응급 사태에 대비할 돈 같은 건 주지 않았다. 산을 내려오던 시암은 구토를 시작했고 고통은 더욱 심해졌다. 그것은 심각한 고산증의 신호였다. 얼마 지나 시암은 공사 중인 롯지에 다다랐다. 당시 롯지를 짓고 있던 주인은 그가 심하게 몸을 떨고 있었으며 거의 탈진 상태였다고 증언했다. 다음 날 아침, 시암은 마침내 길가에 쓰러지고 말았다. 해질녘이 되어 한 미국인 등반객이 시암을 발견하고 그를 흔들어 깨웠지만 그는 이미 혼자 일어설 수조차 없는 상태였다. 그를 발견한 지역 주민들과 포터들의 도움으로 이튿날 아침, 마침내 히말라야 구조센터에 도착했지만 시암은 이미 싸늘하게 식어 있었다. 그의 시신은 삼일간 길가에 눕혀져 있었고 수많은 등반객들이 애도하며 그의 곁을 지나갔다.

...

"보통 네팔 포터들이 버는 돈은 250루피~300루피(약 4~5천원)에요. 그는 어차피 가야 할 길, 조금 더 고생하더라도 하루에 100루피씩을 더 받는 것이 낫다고 생각했을 거예요. 하지만 350루피를 받는다고 해도 고스란히 그의 주머니로 들어가진 못하죠. 그 돈으로 밥값과 숙소비까지 해결해야 하니까요. 게다가 그룹에 속한 포터라면 포터들의 리더나 가이드가 그 돈 중 수수료로 50루피 정도를 떼고 나면 남는 건 고작 200루피예요. 열흘간 산을 오르고 내려가는 길, 주머니에 남은 돈이 10달러도 안되는 경우가 허다하죠."

...

히말라야 롯지의 식사는 한 끼 100에서 300루피를 오간다. 현지 음식인 '달밧'

으로 하루를 채운다 해도 그 돈 중 상당부분은 흩어지기 마련. 돈을 아끼기 위해 하루 식사를 두 끼로 줄이고 여행자들이 식사를 끝마치고 난 식당 바닥이나 창고에서 자거나 캠핑을 하는 지역에서는 동굴 같은 곳에서 자기도 한다고 한다. 그들이 그토록 가파른 선택을 하는 것은 차가운 현실 때문이었다. 여름과 겨울의 비수기를 빼면 봄과 가을, 단 두 계절에만 일할 수 있는 직업. 그리고 무엇보다 내가 지금 짐을 나르지 않으면 당장 그 짐을 나르기 위해 대기하고 있는 사람이 10만 명이 넘는다는 현실과의 경쟁이었다. 그 속에서 포터들에게 남는 선택은 최대한의 짐을 지는 것, 최소한의 돈을 쓰는 것 밖에 없었던 것이다. 그러나 싸고 편한 여행을 위해 그들의 등에 얹은 짐은 간혹 그들의 생명을 빼앗는 무게가 되기도 한다.

이매진 피스 펴냄 「희망을 노래하라」에서

숨막힐 듯 아름답고 눈물 나도록 그리운 우리들의 히말라야 안나푸르나 트레킹. 그러나 산을 걷는 내내 우리의 짐을 들어주는 포터는 우리 마음을 불편하게 만들었다. 그들의 등에 짊어지운 우리들의 배낭, 다른 여행자들의 짐을 지고 가던 수많은 포터들의 힘겨운 뒷모습.

우리의 안나푸르나 트레킹은 잠시 합세한 친구 두 명까지 합해 모두 네 명, 7박 8일 동안이었다.
세계여행을 떠나기 전 히말라야 트레킹을 다녀왔던 한 변호사님을 뵈었다. 변호사님은 안나푸르나를 오르겠다는 우리에게 자신의 경험을 말씀하셨다. 부인과 함께라서 두 사람의 포터를 고용하려고 했는데, 한 포터가 자기 혼자서 두 사람의 짐을 다 지고가도 문제 없다며 대신 돈만 좀 더 달라고 해 별 생각 없이 한 명만 데리고 산을 오르셨단다. 그러나 혼자서 두 사람의 짐을 메고 가는 걸 보고 있을 수만은 없어서 결국 포터의 등에서 짐을 덜어 변호사님이 지고 올라가 무척 힘들었다고 하셨다.

세상에서 가장 높다는 히말라야가 주는 공포감 때문에 우리는 스스로가 짐을 지고 산을 오른다는 것은 엄두도 못 냈다. 우리 일행은 네 명이니까 몇 명의 포터를 고용하면 될까? 호텔에서는 두 명 정도면 괜찮을 거라고 했지만 세 사람을 부탁했다. 산 위에서 필요 없을 만한 물건들은 죄다 빼내서 배낭 하나에 담아 호텔에 맡겨두고 우리 짐을 배낭 세 개로 만들었다. 포터는 반드시 등산화를 신고 와야 한다고도 전했다. 어떤 여행기에서 포터가 플라스틱 고무 슬리퍼를 신고 나타나서 트레킹 내내 마음이 아팠다는 이야기를 읽었던 까닭이다.

한국에서 일을 한 적이 있어서 약간의 한국말도 할 수 있다는 쿠말을 포함해 모두 세 사람이 왔다. 한 사람에게 하루 10달러씩, 8일치 240불을 지불했다. 그러나 우리의 짐을 지고 간 그 사람들 한 명 한 명이 실제로 얼마를 받았는지 우리로서는 알 길이 없다. 호텔 측이 소개비로 얼마의 커미션을 챙겼을 것이고 '갑시다' '좋아' '천천히' 등 몇 개의 한국 단어를 구사하던 쿠말은 자기는 포터가 아니라 가이드라며 몇 번씩이나 강조를 했으니 나머지 두 사람보다 더 받았을 것이라는 짐작만 할 뿐이었다.

여행자 네 사람과 짐을 지고 가는 포터 세 사람. 그렇게 우리의 안나푸르나 등반은 시작되었다. 작은 배낭 하나를 달랑 메고 산을 오르는 우리와 달리 포터들의 등 뒤에는 무거운 우리들의 배낭이 얹혀져 있었다. 다행히 이들 모두 튼튼하게 보이는 등산화를 신고 나타나 마음이 놓였다. 우리의 작은 배낭에는 갑자기 비가 오면 얼른 꺼내 입을 수 있는 비옷, 그리고 추우면 빨리 덮을 수 있는 잠바 하나 정도만 들어 있었고 나머지는 모두 그들 몫이었다. 한 사람이 우리 배낭 하나씩을 맡기는 했으나 한국에서 온 친구들이 우리 둘을 위해 얼마나 많은 한국 음식을 챙겨왔던지 '슈퍼울트라킹왕짱 보급대'라는 별명을 붙여줄 정도로 우리의 짐은 무거웠을 것이다. 김치, 통조림, 찌개… 슈퍼울트라킹왕짱 보급품을 걱정 없이 배낭에 집어넣을 수 있었던 것 역시 돈을 지불하고 고용했던 그들이 있었기 때문이었다. 마구 집어넣은 우리 배낭을 살짝 들어보니 무게가 어마어마 했다. 그러나 애써 외면했다.

우리는 다시 히말라야를 꿈꾼다.
소박한 사람들이 살고 있는 산악 마을에
다시 들어갈 꿈을 꾼다.

아니 난생 처음 히말라야라는 곳에 오른다는 두려움이 더 커서 그런 생각을 할 겨를도 없었다. 저들을 걱정하기에 앞서 우리 스스로가 더 걱정이었으니.

앞서 가는 쿠말, 그리고 다른 두 사람의 포터. 히말라야의 전통노래라는 '레썸삐리리'를 흥얼거리면서 정말 아무렇지도 않게 잘 걸어 올랐다. 우리는 그들이 힘들 거라는 생각보다 여전히 우리의 무릎에, 우리의 관절에 더 신경이 갔다. 혹시 심장소리가 빨라지지는 않는지, 머리가 아파오지는 않는지 어디서부터 그 놈의 고산증이라는 게 나타나는 건지, 무사히 이 트레킹을 마칠 수 있을지… 안나푸르나의 첫날, 우리의 관심사는 그들이 아니라 우리 자신이었다. 정말 돌계단이 많았다. 한 걸음 한 걸음 오르는 데 숨이 찼다. 어디선가 대나무를 툭 잘라와 만들어 준 나무 지팡이에 의존하면서 가능하면 우리의 무릎에 무리를 덜 가게 해야 한다는 생각만이 가득했다.

그런데 가만 보니 포터들의 등에는 배낭이 두 개다. 그랬다. 왜 그들이라고 자신들의 짐이 없을까? 자신들도 이 산에서 꼬박 7박8일을 보내야 하는데 당연히 덧입어야 하는 두터운 옷이 필요한 거였다. 우리의 무거운 배낭과 가장 최소화시켰겠지만 자신들의 안전을 위한 여분의 옷을 넣은 작은 배낭까지 그들은 각자 두 개씩의 배낭을 엎쳐 메고 산을 오르고 있었다.

트레킹을 시작한지 몇 시간도 안되어 산 위에서는 억수같은 비가 쏟아져 내렸다. 비가 새지 않는 고어텍스를 입고 있었지만 그래도 우리는 작은 배낭에 넣어두었던 비옷까지 얼른 겹쳐 입었다. 그런데 그들은 그냥 비닐 포대기 하나만 뒤집어쓴다. 보다 못한 선배는 자신의 배낭에 꿍쳐두었던 방수 점퍼를 하나 꺼내놓았다. 반소매만 입고 달달 떨고 있는 나이 어린 포터가 불쌍해서 내놓았는데 쿠말이 덜렁 입어버린다. 단 세 사람밖에 되지 않았지만 그들 나름의 상하 체계가 있는 모양이다. 자신은 포터가 아니라 가이드라고 몇 번이나 강조했던 쿠말의 위상을 본다. 우리가 내놓은 배낭 중에서

히말라야 트레킹의 동행

눈보라가 몰아치던 베이스캠프 가는 길

가장 가벼운 것을 먼저 챙겨가던 쿠말이었다. 우리가 할 말은 없다. 이것 또한 그들의 방식이었으므로. 그리고 그 이후, 우리 넷은 내내 그들이 눈에 밟혔다. 누가 더 무거운 것을 들고 가는지, 저녁이 되면 그들은 어디에서 자는 것인지, 매끼마다 이들은 무엇을 먹는 것인지. 막내 포터는 늘 제일 무거운 것만 드는 것 같았다. 하루 저녁을 자고 나서 다음날 아침부터는 산행을 시작하기 전에 어린 친구가 지고 갈 가방 안에서 무거운 내용물을 쿠말이 져야 할 배낭으로 살짝 옮겨 놓는 정도가 우리가 할 수 있는 최선의 방법이었다.

짜이를 한 잔 마시면서 매번 이들에게도 한 잔 사줘야 하는 것인지 고민했다. 한 두 번은 사주기도 했지만 때마다 그럴 수는 없지 않느냐는 생각도 해보고, 그들이 골라주는 게스트하우스에 머물고 휴식을 취하니 서로간에 모종의 약속으로 포터들에게 짜이 한 잔 정도는 그저 주고 있을 것이라는 까닭 없는 짐작으로 위안도 했다. 우리는 게스트하우스의 부엌까지 빌려 한국밥을 해먹으면서 그들은 과연 무엇을 먹고 있는지 알 수도 없었지만, 물어본다고 매번 해결해 줄 수는 없지 않겠냐며 외면해 버렸다. 분명히 무엇인가는 먹고 있는 것 같았지만 우리처럼 고된 산행에 지쳐 이것저것 마구 먹고 있는 것이 아님은 분명했다. 한 번 씩 우리의 식사에 초대를 했지만 다른 이들은 싹 빼버리고 쿠말만이 우리의 식탁에 동참했다. 우리처럼 산장에서 자는 건 아닌 것 같고, 아마 자기들끼리 자는 다른 방이 있을거라고 미루어 짐작만 했을 뿐이었다.

2,500m가 넘는 도반까지 올랐던 날은 그야말로 안나푸르나 길이 대 만원이었다. 수십 명이 한 팀인 Big Group이 산을 오르고 있어 전날부터 그런 조짐이 보이기 시작했다. 시간상으로나 우리의 체력으로나 충분히 더 오를 수 있었는데도 빅 그룹이 다음 지점의 산장을 왕창 선점해버려 더 이상 오르지 못하고 도반산장에 짐을 풀었다.
다른 소그룹들도 마찬가지였다. 몇 안 되는 도반의 산장에 사람들이 꽉 들

> 우리는 그들이 힘들 거라는 생각보다
> 여전히 우리의 무릎에, 우리의 관절에
> 더 신경이 갔다.

어챘다. 산장뿐만 아니라 주변의 캠핑장까지 빈틈이 없었다. 여행자들은 갑갑하던 등산화도 벗어버리고, 간편한 복장으로 그림도 그리고 담소도 나누며 휴식을 취했다. 히말라야 산들이 아름답게 다가왔다. 여러 팀들의 포터들도 함께 모여 아주 늦은 시각까지 카드 게임도 하면서 즐거운 시간을 보내는 것 같았다.

고도 2,500m를 넘어서자 후배는 약간의 두려움을 나타내고 있었다. 고산증을 예방한다는 레몬티를 몇 잔이나 마시고 푸짐한 저녁을 먹은 뒤 우리는

네팔 안나푸르나

여행자들로 북적거리던 도반 산장

일찍 골아 떨어졌다. 밖은 여전히 왁자지껄하게 카드 놀이가 진행 중이었다. 그러나 잠을 깬 새벽, 우리 방 밖의 마당 풍경은 나를 오그라들게 만들었다. 두꺼운 티에 털 잠바에 오리털 침낭까지 덮고 자면서도 오들오들 떨었던 밤이었는데, 포터들은 고작 담요 한 장만을 깔고 그냥 맨바닥에서 자고 있었다. 그날은 산장에 손님들이 어찌나 많았던지 부엌 안에 있던 긴 의자까지도 사람들이 침대로 쓰고 있었다. 내일 아침이면 다시 무거운 짐을 지고 가야 하는 사람들인데… 원래는 이 사람들이 이 땅의 주인이었는데… 이 사람들은 이미 알고 있었던 것일까? 오늘 밤은 히말라야의 찬바람을 맞으면서 맨바닥에서 그냥 자야한다는 사실을 익히 알고 있었던 걸까? 그래서 엊저녁 그렇게 요란스럽게 돈까지 걸어가며 밤 늦도록 카드놀이를 했던 거였나? 아니면 지금까지 늘 이런 잠자리였단 말인가?

도반 마을의 바로 아래 촘롱 산장에서 만났던 나이 지긋한 여행자가 떠올랐다. 우리는 그가 나이 어린 아들이나 아니면 손자를 데리고 산행을 하고 있는 줄 알았다. 서양인 할아버지에 동양인 아이라 어디 입양을 했거나, 아니면 무슨 다른 사연이 있겠거니 하고 생각했다. 그들은 함께 밥을 먹고 짐도 거의 비슷하게 나눠지고 있었으며, 다른 방이기는 했지만 둘 다 산장의 침대 한쪽을 차지하고 잠을 잤다. 그런데 다음 날 알고 보니 한 명은 여행자, 다른 한 명은 포터였다. 그들은 고용과 피고용의 관계가 아니라 동반자로 여행을 하고 있었다. 아름다운 히말라야를 힘들지만 함께 오르고 있었던 것이다.

사실 히말라야를 오르는 모든 사람들이 포터를 고용하는 것은 아니다. 한 부리의 서양 여행자들은 각자가 자기의 짐을 메고 단 한 명의 가이드와 산을 오르는 경우도 보았다. 가이드의 역할은 산에 대한 설명이었고 길 안내였다. 어떤 젊은 서양 여자는 서너살 정도 되어 보이는 아들과 같이 산엘 왔는데, 자기의 배낭은 자기가 메고 대신 포터는 아이를 업고 있었다. 아이가 걸어 갈 수 있는 길에서는 엄마가 아이의 손을 잡고 그때서야 포터에게 자신의 배낭을 맡겼다. 물론 양식 있는 여행자들만 있는 것은 아니었다. 산 위에서 무슨 잔치라도 벌일 듯 얼마나 많은 짐들을 지게 만들었던지. 얼마나 화려하게 먹고 얼마나 요란하게 생활해야 직성이 풀리는 것인지 수십 kg는 더 돼 보이는 짐을 지고 가는 포터들은 힘겨운 발걸음을 옮기고 있었다. 하루 10달러의 알량한 돈을 지불한 대가로 충분히 부려먹어도 된다고 생각하는 것인지 겸손이라고는 눈곱만치도 없는 교만 덩어리들이었다. 배낭 하나 안에도 다 집어넣을 수 없는 엄청난 양을 부려놓아 포터들은 산만한 대바구니를 따로이 메고 있기도 했다. 그들의 다리는 하지정맥류를 앓고 있는 듯 혈관들이 다리 밖으로 터져 나오는 안쓰러운 모습도 보였다. 돌투성이의 험한 산길에 양말도 신지 않은 맨발의 슬리퍼와 그들의 등에 얹혀진 짐은 세상에서 가장 높다는 히말라야를 꿈꾸는 여행자들의 호사스런 시간과 맞바꾼 돈이었다. 그러나 그 돈은 그들의 거친 숨소리와 힘겨운 악몽이 되고 어쩌면 목숨을 앗아가는 무서운 무기가 되기도 하는 것이었다.

그래서 자위했는지도 모른다.
"우리의 짐은 겨우 세 개. 한 사람이 하나씩만 져주면 되는 거잖아. 도대체 산위에서 무슨 호화판을 벌이려고 저렇듯 드럼통까지 지게 만드는 것이야. 저 팀들보다 우리는 좀 양심적이지 않냐?"
포터들을 봐야 하는 불편한 마음을 '그래도 우리는'이라는 생각으로 눌렀는지도 모른다. 우리 넷은 고산증 증세에 대한 두려움은 숨기지 않고 이야기하면서도, 포터들에 대한 불편한 마음은 각자의 마음속에 숨겨놓은 채 애써 표현하지 않았는지 모른다.

산으로 오른 지 며칠이 지났다. 점점 우리는 그 알량한 돈으로 그들을 고용한 것이 아니라 그들이 우리를 보살피고 있다는 생각이 들었다. 도시에서 살던 나약한 인간들이 산을 잘 알고 산에서는 누구보다 강한 이들을 만나 도움을 받아야 하는 여행. 우리는 어느새 이들에게 산위의 모든 것을 기대고 있었다. 그래서 불편했다. 이 분들이 메고 가는 우리의 짐이, 식사가, 잠자리가.

"다음에 다시 히말라야를 온다면 포터를 쓰지 말자. 미안해서 안되겠다."
"정말? 그럴 자신 있어?"
"그래도 너무 미안하잖아."
"우리가 이 사람들을 안 써주면 돈벌이가 없을텐데?"
"우리가 이 사람들을 써주는 게 어쩌면 더 도움이 되는 건지도 모르잖아."
"그것도 또 그렇네…"
"그래도… 미안한 건…"
다른 팀의 포터들이 메고 가는 엄청난 무게와 질릴 듯한 크기의 짐들을 보면서 우리 아저씨들의 짐은 조금은 작고 덜 무거울 것이라는 생각과 그래도 미안하다는 생각이 번갈아 들면서 우리는 갈팡질팡하고 있었다. 우리가 할 수 있는 일이라고는 가지고 간 사탕이나 초콜릿을 나누어 먹거나 진심으로 이들을 존중해 주는 것 밖에 없었다. 말도 통하지 않는 그들이었지만 그저 얼굴이 부딪히면 표정으로라도 고마워했다.

물론 표정이 우리 마음대로 되지는 않았다. 점점 고도가 높아지면서 우리 스스로도 몹시 힘이 들었기 때문이다. 다른 사람을 배려하고 존중할 수 있는 상황이 아니라 우리 몸 안의 움직임에 더 민감해졌다. 머리는 관자놀이 부근부터 욱신거리기 시작했고 가슴 저 깊은 곳에서 요동치고 있는 심장 소리에, 그 가파른 속도에 스스로가 놀라고 두려워지기 시작했다. 길은 얼어 붙어 있는데 눈보라까지 몰아치기 시작했다. 안나푸르나 베이스캠프를 오르는 마지막 지점이었다.

그랬다. 작은 가방조차 힘들어 쌕쌕거리며 두려움에 떨고 있는 우리들을 다독여 준 사람들은 바로 그들이었다. 여기서는 이렇게 힘들지만 조금만 더 올라가면 새로운 세상이 펼쳐진다고, 세상 어디에도 볼 수 없는 아름다운 풍경이 기다리고 있노라고 힘내서 천천히 올라가자고 부드러운 말로 따뜻한 미소로 우리를 다독여 주던 사람들이 바로 그들이었다. 그들은 레썸삐리리를 부르고 있었다.
이 분들이 있었기에 우리는 무사히 안나푸르나 베이스캠프에 다다를 수 있었다. 아쉬운 듯 뒤돌아보며 뒤돌아보며 내려오던 길. 우리는 어느 덧 처음의 무심함과, 고용과 피고용의 관계를 벗어나 서로 친구가 되어 있었다.

우리는 다시 히말라야를 꿈꾼다.
소박한 사람들이 살고 있는 산악 마을에 다시 들어갈 꿈을 꾼다. 그러나 아름다운 그리움만 있는 꿈이 아니라 더 이상 부끄럽지 않아야 할 히말라야를 꿈꾸고 있다.

세상에서 가장 친절한 사람들

이란 테헤란

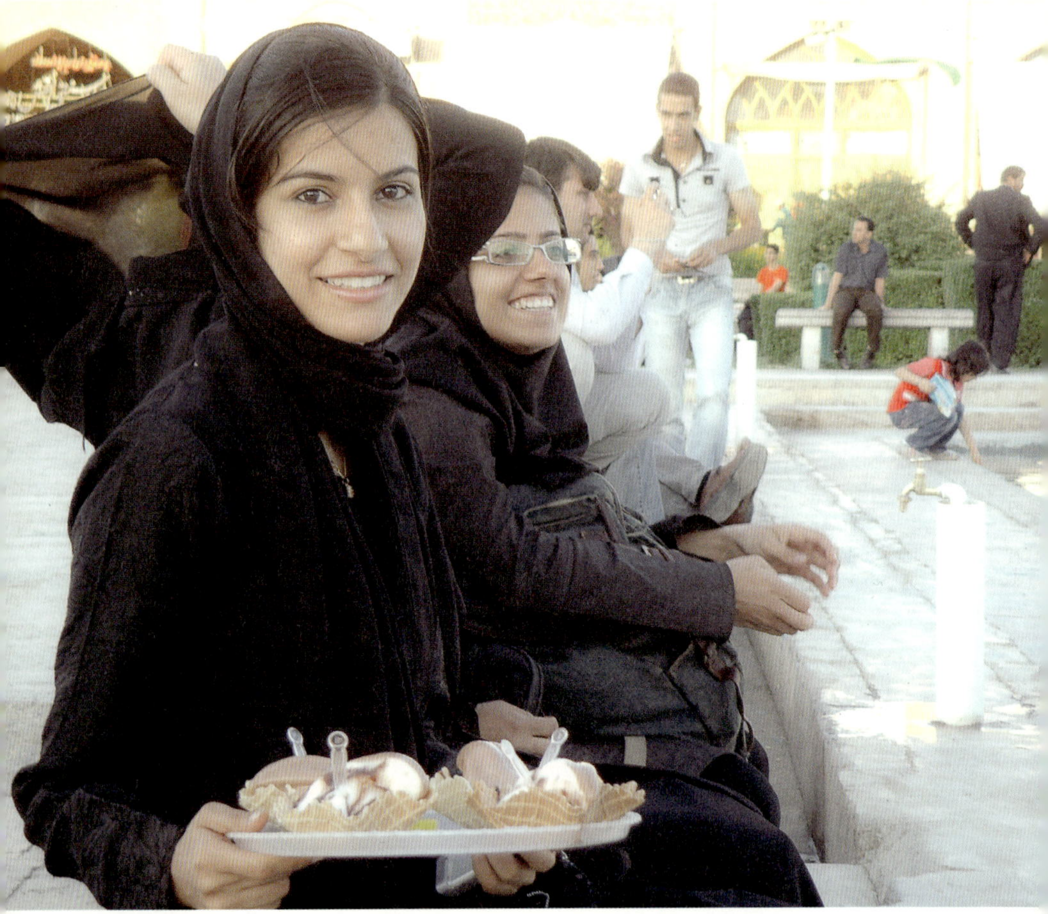

아이스크림을 통째로 내밀던 그녀. 친절한 이란인.

smart TIP

이란으로 들어와서는 좀 얼떨떨하다. 우리는 이런 기분을 인도 후유증이라고 말하고 있다. 시내에서 지도를 들고 서 있으면 반드시 누군가가 다가오며 말을 붙인다.

'아니? 또 삐끼인가?'
인도에서의 버릇처럼 본능적으로 한걸음 뒤로 물러선다.
그러나 상대방의 의도는 완전 딴판이다.

"뭘 도와드릴까요?"
미소를 띠며 다가서는 친절한 이란 사람들이다.

친절한 이란 사람들과의 대면은 테헤란 공항에서부터 시작되었다. 새벽 4시 반에 도착한 이맘 호메이니 공항. 도중에 비행기를 갈아타려고 두바이 공항을 들른 데다 서쪽으로 여행을 해서 시계를 한 시간 뒤로 돌려놓아야 했으니 한 잠도 자지 못한 우리 몸 상태는 말이 아니었다. 숙소를 찾아 나설 수도 없는 너무 이른 시각, 게다가 사방천지가 전혀 알아볼 수 없는 꼬부랑 아랍어다. 만국 공통어라는 아라비아 숫자조차 안 써서 그야말로 눈 뜬 장님. 환전한 돈도 맞는지 안 맞는지도 모르겠다. 다행히 그 새벽에 문을 연 공항의 인포메이션 센터 아가씨가 숙소에 전화도 걸어주고 주소를 이란 글자와 영어, 두 가지로 써준다. 그리고는 버스 타는 법도 가르쳐주고 지폐 하나하나까지 꺼내 보이며 차비를 말해주는 등 일일이 친절하게 알려준다. 그때까지만 해도 공항의 안내데스크에 근무하는 사람이니 당연한 일이겠거니 생각했다. 숙소 주소가 적힌 쪽지를 보여주며 버스를 탔는데 버스 안에 있는 사람들이 총 동원된다. 여기저기서 우리가 가려고 하는 테헤란 시내를 설명하고 자기네들끼리 토론까지 한다. 40분 정도 지났을까? 버스 안의 두 사람이 우리더러 내리잔다. 기사는 물론 다른 사람들도 우리에게 따라 내리라는 눈짓을 한다. 이미 자기들끼리는 뭔가의 이야기가 왔다 갔다 한 눈치다. 택시를 태운다. 기사에게 우리가 가고자 하는 곳을 설명하는 듯하다. 어떻게 설명이 됐는지 얼마를 안가 또 어느 광장 앞에서 택시 기사가 우리를 다시 교통경찰에게 인계한다. 교통경찰은 길 중간까지 들어가서 또 택시를 세워서는 무슨 설명을 하고 다시 우리를 태운다. 우리는 지금 배달되고 있는 중이다. 잠시 후 그 택시는 정확하게 우리가 가고자 했던 마샤드Mashad 호스텔 앞에 섰다.

테헤란에서 970km 떨어진 마샤드행 기차표를 살 때도 마찬가지였다. 영어도 거의 사용하지 않고, 아라비아 숫자도 없는 테헤란 기차역에서 잠시나 헤매었을까? 또 누군가가 다가오고 다른 사람에게 넘겨지고, 또 넘겨지고 친절과 친절이 줄을 이었다. 결국 기차역의 매니저실까지 인계되어 우리가 원하는 날짜에 원하는 시각의 기차표를 샀다. 이란은 지금 2009년도가 아니라 1388년이고 월도 일도 전 세계의 달력과는 완전 딴판이었다. 아직 숫자도 제대로 읽을 수 없는 우리가 한 글자의 영어도 들어있

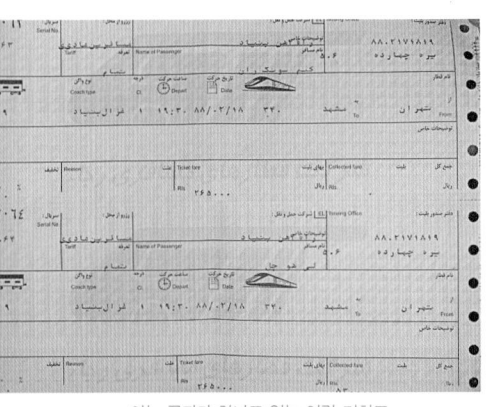
아는 글자가 하나도 없는 이란 기차표

지 않는 완전 난수표의 기차표를 살 수 있었던 것도 모두 친절한 이란 사람들 덕분이었다. 우리가 산 기차표에서 우리가 아는 글자는 하나도 없었다. 몇 시에 출발하고 몇 호차에 타야하는지 등등…

거리를 걷고 있는 우리들에게 다가와 웃으며 먹을거리를 건네주는 사람들, 광장에서 눈만 마주치면 손짓을 하며 과자 차 아이스크림을 내미는 사람들, 식당에만 들어서도 사람들은 우리의 일거수일투족을 지켜보며 모자라는 음식을 채워주고 갖다 주고 자기 것을 나눠준다. 인도에서는 우리 돈을 빼먹으려고 하는 삐끼들만 달라붙었었는데…
테헤란에서 만난 할아버지는 자기 아들이 살고 있는 마슐레에 가라면서 대장간이었던 자기 가게까지 데리고 들어가 아들에게 전화를 걸었다. 계속 전화 통화가 안되자 저녁에 자기 집에 저녁 먹으러 다시 오란다. 그러면 그때

마슐레 사는 아들 전화번호를 찾는 할아버지

당나귀 타고 채소를 팔던 아저씨

차, 쿠키까지 다 내어놓던 이스파한의 가족

길을 가르쳐주던 일자눈썹 고등학생

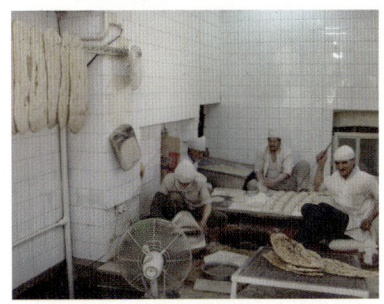
내부 구경까지 시켜주던 난 가게 아저씨들

몇 Km를 같이 걸으며 길 안내를 한 군인

이란 음식을 대접하고 싶다던 자매

이란어를 가르쳐주던 여대생들

야외수업 중이던 고등학생. 이스파한의 공원에서

확실히 알려주겠노라고. 물론 영어로 한 건 아니다. 단지 몇 마디의 영어와 그리고는 몸짓, 눈빛으로 대충 이해한 거다. 마샤드에서는 버스 터미널을 찾아 걸어가고 있는데 어떤 군인이 다가와 같이 걸으며 안내했다. 알고 보니 3km는 더 떨어져 있는 엄청나게 먼 길이었다. 처음엔 그 사람도 터미널에 가는 중인 줄 알았는데 우리를 데려다 주고는 되돌아간다. 그 먼 길을 오로지 우리를 안내하기 위해 함께 걸어온 거다. 마찬가지로 말이 통하는 것은 아니었다. 몇 마디의 영어와 미소만으로 복잡한 도로를 함께 건너 주고 우리를 안내했던 거였다.

계속 이랬다. 우리가 오래 헤맬 시간적 여유(?)가 없었다. 누군가가 반드시 나타나서 도움을 주었다. 어느 나라에서 우리가 이런 사람들을 다시 만날 수 있을까? 맛있는 식당을 가르쳐 주겠다며 우리 손을 붙잡고 동네 구석진 골목까지 찾아들어가 식당 문 앞에 데려다 주던 아저씨. 버스에서 내려 길을 헤매는 우리를 데리고 그 먼 길을 마다않고 같이 걸어 가줬던 청년은 결국 더위에 지친 우리를 안타깝게 바라보다 지나가던 자가용을 붙잡아 태워줬다. 이 친구는 아마 우리가 돈이 없어서 걸어간다고 생각했던지 자가용 아저씨에게 우리를 그냥 태워주라고 부탁까지 했다. 물론 그 자가용 아저씨는 선뜻 우리를 그냥 태워줬다. 테헤란의 더위에 지쳐 길바닥에 멍청이 서 있는 우리에게 아이스크림을 건네던 노부부, 그냥 한번 웃었을 뿐인데 자기가 만든 쿠키라며 박스째 주려고 했던 예쁜 아가씨들. 그들은 우리가 하늘이 보내준 선물이라고 그랬다. 코란에 '손님은 하느님의 선물'이라고 쓰여 있다며.

테헤란 공항에 내리면서부터 시작된 이란 사람들의 환대는 다시 테헤란 공항을 통해 그 나라를 떠나올 때까지 계속 되었다. 어디서든 보여주던 따뜻한 미소. 심지어 운전 중에 운전자가 앞을 보지 않고 고개를 돌리면서까지 우리에게 미소를 보내 저러다가 혹시 사고라도 나면 어쩌나 걱정까지 됐었던 시간들.

그들에게 우리는 진정 하느님이 보내주신 선물이었을까?

슈퍼와 마르케 할머니

독일 슈방가우

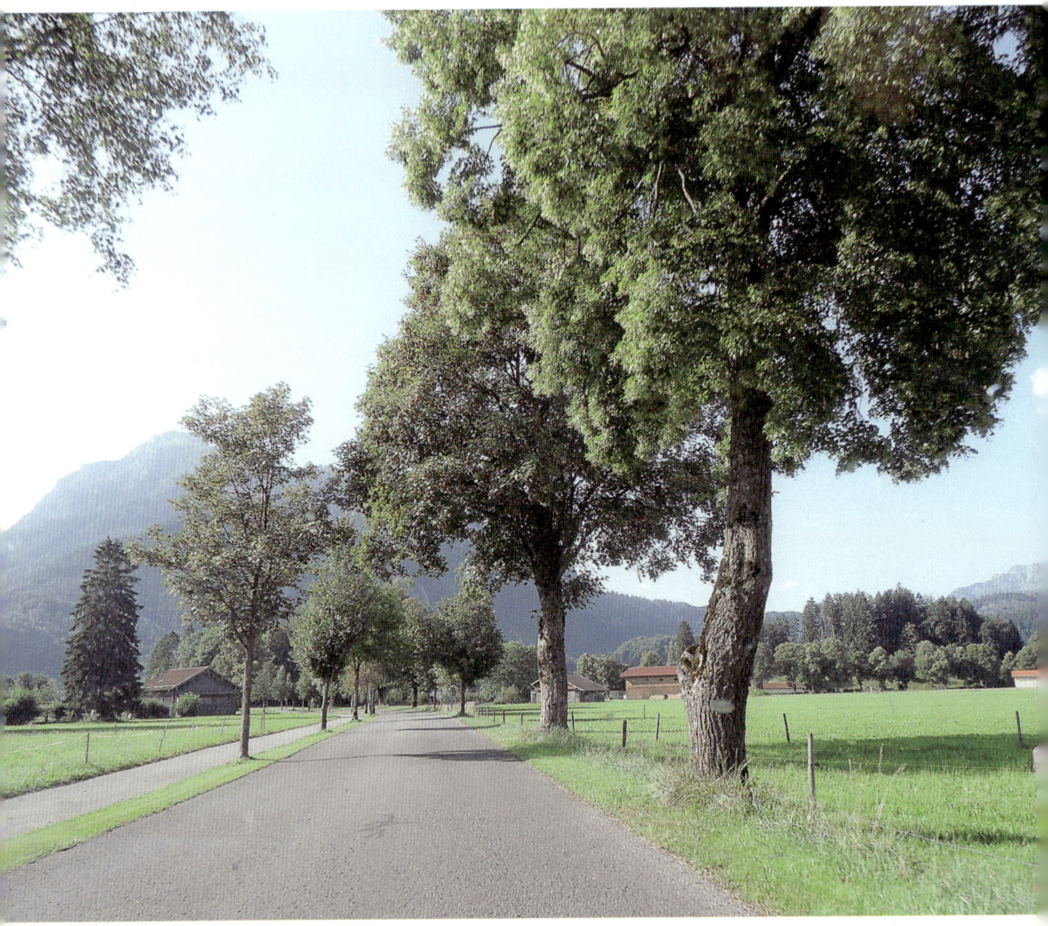

로맨틱 가도 슈방가우 가는 길

smart TIP

배낭여행을 떠난다고 하면 사람들이 궁금해 하는 것 중의 하나가 언어다. 그리고 아주 큰 오해를 한다. 아마 영어를 잘 할 것이라는. 말도 안 되는 억측이다.

같은 방을 썼던 흑인애가 혹시 내가 화장실에 간 사이 문 잠그고 나갈까봐 (호스텔의 화장실은 공용이라서 주로 복도에 있다.) '나, 화장실 갔다 올께'라고 말한다는 게 얼굴 빤히 쳐다보며 "I'm toilet."이라고 말하는 수준이었다. 그냥 말한다. 어떤 때는 단어만 줄줄이 나열하고 그 단어조차 생각나지 않을 때는 손짓 발짓까지 다 동원한다. 먹고 자고 움직이는 것은 주저하지 않는 서바이벌 정신만 있으면 아무런 문제가 없다. 영어권이 아닌 나라는 어차피 그쪽이나 우리나 영어가 딸리는 건 마찬가지니 겸손한 자세, 그 사회를 있는 그대로 바라보는 따뜻한 마음이 더 중요하다. 단지 낯선 곳에 대한 새로운 경험이나 다른 문화에 대한 깊은 이해를 위해서라면 더 능숙하고 세련된 영어를 써야 한다는 것은 뻔한 진실이지만 그게 마음처럼은 안된다. 나가면 늘 후회하는 것이 언어다. '다음에 나오면 진짜 영어 공부를 많이 해서 올 것이다…' 오늘도 또 언제 버려질지 모르는 다짐을 한다.

로텐부르그에서 쉽게 유스호스텔을 구해서 노이슈반슈타인 성이 있는 퓌센에 가서도 쉽게 방을 구할 줄 알았다. 이 무렵 우리는 여름방학을 맞아 유럽으로 날아온 둘째 언니와 형부랑 네 명이 차를 렌트해 다니는 중이었다. 그런데 퓌센의 유스호스텔은 만원이라 방이 없단다. 일요일이라 인포메이션 센터는 문을 닫았고 몇 군데 찾아간 호텔이나 민박(Zimmer)은 문을 꼭꼭 걸어 잠궈 놓았다. 물론 비싼 호텔의 방은 있었지만 그런건 애당초 우리의 관심거리가 아니었다. 슈방가우까지 올라와 동네를 이리저리 헤매다 Zimmer Frei(민박 방 있음)라고 써놓은 집을 하나 발견했다. 방도 일인당 19유로밖에 안 한다.

주인 할머니의 성함은 소피아. 나이는 비밀이라지만 짐작으로는 팔순도 더 넘기신 것 같다. 독일 할머니답게 참 단호하게도 생기셨다. 침대보 정리하는 걸 도와드리니 선물이라며 맥주도 한 병 그냥 주신다. 원래는 일인당 19유로를 받는다더니 정작 계산 할 때는 일인당 18유로로 곱하신다. 18유로가 맞냐고 재차 물어봤는데 그게 맞단다. 어쨌든! 우리에게는 고마운 일이지만 아마 기억을 제대로 못하시는 것 같다.

남편은 금방 소피아와 친해지고 이것저것을 묻고 웃기까지 한다. 남편이 영어로 물으면 할머니는 독일어로 답하고, 할머니가 독일어로 말하면 눈치로 긁어 다시 영어로 대답하고, 옆에서 보고 있으니 마치 말이 잘 통하는 것처럼 대화를 나눈다.

마침 이 집에는 부엌이 있다. 그동안 부엌에 목말라 있었는데 문 닫기 마지막 십분을 남겨놓고 총알같이 슈퍼로 달려가 대충 스파게티 재료와 쌀 등을 사기는 했지만 들어가자마자 문을 닫아야 된다며 밀어내는 바람에 제대로 장을 보지 못했다. 스파게티를 해먹으려니 햄이나 소시지 같은 건더기 거리가 전혀 없다.

남편이 나섰다.

"소피아? 여기 슈퍼마켓이 어디 있냐?"

"@#$%^& ???"

"햄이나 소시지 같은 것을 어디가면 살 수 있겠냐"

"@#$%^& ???"

"… 슈 퍼 마 켓 …"

"@#$%^& ???"

"사다줄 수 있겠냐?"

"@#$%^& ???"

"비어Beer도 필요한데"

"ja(Yes), 비어는 우리 집에 있으니까 이거 가지고 가라."

…

3층 우리 방으로 돌아온 남편은 소피아 할머니께 햄이나 소시지를 사다 달

슈방가우 마을 표지판

라고 부탁했다며 의기양양하게 손에 들린 맥주를 보여준다. 아니 할머니가 이미 슈퍼도 문을 닫은 이 시간에 어디서 햄을 구해오겠냐니까 소피아가 할 수 있다고 했단다. 다시 내려가보고 올라오더니 할머니가 어디론가 전화를 걸고 있더라며 아마 딸한테서라도 구해 올 모양이란다.

한참을 기다려도 소식이 없다. 다시 내려갔다 오더니 이제는 할머니가 안 계신단다. 아마 동네를 다 뒤집어서 햄을 구해올 모양이라고 웃으며 밥을 하고 고기거리 없는 스파게티 면을 삶아 놓았다. 그런데 시간이 흘러가자 슬 걱정이 되기 시작했다. 할머니가 혹시 이 밤에 나가서 어디 넘어지기라도 한 건 아닌지, 슈퍼 문도 다 닫은 이 시간에 도대체 어디 가서 햄이나 소시지를 구해 오시겠다는 건지, 밥도 스파게티도 이미 다 됐는데…

다시 내려가 보니 할머닌 이미 집으로 돌아와 계셨고 하얀 접시에 이상한 걸 세 병 얌전히 놓아 두고 있었다. 우리꺼 사오셨냐고, 달라는 말에 그 얌전한 흰 접시를 내미신다. 이게 우리꺼냐니까 맞단다. 계산은 남편한테 이미 돈을 받았으니 그냥 가지고 올라가란다.
…

다시 3층.
이 요상한 물건은 도대체 무엇인지. 하나는 인도식당엘 가면 나오는 아주 진한 향기가 나는 좁쌀 같은 곡식이고, 또 하나는 우유 같은 게 들어있는 캔, 또 하나는 먹다 남은 간장이다.
할머니는 도대체 무슨 생각으로 이걸 주셨는지… 이걸 준비하느라고 이리 저리 전화도 하고 밖에까지 나갔다 오셨는지…

우리가 묵었던 소피아 할머니 집

그런데 병과 캔에 붙어 있는 상표를 읽던 우리는 우스워 죽는 줄 알았다. 좁쌀 같은 곡식에는 '슈퍼 스파이시 Super Spicy', 우유가 든 캔의 곁면에는 '마르케 Marke'라고 쓰여 있는게 아닌가? 할머닌 뒤에 말한 햄과 소시지는 다 듣지도 않고 슈퍼마켓이 어디 있냐는 말만 집중해서 듣고 슈퍼스파이시와 마르케를 준비해 주신 거다. 그리고 우리가 밥을 해먹으려고 한다는 사실을 알고 아시아 간장까지 덤으로 보태서.

슈퍼마켓과 슈퍼와 마르케…
어째 영어와 독일어로 엇갈리는 언어를 써도 서로 말이 잘 통하는가 싶더니 슈퍼마켓이 슈퍼와 마르케로, 햄과 소시지가 슈퍼와 마르케로…
덕분에 눈물이 빠지도록 실컷 웃었다.
결국 이날 우리는 뭔가 씹히는 것이 전혀 없는 맨 스파게티를 먹을 수 밖에 없었다. 밥과 된장 미역국에 자상한 할머니가 주신 아시아 간장까지 곁들여서.

독일 슈방가우 127

히치 하이크, 무섭고 슬픈 마리아

슬로베니아 루블라냐

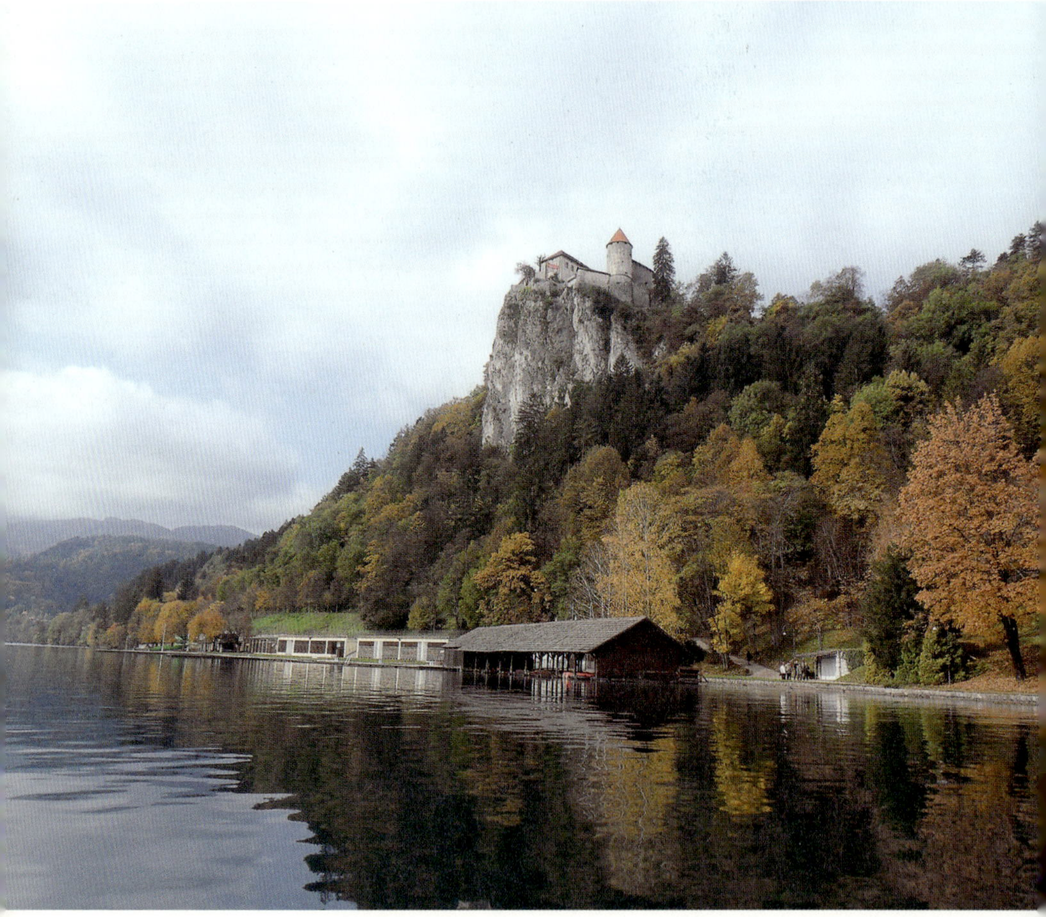

슬로베니아의 블레드 호수

smart TIP

10시 40분. 버스가 온다는 조그만 부스에 앉아 있었다. 서너 명이나 앉을 수 있을까? 정말 콩알만 한 부스였다. 거리에는 안개비가 내리고 있었고 우리는 부스에 가만 앉아있지 못했다. 우리가 있는 걸 모른 채 그냥 버스가 지나쳐버릴까 밖에서 서성댔다. 며칠 동안 퍼붓던 비는 멈추었지만 아침 안개가 자욱한 거리에는 사람도 차도 아무것도 없었다.

멀리서 불빛이 보인다. 버스가 벌써 오나? 아니다. 자가용이다. 버릇처럼 손이 번쩍 올라간다. 아! 그런데 깜빡이를 켜고 우리 앞에 끼이익 선다.
　"우리 자그레브로 갈 건데 좀 태워줄래요?"
두 번 물어볼 것도 없다.
　"OK!"
한번에 명쾌한 대답을 하는 아주 활달한 여자, 마리아와 우리는 그렇게 만났다.

우리는 이전 이틀 동안 크로아티아의 플리트비체 호수를 돌아다녔다. 플리트비체는 우리 여행의 주요 목적지 중의 하나였다. 몇 년 전 한겨레신문 한 면을 가득 채운 플리트비체 호수 사진을 보고 쿵쿵거리는 가슴을 진정시킬 수가 없었다. 그 신문을 북 찢어 한동안 식탁 옆에 붙여두고 여행이 현실로 되는 시점을 가슴 설레며 기다리다 드디어 오게 된 여행지가 바로 플리트비체다. 플리트비체에서 멋진 트레킹을 한 것 까지는 좋았으나 이제 돌아갈 시간이 바쁘다. 여행 중간에 인편으로 한국에 보낸 우리 노트북을 다시 받아야 하기 때문이다. 고장이 나서 말썽이었는데 수리가 돼서 다시 유럽으로 들고 나왔단다. 사흘 안으로는 로마에 들어가야 한다. 그러기 위해서는 오늘 중으로 우선 자그레브에서 기차를 타고 슬로베니아의 루블라냐에 들어가야 내일 밤차라도 타고 로마로 들어갈 수 있다. 플리트비체에서 오전 11시에 출발하는 버스를 타야 오후 2시쯤 자그레브에 도착할 수 있고 그래야 루블라냐로 가는 기차를 탈 수 있다. 하루에 몇 번 뿐인 기차시간을 정확하게 맞추어야 그나마 캄캄한 밤에라도 루블라냐에 도착할 수 있다. 머리속으

루블라냐 시내

로는 시간 계산이 빨리 돌아가고 있었다. 11시 버스를 놓치면 큰일이다. 안절부절.

그런데 자가용 한 대가 우리를 태워주겠다며 끼익하고 선 거다. 이런 고마운 일이. 운전석 옆자리 뒷자리 할 것 없이 마리아의 차에는 짐들이 널브러져 있었다. 트렁크로 넣고 한쪽으로 짐을 치우는 데도 한참이 걸린다. 이렇게까지 하면서 우리를 태워주시다니 정말 고맙다. 우리를 태우면서 조건으로 딱 한 가지를 건다. 자기는 지금 크로아티아 돈이 하나도 없다며 톨게이트 비를 우리보고 내란다. 흔쾌히 OK! 잘 하면 좀 더 일찍 도착해서 루블라

냐로 가는 앞 기차를 탈 수 있을지도 모른다.

동행. 참 신기한 인연이다.
그런데 알고 보니 마리아는 슬로베니아 아줌마다.
 "그래요? 우리도 지금 슬로베니아로 가려고 하는데, 자그레브에서 루블랴냐까지 가는 기차를 탈 거 거든요. 혹시 루블랴냐까지 가세요?"
그냥 물어본 거다. 아무도 없던 그 길에서 차를 만난 것만 해도 기적인데 무슨 루블랴냐라는 기적까지 기대했겠는가. 그런데 우하하하! 루블랴냐까지

가신단다.

어찌 이런 행운이. 그렇다면 굳이 자그레브까지 갈 필요도 없겠다. 어느 길로 갈까 지도를 훑고 있는데 마리아가 머리 속에 그리고 있는 지도를 술술 풀어놓는다. 중간에 Kralvac에서 슬로베니아 국경을 넘어가면 된단다. 당연하지, 그는 슬로베니아 사람인데 말이야. 캄캄한 밤중에나 도착할 줄 알았는데 오후 도착도 가능하겠다. 우하하하.

룰루랄라… 한국이야기, 크로아티아 이야기, 슬로베니아 이야기를 슬슬 하는데… 이게 이게… 어째 좀 이상하다. 아줌마의 상태가 좀 그렇다. 굉장히 흥분을 한다. 아니 굉장히 감성적이라는 표현이 맞는 걸까? 운전을 하는 데 집중하는 게 아니라 이야기를 하는데 더 집중한다. 뒤따라 오던 차들이 참지 못하고 우리를 앞질러 가면 고래고래 소리를 지른다. 우리나라 사람들이 운전하면서 그냥 한번 날리는 그런 욕지거리 정도가 아니라 운전대에서 손까지 놓으면서 삿대질을 한다. 그리고 쉬지 않고 무슨 소린가를 반복적으로 중얼거린다. 무슨 뜻이냐고 물으니 'crazy'라고 했다나? 속도를 갑자기 빨리 내기도 하다가 또 갑자기 속도를 엄청 줄이며 천천히 가기도 한다. 뒤에 오던 차들이 정신을 못 차리고 가능한 우리차 와 떨어지려고 한다. 갑자기 또 이야기를 시작하고 다시 알아듣지 못하는 자기 말로 뭐라고 중얼거리고, 차 속력이 빨라졌다 느려졌다… 불안해 죽겠다.

이 이야기 저 이야기를 쉬지 않고 계속한다. 그러더니 이번엔 가족 이야기로 넘어가서 갑자기 남편 욕을 시작한다. 알고 보니 3년 전에 이혼했고 그 이후 자기는 완전히 파산했단다. 남편이 몇 년 간 자기를 한 번도 가까이 하지 않았다는 이야기부터 남편의 바람 행각이 얼마나 심각했는가, 두 아들을 결국 뺏겨 버렸다는 이야기까지 끝도 없이 이어진다. 나중엔 울음까지 터뜨린다. 이번에는 한 손으로 운전을 하면서 다른 한 손으로는 자기 가방을 막 뒤진다. 사진 한 장을 보여준다. 그의 젊은 날 사진이다. 유고슬라비아 미인대회에 출전하여 입상까지 했단다. 그러면서 또 가방을 뒤적거린다. 바로 옆자리에 앉아 있는 내가 가방을 쥐고 내용물을 빼주기는 했지만 불안해 죽겠다. 이번에는 목과 다리 허리 부분에 피멍이 들어 있는 사진이다. 남편이 자기를 이렇게 만들어 놨단다. 죽어서 하느님 앞에 갔을 때 '간음하지 말라'는 모세의 십계명을 지키지 않은 자기 남편은 천벌을 받을 거란다. 그러면서도 한편으로는 그리움으로 가득차서 또 울먹인다. 마리아의 힘든 결혼 생활과 그녀의 그리움과 또 한편의 분노를 충분히 이해하면서도 먼 길까지 한 차로 동행해야 하는 현재의 우리로서는 정말 너무 불안하다. 그녀는 운전을 하는 것이 아니라 이야기에 완전 빠져 있었다. 할 수만 있다면 운전대를 빼앗아서 내가 하고 싶었다.

차창 밖으로는 아름다운 슬로베니아 풍경이 펼쳐지는데 감상할 여유가 없었다. 그는 울다가 이야기하다가, 운전대를 놓았다가 마주오고 앞서가는 차에게 욕도 하고 중얼거린다. 맞장구치면서 이야기하기가 너무 힘들다.

지도를 보며 길을 찾는 마리아와

"다 잊어버리세요. 불행했던 과거는. 이제 남편도 잊어버리고 앞으로 남은 당신의 인생이 얼마나 행복해질지만 생각하세요."

마리아가 괴로웠던 지난날들을 잊어버리고 앞으로는 행복하게 살기만을 바라는 마음도 진심이었지만 한편으로는 흥분하는 그녀를 안정시키고 싶었다. 자기도 그렇게 생각한단다. 오늘 우리가 마치 하느님이 자기에게 내려주신 선물 같단다. 플리트비체의 어느 길가에서 딱 그 시간, 우리가 기다려 자기에게 다가와 준 것이라고. 앞으로는 즐거운 일만 있을 것 같다고 넘어갈 듯이 웃는다.

그런데 그것도 잠시다. 차분해지는가 싶더니 다시 흥분한다. 숫자에는 얼마

나 집착하는지. 마주 오는 차, 앞서 가는 차, 심지어 백미러로 보이는 뒤차 번호판까지 다 읽고는

"○○○○ 저건 불행의 징조다. 우리 아버지가 돌아가신 날이다."

"△△△△ 저건 괜찮은 거다. 우리 둘째 아들이 태어난 날이다."

생일, 제사 정도의 기억 뿐 아니라 남편이랑 처음 만난 날, 남편과 함께 어디를 여행한 날, 큰 아들 학교에서 무슨 일이 있은 날, 시누이가 자기에게 뭐라고 한 날… 모든 숫자에 모든 기억을 다 더듬어 가며 또 흥분하고 또 울먹인다. 다시 남편이야기에 이혼이야기, 자기의 불행했던 결혼 이야기를 풀어놓으며 흥분한다.

미치겠다. 히치하이크를 괜히 했나?
버스 타고 기차 탔으면 바깥 경치를 보면서 즐겼거나 아니면 잠이라도 편히 잘 수 있었는데 이건 꼼짝마라다. 잘 수도 없고 계속 말벗이 돼야 했다. 흥분하는 것도 가라앉히고 운전하는 것도 계속 봐 드려야했다. 남편이라도 이 대화에 끼어들어 나를 좀 도와줬으면 좋으련만 여자들끼리의 이야기라고 입을 꾹 다물고 있다. 몇 시간 동안 영어로, 그것도 남의 가정사를 상담하듯이 이야기하고 있자니 머리가 핑핑 돈다. 바깥에 좋은 경치가 나타나면 몰고 가던 차를 세워서라도 사진을 찍던 남편은 창문도 한번 안 열고 사진도 전혀 안 찍는다. 왜 이 좋은 경치를 안 찍느냐고 물어보니 혹시 창문을 열어 세찬 바람이 밖에서 불어오면 마리아가 더 흥분할까봐 참고 있단다. 흥분을 시키지 않는 것이 지금은 제일 중요하대나? 어이구~

슬로베니아 국경도 넘어섰다. 그래도 슬로베니아 사람 차를 타고 국경을 넘으니 편하기는 하다. 국경 검문소에서 자기가 다 알아서 이야기한다. 이럴 때 보면 또 멀쩡하다. 표현이 좀 이상했나? 문제가 있는 사람이 아니라 단지 감정의 굴곡이 좀 심하다고 표현해야 할까?

어느 한적한 시골 마을로 들어섰다. 루블랴냐로 들어가는 길이다. 이 길은

먼 길까지 돌아 우리를 내려줬던 루블라냐 거리

최고의 드라이브 코스란다. 슬로베니아로 들어서고부터는 좀 안정이 되는 것 같다. 예쁜 동네에서 잠시 멈춰 점심으로 피자를 먹었다. 현지인과 먹으니 정말 좋은 곳을 찾아낸다. 운전을 하지 않는 마리아는 정말 단정하고 차분했다. 이야기도 사분사분하게 하고 남의 이야기도 잘 들어준다. 피자를 먹으면서 몇 번씩이나 우리의 운명 같은 만남에 대해 자기는 하느님에게 감사드리고 있다고 말한다. 자기의 이야기를 다 털어놓는 것으로 스스로 치유가 되고 있는 것일까? 오히려 우리가 아무것도 모르는 완전 이방인이어서 더 편했던 것일까? 한결 차분해진 그녀를 보며 우리도 감사드렸다.

오후 3시 반쯤 루블라냐에 도착했다. 원래 계획보다 훨씬 더 앞당겨진 거다. 사실 오는 길에 마리아는 몇 통의 전화를 받았다. 알고 보니 이 차는 렌트한 차였는데 오후 5시까지 루블라냐로 오는 중간 도시, Novo Meso에서 반납해야 하는 차였다. 불안한 김에 잘 됐다 싶은 얌체 같은 생각 반, 먼 길을 다시 돌아가야 하는 미안함 반으로 그냥 노보메소에 내려 달랬는데 루블라냐로 데려다 주기로 한 약속을 지키겠다며 끝까지 우리를 데려다 줬다. 고마운 사람. 마음은 여리지만 아름다운 사람, 마리아와의 불안하고도 행복한 동행 몇시간 끝에 루블라냐에 도착했다. 깊은 포옹을 하고 돌아서는데 마리아는 그 자리에 선 채 역으로 걸어가는 우리를 한참 동안이나 지켜보고 있었다.

푸엇 아저씨네 막내 데니스

마케도니아 오흐리드

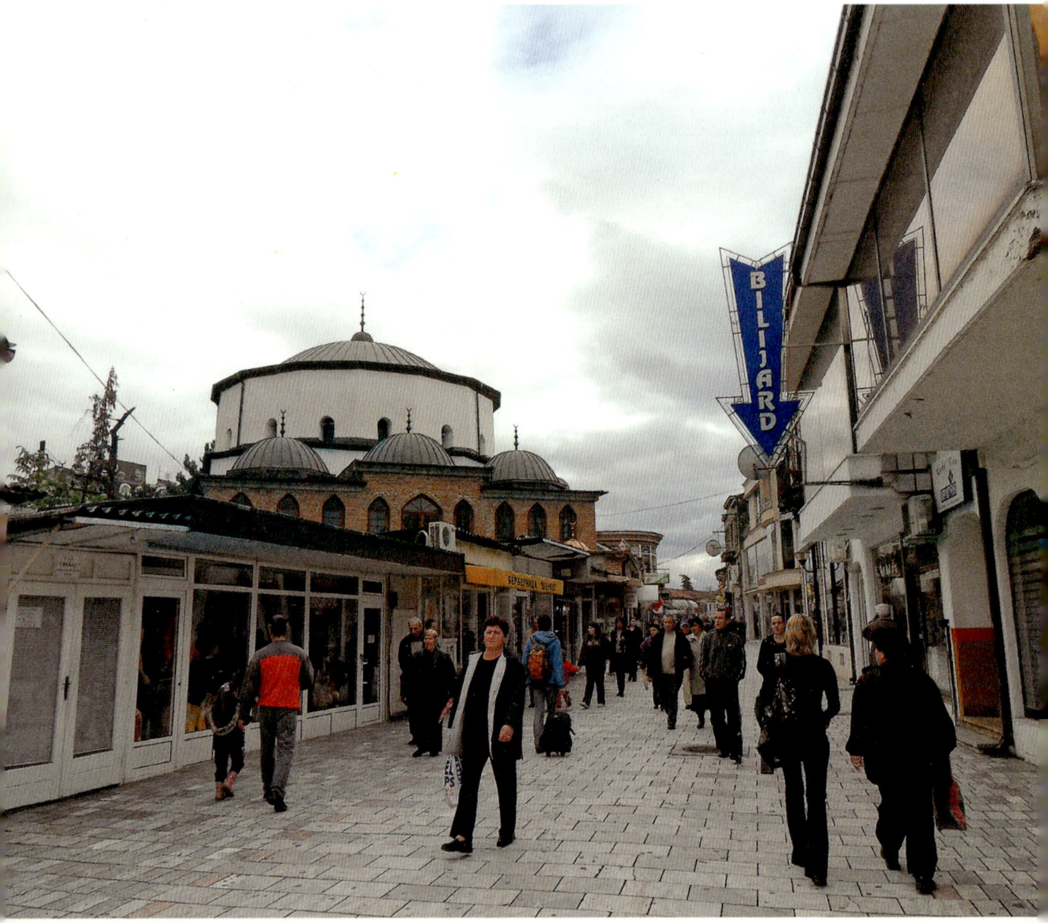

대리석 길이 반짝였던 오흐리드 거리

smart TIP

보스니아의 사라예보 - 몬테네그로 - 알바니아 티라나 - 마케도니아 오흐리드까지의 여정은 '국경 넘기'라는 난제가 우리 앞에 놓여 있었다. 예전에는 유고연방으로 하나였지만 각각의 나라로 독립되고 난 직후라서 그런지, 오랜 기간의 분쟁에 대한 앙금이 남아서 그런지 옛 유고연방국들끼리의 국경은 서로 간에 경계를 더 하는 것 같았다. 다른 나라로 넘어가는지 어쨌는지 아무런 느낌도 나지 않던 서유럽과 달리 발칸 반도에서의 국경 넘기는 참으로 힘들었다. 야간 출발 버스에 새벽 2시 도착, 터미널에서 무작정 기다리기, 국경까지 불법 영업택시 타기에 이어 걸어서 국경을 넘어야했고 몇 시간씩 기다리는 건 예사였다. 결국 불법 영업버스로 도시까지 진출해서 버스와 택시를 번갈아 타는 지루한 순환이었다. 교통요금도 그때 그때 달라져 우리 같은 여행자가 밥이었다.

알바니아 티라나 호스텔에서 얻은 정보에 의하면 버스 한방에 바로 마케도니아의 오흐리드에 도착할 수 있다고 했지만, 우리는 양쪽 나라의 국경에서 심한 검문을 받아야 했고 역시나 불법 영업 택시를 타고서야 겨우 도착했다. 여하튼 마케도니아에 들어왔다.

세계지도를 펼쳐보면 마케도니아라는 나라는 없다. 발칸 지역의 지도를 자세히 보면 동서남북이 불가리아, 알바니아, 그리스, 코소보, 세르비아로 완전히 둘러싸인 F.Y.R.O.M.이라는 나라가 있는데 여기가 마케도니아다. F.Y.R.O.M.(The Former Yugoslava Republic of Macedonia) 마케도니아의 구 유고연방지역이다. 뭐가 이리 복잡한지. 마케도니아가 아니기도 하고 마케도니아가 맞기도 하다. 사실 마케도니아라는 나라 이름을 공식적으로 붙이는 데는 그리스가 절대적으로 반대하고 있다. 알렉산더 대왕의 마케도니아 왕국은 지금의 마케도니아 공화국 뿐만 아니라 그리스, 불가리아 지역에 넓게 퍼져 있던 국가였다. 더구나 당시의 마케도니아는 지금의 그리스 지방이 더 많이 포함되어 있어서 그리스로서는 충분히 반대할 명분을 가지고 있기는 하다. 그래서 마케도니아는 마케도니아인데 옛날 유고연방의 마케도니아 지역이라는 의미로 공식적인 나라 이름은 FYROM인 거다.

밤이 내리는 오흐리드 호수

하여튼 우리는 아름다운 호수마을이라는 오흐리드에 도착했다. 루마니아 부쿠레스티 호스텔의 주인 율리아가 매년 여름휴가를 보내는 곳이라며 만약 마케도니아를 간다면 괜히 수도랍시고 스코페를 가지 말고 꼭 가라고 추천한 곳이다. 그가 침이 마르도록 칭찬한 이유를 알겠다. 마을에 들어서는 순간부터 기분이 좋아진다. 도시 전체가 단정하고 잘 정돈된 느낌이다. 어쩌면 바로 앞 도시가 알바니아의 티라나여서 그런지 모른다. 여기 저기 싸우고 악다구니를 쓰는 사람들과 곳곳에 널려 있던 쓰레기, 어딘지 모르는 음산한 기운이 뻗치던 티라나와는 천지 차이다.

보통 도시에 대한 첫 느낌으로 '비좁고 북적거리는 곳'은 사실은 사람 냄새가 물씬 나는 활기찬 도시인 경우가 많고 '평화롭고 단정해 보이는 곳'은 실제로는 쓸쓸한 경우가 많았다. 그러나 알바니아의 티라나와 마케도니아의 오흐리드는 예의 그런 경험에서도 벗어난다. 티라나에서는 사람들이 북적거렸지만 활기찬 느낌보다는 불만의 도가니 같았다. 다른 사람을 배려하고 인정하기에는 사는 게 너무 팍팍해 보였다. 악악거리고 살지 않으면 누군가가 내 것을 빼앗아 갈지도 모른다는 불안감 같은 것이 감지되던 편치 않은

거리였다. 툭 건드리기만 하면 어디선가 큰 소리가 나고 싸움을 걸 듯한 분위기였다. 실제로도 그랬다. 이틀간 티라나에서 우리가 본 싸움은 여러 건이었다. 그러나 마케도니아의 오흐리드는 정갈하고 단정한 분위기이면서도 활기차다. 사람들의 표정이 부드럽고 밝아 도시 전체가 살아있는 느낌이다. 그래, 콧노래를 불렀던 것 같다. 며칠째 계속 내리던 비도 그쳤고 바다처럼 넓게 펼쳐진 호수에 선명한 무지개까지 걸렸다.
아~~~ 좋다.

이제 숙소를 구할 차례다. 호숫가 민박이 천지다. 여름 성수기가 지나서인지 '내가 골라도 되는' 상황이다. 이른 새벽도 아니고 깜깜한 밤도 아니니 방 고르는 내 어깨에 힘이 들어간다. 어디는 방이 약간 어둡네, 어디는 돈이 비싸네, 이 핑계 저 핑계 대며 막 튕긴다. 앗! 삐끼가 한 명 나타났다. 마음 좋게 생긴 아저씨가 어디선가 뿅 하고 나타나 자기 집도 민박을 한단다. 내가 골라도 되는 상황에선 이런 삐끼한테 굳이 꼬일 필요는 없는데 그래도 아저씨가 마음 좋게 생겨서 봐줬다. 깨끗하다. 이 나이에 도미토리만을 전전하다 더블 룸만 만나도 황홀해 하는데 더블 룸에 화장실 겸비, 모든게 깔

무지개가 걸린 푸엇 아저씨네

깔하니 다 새것이다. 가격조차 환상이다. 둘이서 15유로. 흐미~ 이제는 이런 정도의 호사에도 탄성을 지른다. 작은 것에 감사하는 마음을 배우는 게 여행의 소득이라고 생각하고 사는데 여행 기간이 길어지면서 이제는 이런 게 작은 것이 아니라 우리 생활의 거의 전부가 된 듯하다. 그래서 생활의 전부를 만족시키는 이 느낌. 얼마나 황홀한가! 발코니로 들어오는 따스한 한 줄기의 햇살만으로도 지금 이 순간, 행복하다.

주인아저씨 푸엇의 집안은 오스만 투르크가 비잔틴제국을 점령할 때 동부에서 유럽 쪽으로 들어온 집안이란다. 그러면 그렇지. 어쩐지 터키사람처럼 생겼더라니까. '푸엇'이라는 이름이 아라비아어로는 Heart 혹은 Soul이라는 뜻이란다. 'Heart or Soul', 이름도 멋지시지. 가족은 삼층에 살고 이층을 민박으로 놓고 있었다. 방안에 짐을 풀기도 전에 진한 터키식 커피와 사과를 가져다 준다. 농약 하나도 안 친 완전 무공해라며 자랑까지 하시며. 인터넷도 빵빵. 마치 시골 큰 아버지 집에 온 것 같다. 푸근하고 기분 좋고. 으하하! 오흐리드! 우리는 네가 마음에 든다!!
다시 밖으로 나선다. 호수도 거닐고 우리나라 사물놀이패 같은 마을 농악단(?) 공연도 구경하고 어슬렁어슬렁. 마케도니아에서 유명하다는 통닭 바비큐를 한 마리 통째로 사서 냉정하게 반씩 나눠먹고 파프리카 고추 야채도 한 접시씩 했다. '차를 타고 달려오다 발코니에 파프리카가 널려 있는 집을 만나기 시작하면 그 때부터 마케도니아'라는 말도 있단다. 배도 부르고 ♪♪ ♪ 내일은 오흐리드 성에도 가보고 ♪♪♪ 호수도 거닐고 ♪♪♪ 낚시도 해 볼까나 ♪♪♪ 오흐리드에 들어와서는 계속 콧노래 중이다.

다음 날 아침이 밝았다. 그런데 비가 온다. 이 징헌 놈의 비. 언제부터 이놈의 비가 그치지 않는다. 어제는 잠시 개이고 무지개도 나고 호수의 저녁노을도 그리 아름답더니만. 뭐 그래도 괜찮다. 옛 유고연방으로 들어온 이후 며칠간 몸을 너무 많이 혹사한 것도 있고 덕분에 게으름이나 부려야겠다. 침대에서 영화나 한편 보다가 날이 맑아지면 나서야지. 늦잠 중간 중간에 침대에서 일어나 밖을 보지만 그칠 비가 아니다. 남편은 아예 코까지 골며 자고 있다. 하기야 이것도 괜찮다. 오랜만에 아무 할 일없이 그냥 침대에서 뒹굴뒹굴… 책이나 보고 영화나 보고 인터넷이나 하고… 그래도 참, 이놈의 징헌 비. 오후 3시가 다 되어서야 침대에서 일어났다. 이제 더 이상은 안 되겠다. 이러다간 성이고 뭐고 아무것도 못 보겠다. 일어나야지 배도 고프고. 밖을 나섰지만 비는 아직도 철철 내린다. 호숫가 제일 끝에 있는 멋진 식당에서 스테이크를 확! 시켜 먹었다. 비오는 경치는 나름 깔삼한데 눅눅해서 다니지를 못하겠다. 맛은 있는데 가격보다 더 걱정스러운 건 벌써 어둑어둑해진다는 거다. 그리고 보니 이 동네는 해가 4시 반이면 떨어져 버린다. 거리로 나섰지만 날은 이미 저물어 가고 있었다. 결국 우리가 오흐리드에서 본 장면은 언덕위의

마케도니아 오흐리드

깜깜한 정교회뿐이었다. 당연히 문은 닫혀 있었다. 언덕 아래의 저 멀리 호수는 불빛만 아련히 보이는 그냥 암흑. 어제의 기억으로는 분명히 대리석이 반짝거리는 길이었던 것 같은데 어둠이 깔린 거리는 반짝임을 다 숨겨버렸고 가게들은 하나 둘씩 문을 닫는다. 오흐리드, 참 좋은 데 그치? 비가 와도 아침에 안 자고 밖엘 나왔어야 했나? 정말 좋은 데 그치? 내일이라고 날이 맑을까? 다음에 한 번 더 올까? 아쉬움에 자꾸 중얼거린다. 빛이 비치는 방향에 따라 호수 색깔이 하루에도 몇 번씩이나 바뀐다는데… 인간은 생각하는 동물이라 눈으로 보지 않은 장면이라도 상상으로 얼마든지 떠올릴 수 있다고 생물 수업에서 그렇게나 아이들을 세뇌(?)시켰으면서 아름다운 오흐리드 호수가 어제 하루 그 순간만이었다는 사실에 안타까워한다. 툴툴거리며 집으로 돌아왔다.

삼층에서 쪼르르 막내딸 데니스가 내려온다. 시간나면 커피 한 잔 하러 자기 집으로 올라 오란다. 오홋! 민박 주인들이 친절하기는 하지만 그래도 자기 집안으로 손님들을 들이는 경우는 거의 없는데? 우리야 당연히 OK다. 이 집 셋째 딸 데니스는 요즘 한국 드라마에 푹 빠져 산다. 어제도 잠깐 우리 방엘 놀러 왔었다. 우리가 한국 사람이라는 자체에 흥분하고 있었다. 삼층으로 올라가니 데니스만 있는 게 아니라 다른 딸 둘과 엄마, 이모까지 모두들 거실에 있다. 우리를 기다리고 있은 모양이다. 커피도 내오고 마케도니아 전통 차도 내오고 직접 구운 빵에 쿠키까지 대접한다. 한국드라마를 몹시 사랑하는 고등학생 데니스와 중학교에서 알바니아어를 가르치는 선생님 엄마, 치과의사인 큰 딸, 그리고 치기공사인 둘째 딸. 데니스의 흥분이 전달된 건지 모든 가족들이 아주 친절하다. 먼 나라 한국에서 온 우리를 극진히 대접한다. 데니스가 푹 빠져있던 한국드라마는 '꽃보다 남자'였다. 제목은 들어본 것 같은데… 이거 여행을 떠나기 전에 적어도 한류드라마는 떼고 왔어야 했나? 드라마라고는 도통 모르니 오히려 미안하다. 잘 생긴 꽃미남들이 등장하는 드라마인 건 분명한데 내가 전해 줄 정보가 하나도 없다. 데니스는 유튜브를 통해 다운 받아 영어 자막으로 보고 있는데 올 여름 내내 이 남자애들 이야기만 하고 있었단다. 이거야 원. 드라마를 보면서 한국말도 몇 마디 배워서 '고마워요' '감사합니다' 정도는 한다. SEA라는 뜻을 가진 이름 DENIZ를 우리말로 '바다'라고 가르쳐 주고 한글로 써 줬다. 발음기호까지 따라 적어가며 기뻐한다. 언니들은 앞으로 데니스를 바다라 부르겠단다. 데니스는 한국 사람을 실제로 본 건 처음이라며 사진 찍기를 원한다. 남편과 같이 찍으라고 카메라를 들이댔다.

"데니스! 미안."

우리 남편이 '꽃보다 남자'에 나오는 꽃미남처럼 예쁘게 생겼거나 하다못해 그 애들처럼 팔팔하게 어리기라도 했어야 하는데 실제로는 난생 처음 한국 남자를 만난 데니스를 실망(?)시키는 것 같아 미안하다.

"한국 가면 이 사람보다 잘생긴 사람이 아주 많고 젊은 친구들도 정 말 많아!!!"

푸엇 아저씨가 돌아온 저녁 늦은 시각까지 마치 오랜 만에 만난 가족처럼 한국 남자, 한국 드라마 이야기꽃을 피웠다.
으하하! 비가 와도 좋다. 징허게 모질게 내려도 좋다. 진짜 우리 집 같은 우리 집이다. 까짓것 좀 못 보면 어떠리…

묻지도 말고 말하지도 마라

이집트 카이로

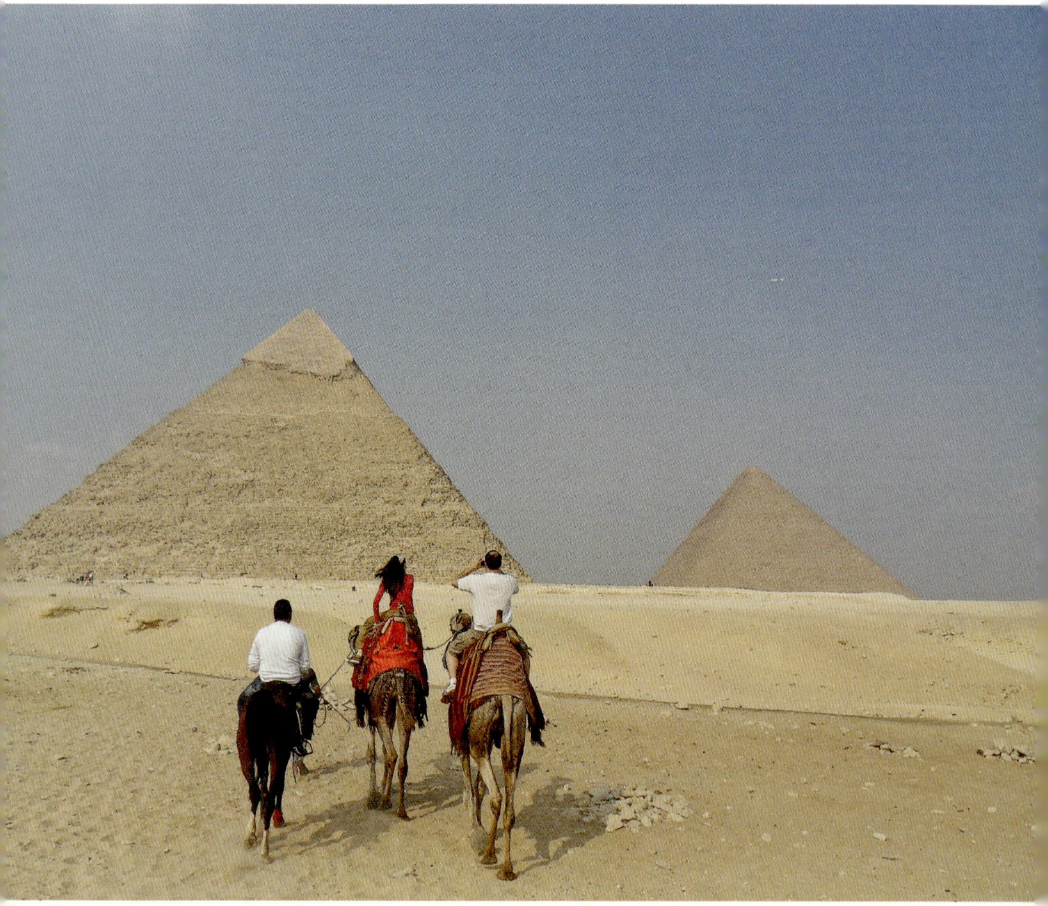

기자 지구 피라미드와 사막의 낙타

smart TIP

이집트 여행을 한 사람들 사이에 반드시 오가는 이야기가 있다. 나는 얼마나 속았으며 나는 얼마나 속지 않았냐는 이야기. 때론 화를 내면서 때론 껄껄껄 넘어가는 웃음을 보태며 반드시 하는 이야기다.

나일강 크루즈 중간에 내린 콤옴보 신전을 갈 때 우리도 마차를 탔다. 분명히 30파운드로 계약했는데 마지막에는 집에 애들이 셋이나 있다면서 50파운드를 달란다.
마차를 타고 오갈 때 나귀를 끌던 마부는 안 그래도 아이들 이야기를 여러 번 했었다. 더 줄까? 잠깐을 고민했지만 그래도 좀 괘씸타. 그러면 5파운드라도 더 얹어서 35를 내란다. 좋다. 잔돈이 없어서 40파운드를 줬는데 이 사람, 거스름돈이라며 0.5파운드짜리 지폐를 돌려준다.
(이집트의 0.5 파운드짜리 지폐에는 '50'이라는 숫자가 쓰여 있다. 그림으로는 구별이 힘들고 돈 단위를 보면 파운드가 아니고 피아스터Pt라고 쓰여 있다. 안 그래도 잔돈을 주고받을 때 주의를 기울여야 하는 지폐다.) 이 사람이야~~~

"5파운드를 잔돈으로 주셔야지요."
"이거 맞잖아?"
"이건 0.5파운드잖아."
"어~ 미안 미안."

내가 못 알아봤으면 그냥 넘어갔을텐데, 자기한테 잔돈이 없다며 다른 마부한테 뛰어가 버린다. 한참을 기다렸다. 배를 타야하는 시각이 다 되었지만 괘씸해서 끝까지 기다렸다. 한참 만에 나타나서는 5파운드를 손에 꼭 쥐고서 이제는 팁을 달란다.

"뭐~~ 팁~? 제일 처음 가격을 말할 때는 다 포함한 거라며?"
그런데 이 마부, 하는 말이 엉뚱하다. 자기 말고 이 말한테 주는 팁이란다. 으하하!!!

"말한테 팁을… 으하하하"
아침부터 우리를 웃긴 이 이집션의 재치에 웃어야 하나 화내야 하나.

"이보슈, 마부 양반. 그만 웃기시고 거스름돈 주세요."
다른 마차들에서도 우리와 비슷한 일들이 벌어지고 있었다. 5파운드라고 해봐야 1달러도 안되는 돈이다. 1,000원. 이걸 가지고 실랑이하고 있는 이른 아침 풍경이 낯설지 않은 이집트에 지금 우리가 와 있다.

이집트를 여행하다 보면 현지인들과 다툼을 벌인 이야기는 자주 들린다. 아스완의 킬라니 호텔에 외국인 한 명이 얼굴이 벌개져 들어온다. 낙타를 탔는데 원래 계약보다 훨씬 많은 돈을 요구했다며 기분을 한참 잡쳤다고 떠들어댄다. 리셉션의 매니저는 그냥 가만히 웃기만 한다. 또 다른 외국인 한 명이 체크아웃을 하면서 여기서 기차역까지 택시비가 얼마쯤 나오느냐고 묻는다. 5파운드 정도면 되는데 많이 나와도 절대 7파운드를 넘지는 않는다고 대답한다. 그러면서 중요한 정보를 말해준다. 택시를 타면서 얼마냐고 묻지 말고 그냥 기차역으로 가자고 하고 내리면서 아무 말 하지 말고 그냥 5파운드를 주란다.

'묻지도 말고 말하지도 마라'가 핵심이다.
그렇다. 이집션 들과의 흥정에서 우리가 이길 확률은 어쩌면 지극히 낮다. 어차피 우리는 그들의 정확한 시세를 알 수도 없고 아무 것도 모르는 이방인이다. 우리도 그랬다. 이집션들이 즐겨 먹는 에이쉬(일명 걸레빵)를 사면서 처음에 가격을 물어봤을 때는 한개에 1파운드라고 해서 사먹었고 다음날은 절반 가격인 두 개를 줘서 콧노래까지 부르며 이제는 안 속는다고 웃었다. 그러나 다음날 이집션들이 사는 걸 옆에서 기다리고 있는데 1파운드에 20개였다. 흥얼거리던 콧노래가 어찌 그리 분하고 또 창피스러운지. 그 다음부터는 그냥 0.5파운드를 내밀었다. 그러면 알아서 에이쉬 열개를 챙겨줬다. 아무 말 안 했더니 저절로 정상 가격이 되었다. 너무 많아서 다 못 먹고 결국은 다른 사람들에게 나눠 줘야했으면서도 묻지 않고 말하지 않는 참 우스운 계산법이 필요한 나라였다. 땅콩을 사면서도 5파운드를 말없이 그냥 내밀면 알아서 한 봉지 가득 담아줬고 토마토도 바나나도 다 그랬다.

당나귀가 친구 같은 이집트의 아이들

'으응~ 아무 말을 안하면 되는구나~.
 이집트에서는 흥정을 붙일 틈을 주지 않으면 되는구나~~~.'
그리고 가격을 물어봐야 소용도 없다. How much?란 우리의 물음에 돌아오는 대답은 십중팔구 How much do you want?다.
우리는 사는 사람이고 당신들이 물건을 파는 사람인데 왜 꼭 가격을 우리에게 되묻냐고…

아스완 동쪽에서 귀족들의 무덤이 있는 서쪽으로 가려면 나일강을 건너는 페리를 타야 한다. 1인당 1파운드면 된다는 이야기를 이미 들었는데 입구에서 엉겁결에 얼마냐고 물어버렸다. 아무 말 하지 말았어야 했는데. 역시~

❶ 사막의 물장수 ❷ 몇 번이나 속았던 걸레빵, 에이쉬 ❸ 말에게 팁을 요구하던 마부 ❹ 아스완 시장의 딸기 가게

1인당 20파운드란다. 무슨 소리? 타지 않겠다고 하니 10파운드로, 조금 후에는 다시 5파운드로 떨어진다.

"비싸면 비싼 대로 정찰 가격을 붙여 놓으면 그대로 낼 텐데. 하는
짓이 괘씸타."

이집트는 전 국민이 단결하여 외국인에게 바가지를 뒤집어씌우는 것 같다며 남편은 아예 가지 말잔다. 그래도~~. 옆 페리로 갔다. 이번엔 처음부터 5파운드를 부른다. 웃고 있으니 2파운드란다. 1파운드나 2파운드나 이백 원 정도 밖에 차이가 안 나니 당연히 그냥 올라탔다. 5파운드든 10파운드든 정해진 가격대로 받는다면 누가 뭐래나.

귀족들의 무덤을 보고 다시 돌아오는 페리에는 아무 말 하지 않는 작전(?)을 썼다. 그냥 묻지도 않고 말하지도 않고 입구에서 두 사람용으로 2파운드를 쑥 내밀었다. 누구도 말이 없다.

"이래야 된다니까. 아무 말 하지 않아야 된다니까~~."

몇 백원을 놓고 되도 않은 작전이라는 것까지 구사하는 우리가 스스로 생각

해도 우습다.

호객꾼들에게는 '아무 말도 하지 마라'가 좋은 작전 임에는 틀림없으나 여행자들끼리는 '자기가 어떻게 당했는가'를 이야기 하는 게 사실 이집트 여행의 또 다른 재밋거리다. 피라미드까지 가는 택시가 정문이 아닌 후문에 서거나 혹은 정문까지 택시가 못들어간다고 중간에 내리게 만들어, 결국은 낙타를 타게 만드는 건 이미 고전적인 수법이다. 알고 보니 말한테 팁을 주라고 하는 것도 공공연한 수법 중의 하나였다.

몇 번이나 마주쳤던 네덜란드 아줌마 롤리는 낙타를 탔는데 낙타 몰이꾼이 앞쪽으로 타라고 하더란다. 자기는 그냥 이게 좋다고 계속 타고 가는데 사막 한 가운데서 갑자기 뒤에 타는 건 불법(?)이라며 내리라고 하더란다. 앞이면 어떻고 뒤라면 어때서. 무섭기도 했지만 막 화를 내니까 그러면 돈을 더 내라더라나? 화를 벌컥 내니까 그냥 태워주더라는 이야기. 캐나다 아줌마 린다는 한 시간 예약을 하고 탄 펠루카를 바람이 통 안불어서 배안에서 마냥 기다리다가 바람이 불 때 타고 내려왔는데 시간이 더 걸렸다고 돈을 더 내라더라는 이야기. 또 누구는 호텔 방에 가방을 두고 나와서 문 좀 열어달랬더니 돈을 내라고 했다는 이야기에, 유로나 달러를 같은 가치로 속이려고 하더라는 이야기까지. (현재 달러는 유로가치의 2/3밖에 안된다.)

여행자들이 모여 있는 곳에서는 양 사방에서 이집션들의 황당한, 얄팍하면서도 어쩌면 깜찍한 속임수 이야기로 웃음꽃을 피운다. 누가 어떻게 속았고 누구는 어떻게 물리쳤는지를 이야기하며 즐겁게 떠든다.

기억하세요, 여러분. 우리 경험으로는 흥정자체를 여행의 하나로 즐기려면 물어보시고, 아니면 이집트에서의 가장 좋은 작전(?)은 '묻지도 말고 말하지도 말라'입니다.

중년부부의 배낭 03

You Good! I Good! OK?_ 아이슬란드 케플라빅

역시, 공짜는 없다_ 독일 드레스덴

깨진 노트북과 연어회_ 노르웨이 오슬로

답답이 까막눈의 두려움과 안심_ 러시아 모스크바

여행과 일상_ 리투아니아 빌뉴스

비와 진저 몽키 호스텔_ 폴란드 자코파네

여행의 고수, 여권을 잃어버리다_ 그리스 아테네

음네야와 아미르의 2박3일_ 이집트 나일강

아주 특별한 크리스마스와 생일 선물_ 시리아 마르무사 수도원

겨울밤과 이발소_ 터키 도우베야짓

You Good! I Good! OK?

아이슬란드 케플라빅

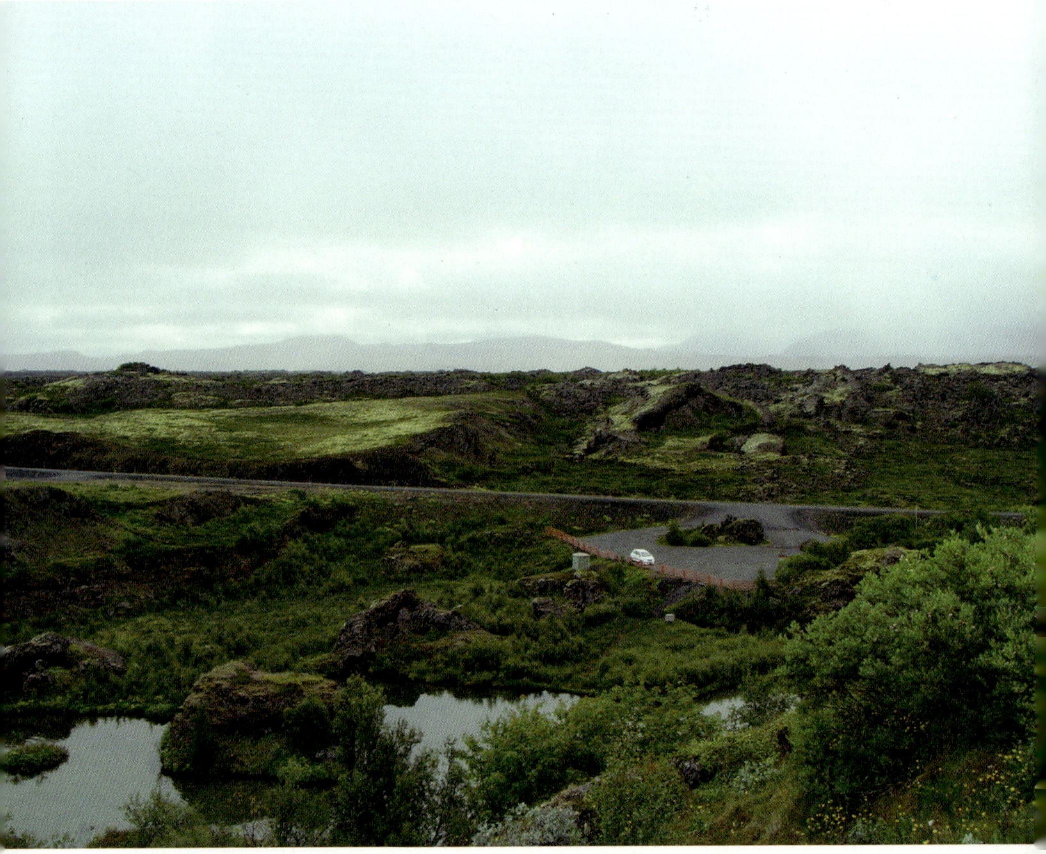

차 안에서의 하루 밤. 흰 점처럼 보이는 우리 차

smart TIP

● ● ● 계획으로는 Hofn이라는 항구마을에서 자려고 했는데 호스텔부터 게스트하우스, 야외 캠핑까지 어디에도 우리가 잘 곳은 없다. 남아있는 것은 몇백 달러나 하는 호텔뿐. 돌아다니다 돌아다니다 결국은 100km를 더 달려 어느 피요르드의 끝 듀피보굴Djupivogur에 자리를 잡고 차 안에서 밤을 보내기로 했다. 한밤이 되어도 어두워지지 않는 북극권. 아이슬란드의 새하얀 밤, 말로만 듣던 백야다. 우리의 잠자리는 조그만 차 안이다.

● ● ● 숙소 찾는 것을 아예 포기했다. 미바튼Myvatn 근처 동네수영장에 가서 수영 한 판 하고 온천에서 목욕까지 마쳤다. 아이슬란드는 지하의 마그마 활동이 활발한 나라라 뜨거운 물 걱정은 없다. 동네마다 있는 수영장에는 야외 풀장도 따뜻하고 수영장 한켠에는 온천도 할 수 있도록 해두었다. 입장료는 300크로네. 우리 돈으로 3천 원 정도다. 종일 추위로 벌벌 떨다가 온천을 하고 나오니 몸이 따스해진다. 차에서의 밤이 별로 걱정 없다. 기이한 풍경의 호수가에 차를 세우고 오늘의 잠자리를 잡았다. 스르르 눈이 감긴다.

● ● ● 저녁이 되자 우선 가까운 동네의 수영장부터 찾았다. 보르가네스Borganes라는 조그만 마을. 오늘 역시 우리의 잠자리는 차 안이다. 지금은 밤 11시 30분. 수영을 마치고 오늘은 일몰을 보면서 잘 작정으로 서부 해안까지 더 달려왔다. 아이슬란드 중서부 아르카네스Arkanes 근처의 해안. 바람이 세차게 분다. 바깥 기온은 8도. 차 안에서 차가운 빵과 햄 등으로 저녁을 때운 지도 벌써 사흘째. 배가 든든해서 해가 떨어지고 나면 곧장 잠이 들겠지만, 하루 종일 돌아다녀서 피곤하니까 금방 잠들겠지만… 오늘도 세찬 북극권의 여름바람이 우리를 얼마나 떨게 할지… 침낭을 푼다.

아이슬란드. 물가가 살인적이다. 처음 공항에 내려 레이캬빅까지 들어갈 때 버스를 딱 40분 탔는데 둘에서 4만5천 원이나 지불했다. 차비에 깜짝 놀라 며칠동안 쓰는 버스패스를 사려고 했다가 엄청난 가격에 한번 더 놀랐다.

투어로 다니면 좀 괜찮을까 생각했지만 투어비는 기절할만큼 비싸다. 결국 차를 렌트하는 게 더 효율적이라는 결론을 내렸다. 가장 싼, 가장 작은 차를 렌트했지만 하루에 거의 23만원 정도다. 일주일 동안 빌려서 1번 국도를 따라 아이슬란드를 시계 반대 방향으로 한 바퀴 돌았다. 숙박비는 더 했다. 처음 레이캬빅에 도착해서는 어찌 재수 좋게 하루 저녁에 칠 만원 정도 하는 방을 구해 이틀을 잤지만, 길을 떠나서는 십만원 이하짜리 방은 눈을 씻고 봐도 없다. 중심가가 아니면 약간 외곽이라도 우리 둘이 하루 저녁 묵을 방하나 못구하겠냐는 심정으로 무턱대고 길을 나섰지만, 아이슬란드는 지도상 제법 큰 글씨로 적혀 있는 곳조차 몇가구 살지 않는 조그만 마을이어서 성수기에 예약을 하지 않은 우리들이 들어갈 방은 없었다. 그래도 하루는 빅Vik* 유스호스텔에서 현지인 집을 소개해줘 민박이라도 구할 수 있었지만, 둘째 날부터는 마을 전체를 헤집고 돌아다녀도 빈 방이 없었다. 물론 1박에 300달러를 넘는 비싼 방은 있었지만 유스호스텔이나 게스트하우스 수준의 방은 희망사항일 뿐이었다. 텐트라도 가지고 있었다면 캠핑장이라도 이용할 수 있었겠지만 장기 여행을 떠난 우리 같은 사람들의 배낭에는 애당초 텐트나 버너 코펠 같은 야영 장비는 없었다.

결국 우리의 선택은 방 구하러 돌아다니는 것 자체를 포기하는 것이었다. 저녁이 다가오면 동네 수영장을 찾아 수영하고 뜨거운 온천에 몸을 씻은 뒤 상쾌한 기분으로 어느 경치 좋은 곳에 차를 대고 아늑한 잠자리를 마련하는 길로 결정했다. 아이슬란드는 천지 사방이 화산활동으로 끓고 있어 동네 수영장도 뜨거운 물이 철철 넘쳤다.

괜찮았다. 시간과 노력도 아끼고, 지는 해도 뜨는 해도 볼 수 있었다. 저녁 12시가 되어서야 겨우 해가 바다로 떨어지는 데 그것마저도 완전 어둠은 오지 않아 그다지 무섭거나 위험하지 않았다. 새벽 2~3시면 여명으로 사방이 불그스레하니 그 아름다움에 취해 행복하게 잠을 잘 수 있었다. 오히려

---

* 아이슬란드의 지명에는 빅Vik이 많다. 케플라빅, 그린드빅, 레이캬빅…
 Vik은 피요르드라는 뜻이다.

밖에서 보는 것으로만 만족해야 했다. 눈으로만 즐긴 블루라군

캄캄한 밤을 한 번도 본 적이 없어 별을 전혀 보지 못한 것이 더 아쉬웠다. 공기가 맑아서 수많은 별이 하늘에서 쏟아졌을 텐데…

아이슬란드에서의 우리 차는 배고프고 불쌍한 배낭여행자가 가진 모든 것이었다. 길거리 햄버거도 많이 먹었지만 연어와 빵 우유 등을 슈퍼에서 사서 차 안에서 먹거나 아니면 끝내 주는 경치를 앞에 두고 야외식사를 했다. 며칠 동안 차가운 음식 밖에 먹을 수 없어서 좀 고역이긴 했지만 그래도 괜찮았다. 카메라와 노트북 충전, 화장실 문제는 여행 안내소에서 들어가는 걸로 해결했다. 위대한 자연과 만난 초라한 현실이었다.

그래도 우리는 씩씩했다. 씩씩하기로 했다. 퉁퉁 부은 눈으로 떠났던 6월의 한국. 무언가를 선택한다는 것은 선택하지 않은 것에 대해서도 책임을 진

오늘도 우리의 잠자리는 차 안이다.
세찬 북극권의 여름 바람이 우리를 얼마나 떨게 할지…
침낭을 푼다.

다고 했다. 우리의 선택 앞에 씩씩하기로 했다. 비록 차 안에서의 아침은 늘 불편한 시작이었지만 씩씩하게 또 어디론가 달리고 있었다.

우리의 선택은 아이슬란드 최고의 관광지라는 블루라군에서도 이어졌다. 아이슬란드에 오면 누구나가 다 즐긴다는 천연온천. 물론 처음에는 들어가려고 했다. 수영준비를 다하고 들어가려는데… 막상 안을 들여다보고는 마음이 달라졌다. 입장료가 일인당 4,000크로네, 우리 돈으로 4만 원 정도다. 아무리 좋은 온천이라고 해도 우리가 여기서 놀 시간은 한 시간, 두 시간을 넘지 않을 것이다. 아이슬란드는 사방 천지에 물이 끓고 있고 전 지역이 온

천수인데 굳이 여기에 들어갈 필요가 있냐는 생각. 둘의 의견이 단박에 모아졌다.

"그냥 맛있는 거 사먹고 3천 원짜리 동네 수영장엘 가는 게 어때?"

"Good!"

"후회하지 않을까?"

"Never!"

대신 입장료를 내지 않아도 블루라군이 다보이는 입구에서 사진만 찍고 웃으면서 돌아섰다.

여행 중에 뮤지컬이나 좋은 관광지를 비싸다는 이유로 포기해서 후회를 한 적이 사실 여러 번 있기는 했다. 칠레의 이스터 섬에는 꼭 가야 했었다고 다시 남미를 간다면 있는 걸 다 팔아서라도 그 섬에는 갈 것이라고 지금도 다짐하고 있다. 그러나 아이슬란드의 블루라군은 그냥 온천일 뿐이고 노천으로 되어 있어서 이미 구경 할 건 다 했다. 단지 몸을 여기에 담궜냐 아니냐의 차이일 뿐이다. 온천에 몸을 담그지 않았다고 해서 후회하지는 않으리라는 확신을 하면서 냉정하게(?) 돌아 나왔다. 블루라군 바로 옆에 있는 좀 허접한 노천, 그러나 블루라군과 꼭 같은 지형에서 여러 장의 사진을 찍는다. 온갖 폼을 잡으면서 사진을 찍고 있는데 자꾸 웃음이 나온다. 남들 다 들어가는 블루라군에 안들어가는 결정이, 아니 못들어가는 상황이 무슨 그리 즐거운 결심이라도 되는 양 한참 동안을 웃으며 사진을 찍고 대신 십분 거리에 있는 그린드빅Grindvik에서 동네 수영장을 찾았다. 300크로네. 블루라군의 10분의 1도 안되는 가격이다. 실컷 수영하고 뜨거운 온천에 한참 동안 몸을 담궜다.

오늘은 아이슬란드의 마지막 밤. 공항이 있는 케플라빅Keflavik의 한 해안 공원을 선택했다. 오늘 밤의 잠자리 역시 우리 차다. 연어 대구포 땅콩 빵 우유… 그리고 아이슬란드 맥주 바이킹까지 한가득 먹을거리를 사서 자리를 잡았다. 이 밤에도 어둠은 오지 않았다. 아이슬란드의 마지막 백야를 즐긴다.

엿새 동안 무사히 잘 사용한 차를 케플라빅 공항에서 반납했다. 그런데 차를 렌트하면서 샀던 아이슬란드 도로 지도책이 좀 아깝다. 2,000크로네(2만 원)나 했는데… 일주일 동안 우리에게 이 나라의 길을 무사히 안내한 것으로 이 책은 제 값을 다하기는 했다. 그래도 아이슬란드에서는 정말 쫀쫀하게 다녔는데 그냥 용도폐기 하려니 속이 좀 쓰리다. 어라? 그런데??? 이제 막 공항에 도착해서 차를 렌트하고 있는 덴마크 부부가 우리 눈에 들어왔다.

"우리는 이제 여행이 다 끝났거든. 우리는 이 책이 있어서 얼마나 편리했는 줄 아냐?

우리들의 야외 식사

누이 좋고 매부 좋고

…
니네들도 이 책 있으면 정말 좋을거야. 모든 도로가 다 나와 있고 가는 곳마다 설명도 얼마나 잘 되어 있다구.
…
누이 좋고 매부 좋고 아니냐. 꼭 일주일 전에 2,000크로네 주고 샀는데 니네들 한테는 딱 잘라 반만 받을께."

한국말로는 퍼뜩 '누이 좋고 매부 좋고'라는 속담이 떠올랐지만 영어로는 뭐라고 해야 하는지 금세 안 떠오른다. 그냥 "You good! I Good! OK?"라고 말해 버렸다. ㅋㅋ 그래도 무슨 뜻인지 금방 알아차린다. 선뜻 사겠단다. 서로가 서로에게
"Thank you!"

역시, 공짜는 없다

독일 드레스덴

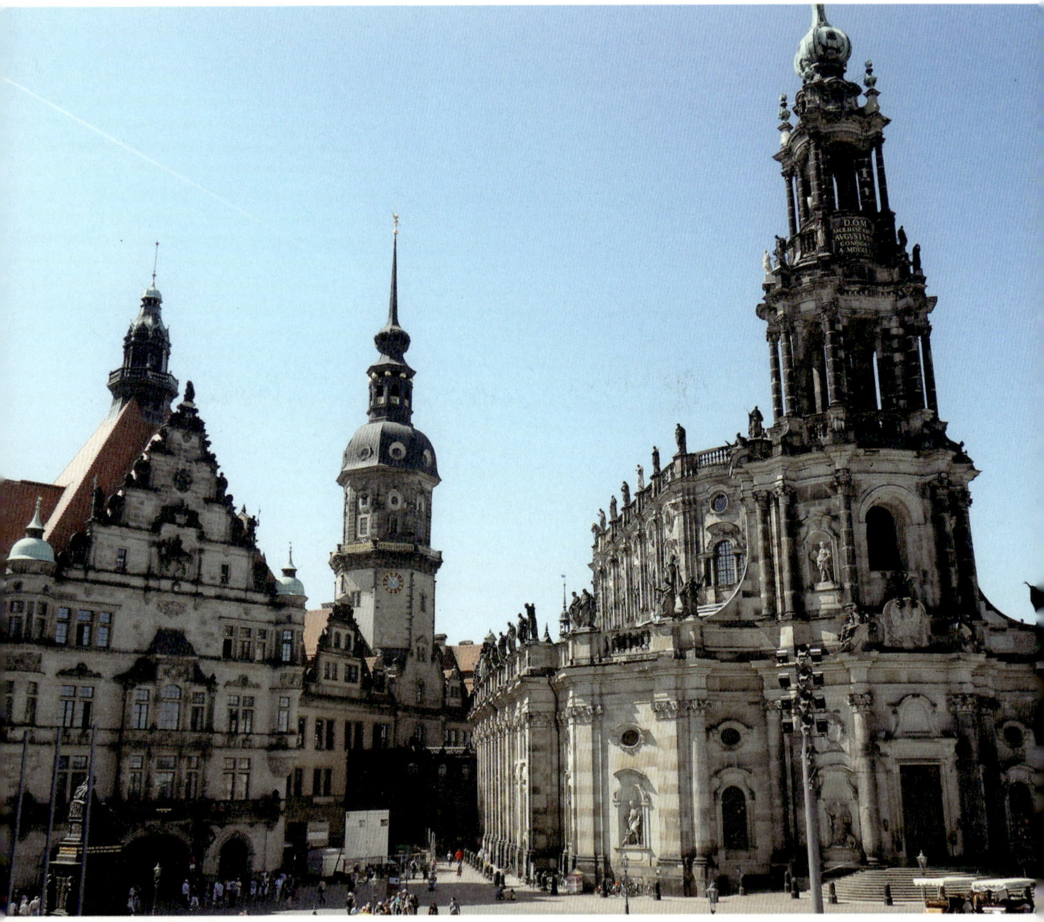

드레스덴의 상징, 프라우엔 교회

smart TIP

이제 다시 우리 둘만 되었다. 일주일간의 휴가를 우리랑 같이 보낸 조카도 떠났고 이십여 일을 같이 여행한 언니네도 떠났다.

다시 둘만 남은 뮌헨 공항에서 우리는 문득 외로움을 느꼈다. 장기여행이지만 혼자가 아닌 둘이라서 외롭지 않을 거라고 생각했는데… 주변 사람들은 부부가 함께 떠나는 여행이라고 부러워들 했는데… 가족들이 떠나고 나자 밀려드는 외로움을 주체할 수 없었다. 이제부터 어디로 갈까? 차를 몰았다. 체코의 카를로비 바리를 가자. 드보르작의 신세계 교향곡이 초연된 곳, 마시는 온천수로 유명한 동화 속 마을. 그래 카를로비 바리를 가자. 그런데 몇 백 km를 달려 도착한 카를로비 바리는 어딘지 모르게 음산하다. 둘만 남은 외로움이 작용한 걸까? 도시의 분위기도 이상하고 사람들의 눈빛도 좀 다른 것 같다. 여행자들은 거의 보이지 않고 찾아간 숙소마저 아직 문을 열어놓지 않았다. 포기해버렸다. 차를 가지고 있지 않았다면 조금 못마땅해도 참고 견딜 걸 차라는 게 있으니 용감해진다. 그냥 독일로 넘어갈까? 그러자. 어딜 가지? 드레스덴? 그래, 작센 왕국의 옛 수도 드레스덴으로 가자. 체코의 국경도 넘어서고 푸르게 우거진 숲길도 지나고 드디어 쭉쭉 뻗은 독일 고속도로로 들어섰다. 이제 액셀러레이터를 밟기만 하면 된다. 그런데? 쌩쌩 달리던 차의 계기판에 갑자기 무슨 신호가 잡힌다. '타이어 펑크?' 앗! 여기는 고속도로!

언니네 부부와 함께 하는 여행은 스위스 제네바 공항에서 차를 리스하는 걸로 시작됐다. 그러나 인수한지 사흘 만에 타이어에 펑크가 났다. 8월 초, 한여름 최성수기에 방을 구하느라 저녁 12시가 다 되도록 길을 헤맸지만 결국 숙소를 구하지 못하고 프랑스의 남부 어느 해변에서 언니 부부와 우리 부부 네 명이 차 안에 몸을 겨우 구겨 넣고 자고 일어난 찌뿌둥한 아침이었다. 뒷 타이어가 짜부라져 있었다. 묵직한 어른 네 명이 밤새 눌러서 그런가 잠시 의심했지만 어디서 박혔는지 모르는 조그만 못 하나가 눈에 띈다. 깐느와 니스 사이의 어느 지점이라는 것만 짐작할 뿐 GPS상 우리가 어디 있는지도 모르는 그야말로 황당한 아침이었다. 그래도 이게 다 액땜이겠거니 위안하며 펑크 난 부분을 때워주는 로션을 쓰기로 했다. 차량을 인수할 때 '무엇에 쓰는 물건인고?' 의심했던 부속품이었다. 끈적끈적한 흰 액체를 타이어 내부로 분사하면 알아서 구멍을 메워주는 것이었다. 하여튼 솜씨 좋게 펑크도 때우고 공기압도 맞추고 언니네와 같이 여행하는 동안은 잘 다녔다. 그리고 언니와 형부는 오늘 아침 뮌헨공항에서 한국으로 돌아갔다.

그동안 한국에서도 그저 기름 떨어지면 주유소에서 기름이나 넣고 몰고 다니다 어느 순간 버번쩍 정신을 차려 한 번씩 엔진오일 바꿔달라고 정비소에 갖다 주기만 할 줄 알던 우리 두 사람. 기계에 관해서는 개코도 모르는 기계치 둘에서 그래도 이런 일을 또 당할 줄은 몰랐다. 그것도 언니와 형부가 떠난 바로 오늘. 그날 프랑스 해변에서는 정차 중에 일어난 일이라 시동조차 걸리지 않았지만 지금은 한참 달리고 있는 고속도로에서 신호를 보내왔다. 두근거리는 가슴을 진정시키며 비상 깜빡이를 켜고 속도를 줄이면서 옆으로 비켜났다. 그리고 제일 처음 만난 출구로 살금살금 나왔다. 쳄니츠 Chemnitz라는 도시다.

"무슨 이런 말도 안되는 일이."
"차를 몬지 며칠이나 됐다고 타이어에 또 펑크가 난단 말이야."
"이제는 형부도 없는데."

남편은 평소 형광등조차도 제대로 갈아끼우지 못하는 수준이다. 하물며 자동차라… 한쪽 옆에 차를 세우고 기계치 둘에서 머리를 맞대고 다시 그 펑크 때우기 로션을 타이어 내부로 힘껏 분사했다. 지난번 펑크 때 로션 한 통을 다 쓰고 프랑스 니스에 있는 르노 정비공장까지 찾아가서 비상용으로 하나 더 사놓았던 게 천만 다행이다. 그런데 잘 안 된다. 해결사 같은 형부가 없어지는 순간 우리는 완전 바보, 길 잃은 어린 양들처럼 쩔쩔맸다. 로션 한 통을 다 쏟아 부어도 타이어 공기압은 올라가지 않고 눈으로 봐도 바퀴 한쪽이 확실하게 짜부라져 있다. 조심 조심 운전을 다시 해보지만 피식 바람

새는 소리를 내며 발라놓은 로션이 밖으로 삐져나오기 시작한다. 타이어에 바람은 점점 빠진다. 뭘 어떻게 해야 할까? 도대체 여기가 어디란 말이냐? 어떻게 하라고.

타이어 떼우는 중. 그러나 실패

이 차는 프랑스에서 리스한 차인데 여기는 구 동독지역이고 영어는 거의 안통한다. 지나가는 사람을 붙잡고 어디 차 수리할 데 없냐고 몇 명에게 물었다. 어떤 사람은 여기 살지 않는다고, 어떤 사람은 영어가 전혀 안 통해서, 또 어떤 사람은 그냥 보험회사에 전화하라고 하고 가버린다.

결국 정비소의 힘을 빌리고

'아, 이 사람들아! 여기가 한국 같으면 우리가 왜 걱정하냐구? 한국에는요, 주유소라도 들어가면 금방 해결되구요. 하다못해 전화 한통 이면 모든 게 다 해결 된다구요.'

그런데 여기는 독일. 전화는 당연히 없고 칼처럼 퇴근한다는 유럽 사람들이 사는 곳이다. 이미 시간은 저녁 5시가 훨씬 넘었다. 한참을 서성거리다 다행히 그 동네를 잘 아는 사람을 만나 근처 차량 정비소를 찾았다. 그런데 그곳에는 우리 것과 같은 타이어가 없단다. 그래도 자기 차를 몰아 제법 멀리 떨어져 있는 정비소까지 우리를 데리고 가서 우리 차의 상태를 설명해 주고 타이어가 있는지 없는지까지 확인해 준다. 고맙다. 정말 고맙다.

잘 생긴 정비공장 총각이 우리 차를 자세히 보더니 못이 박혀 있단다. 아니 결국엔 또 그놈의 못! 못을 뽑아 준다. 지난번 프랑스에서 박혔던 못이 독일 고속도로 상에서 비틀어지면서 타이어에 바람이 샜나 보다. 하필 형부가 떠

드레스덴 시내

나버린 오늘… 처음 펑크 났을 때 바로 정비공장으로 가져 왔더라면 못을 빼내고 잘 때울 수도 있었겠지만 이제는 내부에 로션을 너무 발라놔서 더 이상 때울 수가 없단다. 타이어를 새 것으로 바꾸어야 한단다. 출고된 지 이십 일도 안되서 타이어를 새로 교체해야 하는 우리 차. 주인 잘못 만나서 고생이 많다. 제네바 공항에서 차를 인수받으면서 그놈의 로션이 무엇에 쓰는 물건인고를 묻지 말았어야 했나? 애초부터 없었다면 처음 펑크 났을 때 정비공장엘 가서 잘 마무리 했을라나?

어쨌든 다행이다. 두 번째 정비소를 찾아간 시각이 정확하게 저녁 6시 1분 전이었다. 퇴근 하려고 셔터를 내리던 직원이 다시 셔터를 올려서 우리 차를 봐준 거다. 그 또한 얼마나 다행인지. '이것 또한 여행'이라고 생각하니 모든 게 다 용서가 된다. 덕분에 독일 정비공장에도 와보고 잘생긴 총각과 멋진 독일 아저씨를 만나는 즐거움도 얻었다. 괜히 즐거워하면서 덜렁 들려지는 차 사진도 찍고 바퀴 빠진 허망한 모습도 찍고 두 번씩이나 우리를 고생시킨 그 못과 문제의 로션 사진도 찍는다. 잘 생긴 총각과 아저씨와도 폼 잡으면서 사진 한 장 찍고… 따지고 보니 프랑스에서 박힌 못이 독일에서 빠졌다.

아침에 언니가 한국으로 떠나면서 여행경비에 보태라며 300유로를 줬었다. 앞으로도 이십여 일은 더 쓸 수 있는 이 차량의 리스비까지 몽땅 다 언니네가 냈는데 완전 복 터졌다고 좋아했던 게 바로 아침이었는데… 체코 카를로비 바리를 들러 독일로 오는 먼 길 도중에 기름 넣느라고 50유로 쓰고 방금 타이어 교체비로 250유로를 계산했다. 우리의 아침을 황홀하게 만들었던 그 300유로를 하루 만에 홀라당 다 써버렸다. 그래도 사람 안 다친게 어디냐고, 고속도로에서 달리는 중에 타이어가 비틀려 차가 휘청하지 않아서 얼마나 다행이냐고, 계속 시시덕거리며 홀라당 다 까먹어버렸다.

역시, 세상에 공짜는 없다.

깨진 노트북과 연어회

노르웨이 오슬로

바다와 맞 닿은 오페라 하우스

166 중년부부의 배낭

노트북 액정이 깨졌다. 세계여행을 결심하기 몇 년 전부터 우리에게 무한 봉사를 해왔던 노트북인데… 지난 150여 일 여행기간 동안 우리와 함께 하며 여행일기를 만들고 각종 정보와 자료, 숙소 예약 그리고 가족과 친구들의 소식까지. 우리에게는 없어서 안 되는 녀석인데… 현재 우리가 가진 것 중에 가장 소중한 물건인데… 다른 것은 다 정상인데 액정이 나가 버렸다.

지금 이 글을 쓰는 순간에도 화면의 절반은 보이질 않는다. 여행사에서 근무하는 후배와 함께 여행하는 이 닷새 사이에 일어난 일이라 천만 다행이다. 한국으로 급히 연락을 해서 중고 노트북 하나를 파리로 공수해 달라고 부탁해 놓고 고장 난 노트북은 후배 편으로 돌려보내서 수리하기로 했다. 하지만 지금은 노르웨이 오슬로. 당장 내려갈 수도 없다. 아마 열흘정도는 여행일기를 쉽게 올리지는 못할 것 같다. 그렇지만… 우리의 여행은 계속된다.

여행사에서 일하는 후배와는 덴마크의 코펜하겐에서 만났다. 꼭 닷새간 여유가 있단다. 코펜하겐 공항에서 바로 낚아챈 스웨덴의 알레스 스테나르로 스톡홀름으로, 다시 노르웨이 오슬로까지 번갯불에 콩 볶아먹듯이 자동차로 달리고 있다. 그런데 노르웨이 물가가 장난이 아니다. 그 무시무시하던 스웨덴보다 더 비싸다. 어른 셋이서 벌벌 떨며 다닌다. 그래도 볼 거는 봐야 할 터. 꿋꿋하게 길을 찾는다.

우선 오슬로의 상징, 오페라하우스. 단순하면서도 독창적이다. 바다를 매립하여 지었는데 멀리서 보면 배 모양이다. 건물의 외부를 경사면으로 만들어 해안에 붙은 면은 바닷물이 철썩거리며 와 닿는다. 경사면을 따라 걸으면 자유롭게 지붕까지 올라갈 수 있어 저절로 전망대가 된다. 건물 주변과 꼭대기를 사람들에게 개방해 놓은 발상의 전환이다. 하얀 바닥과 수많은 유리창에 반사되는 눈부신 햇살 때문에 눈을 제대로 뜰 수가 없다.

오슬로 중앙역, 국회의사당, 오슬로 대학, 국립극장… 셋 다 처음 와 보는 곳인데 마치 몇 번씩 와본 것처럼 지도 한 장으로 잘도 다닌다. 유럽하면 꼭

잡고 있는 후배의 매운 길눈이 한 몫하고 있는 게 틀림없다. 오슬로 시청사를 둘러본다. 우리의 관심을 끄는 것은 시청사를 둘러싸고 있는 조각상들이다. 모두 일하는 사람들의 동상이다. 고기를 잡고 있는 어부, 전깃줄을 몸에 감고 있는 노동자, 철을 제련하고 있는 노동자, 벽돌을 쌓는 인부, 그리고 누군가의 아내처럼 보이는 통통한 아낙네… 영웅이나 유명한 사람이 아닌, 높은 신분이 아닌 일하는 사람을 조각해 둔 시청사 건물. 시청이라는 기관이 무엇 때문에 존재하고 있는지 그대로 알아보게 만들었다. 노벨 박물관이 있던 스톡홀름의 거리에서 총부리를 휘어 묶어둔 청동 조각품을 보고 평화를 떠올렸듯이 일하는 사람들의 동상을 세워둔 오슬로의 시청사 앞에서 한 도시가 암묵적으로 표방하고 있는 상징을 생각해본다.

오슬로에서 가장 유명하다는 뭉크 미술관도 찾아간다. 여행을 한다는 것이 꼭 뭔가를 보거나 무엇인가를 하고 있어야 하는 것이 아니라는 걸 충분히 알고 있는 우리 셋이라, 뭉크고 뭐고 그냥 어느 카페에 앉아 맥주라도 한 잔 할까 망설였지만 쏟아지는 비를 피하기 위해 실내를 선택하기로 했다. 여기서 가장 유명한 그림은 '절규'다. 아주 익숙한 그림이다. 붉은 기운이 감도는 어스름 저녁에 뒤로는 낯선 남자들이 보이고 휘청거리는 몸에 두려움이 가득한 눈동자 없는 눈. 이 그림 앞에서는 공포를 느끼고 인간의 절규를 느껴야 하는데 유쾌한 사람이랑 같이 있어서 그런지 괜스레 웃음이 피식 나온다. 무식한 관람자들 같으니라구. 그림에 대한 감동이나 감상보다는 추위와 비를 피하려고 했다는 것이 딱 맞을 것 같은 무덤덤한 발걸음을 옮기고 있었다.

이토록 먼 나라, 노르웨이까지 와서 뭔가 보는 것에 이리 무심한 것은 어제 받은 한 통의 전화 때문이었다. 아주 아끼는 후배 둘이 북유럽으로 여행을 나왔는데 우리 일정을 알고 혹시 만날 수 있을까 하고 같이 다니는 후배 폰으로 전화가 온 것이다. 혹시 오슬로에서 만날 수 있을까? 아니면 베르겐에서라도 만날 수 있을까? 그러나 어제 우리는 오슬로에서 600km나 떨어져

일하는 사람들의 동상을 세워둔 오슬로의 시청사

총부리를 묶어 둔 조각. 스웨덴 스톡홀름 거리에서.

있는 스톡홀름에 있었으니 달려오기에는 너무나 먼 거리였다. 안타까워하고 있는데 다시 전화가 왔다.

"언니야, 오슬로에 오면 한국식당에 가라. 우리가 저녁 예약해뒀거든. 그리고 약간의 보급품도 맡겨뒀다."

오잉? 저녁? 보급품?

"으응~ 소주하고~~"

이런 기특한… 사실 우리 셋은 오슬로에 들어오자마자 국회의사당이나 뭉크미술관보다 저녁 식사와 보급품이 기다리고 있는 한국식당에 마음이 더 가 있었다. 음식은 무엇을 주문해 두었을까? 불고기 김치찌개 된장찌개 삼겹살 짜장면? 한국을 떠나온 지 한참 지난 우리 셋은 떠올릴 수 있는 한국 음식은 죄다 들먹였다. 아니, 우리 놀려주려고 라면 3개에 공깃밥 한 그릇 시켜두었을지도 모른다며 낄낄거리기도 했다. 보급품이라는 건 뭘까? 혹시 담배? 노르웨이는 일요일에 슈퍼에서 일절 술을 팔지 않는다. 그리고 담배는 한 갑에 거의 2만 원 돈이다. 죄악세가 붙은 거란다. 좋은 나라 같기도 하고 끔찍한 나라 같기도 했다. 북유럽 들어와서는 담배 한 갑도 제대로 못사고 덜덜 떨던 사내들은 맡겨두었다는 보급품에 맘이 설레는 모양이다.

비는 부슬부슬 내렸지만 우리는 주소 하나로 생판 처음 가보는 오슬로에서 한국 식당을 문제없이 찾아냈다. 식당 이름은 Mr.Jang이었지만 서툰 한국말을 하는 대만사람이다. 그렇거나 말거나. 오홋! 떡하니 연어회가 차려져 있다. 우리가 회를 먹은 지 언제였던가!! 노르웨이산 연어회. 꿀맛이다. 입안에서 살살 녹는다. 그리고 된장과 김치찌개에 엄청나게 매운 고추까지. 맡겨둔 소주를 반주로 마시며 밥그릇을 몇이나 비웠다.

아참, 보급품! 가슴 설레며 보급품 쇼핑백을 여는데… 100달러와 100유로의 금일봉. 소주 네 병과 땅콩 오징어 안주, 그리고 김 한 봉지. 귀국하는 일행의 식량을 약탈했겠지.

그런데… 아! 이 허망함. 김 한 봉지 달랑 챙겨주지 말고 꼭 그만한 크기의 담배라도 한 갑 얻어서 맡겨두지… 잠시 불퉁했다. 아니 몹시 섭섭했다. 그러나 그것도 아주 잠시. 정말 멀고도 먼 낯선 곳에서 낯선 방식으로 받은 접대와 보급품. 그리고 연어회와 한국음식의 환상적인 맛에 모든 것을 용서(?) 하기로 했다. ㅋㅋㅋ

가장 소중하게 챙기던 노트북은 깨지고 이렇게 먼 곳에서 낯선 접대를 받는… 여행은 즐거운 우연과 슬픈 우연. 진짜 여행은 인생이다.

공깃밥을 거의 세 그릇씩이나 비운 우리는 오슬로의 우리 집, 유스호스텔까지 걸어서 돌아간다. 겨울비를 맞으면서.

"은숙아! 지우씨! 맛있게 잘 먹었다. 고마워. 깨진 노트북이지만 지금 여행 일기를 쓸 수 있는 것도 순전히 당신들의 사랑과 그리고 연어회의 힘이다."

오슬로 우리 집, 유스호스텔로 돌아가는 길

타이어가 펑크 나고 노트북이 깨지고 때로는 인종차별을 받으면서도, 배탈에 설사로 고생하고 어떤 날은 온 몸이 부어 오를 만큼 빈대와 벼룩의 공격을 받으면서도 우리는 지금 이 시간을 소중하게 보내고 있다. 뾰족한 지붕, 둥근 지붕의 성당. 빨갛고 파랗고 노란 집들, 공동주택이긴 하나 우리와는 다른 아파트, 희고 검은 피부와 금발 은발 빨간 머리의 아이들을 만나면서 낯설음을 감당하고 있다.

한국은 신종플루 때문에 나라 전체가 난리라는데 겨울비가 내리는 거리에 젖도 안 뗀듯한 어린 아이를 유모차에 태워 비를 맞히면서 산책하는 이곳의 엄마들을 보며, 책가방에만 비닐을 씌우고 우산도 안 쓴 채 걸어가는 이곳의 초등학생을 보면서 우리가 떠나온 곳의 지나친 예민함을 거부하고 있다. 주말이면 모든 가게가 문을 닫는 이곳 사람들과 다르게 일요일에도 밤늦게까지 장사를 하면서 열심히 돈을 벌고 있는 동양계 사람들. 어떤 삶이 더 옳을 수도 더 틀릴 수도 없다. 그저 다를 뿐이다.

청춘들만이 머물러야 할 것 같은 유스호스텔에서, 호주를 출발해 태국과 아이슬란드를 여행하고 내일은 베르겐으로 간다는 70대 노부부를 만나면서 다시 한 번 생각한다.

인생은 즐겁고 세상은 다양하다.
삶도 다양하고 생각도 다르다.

답답이 까막눈의 두려움과 안심

러시아 모스크바

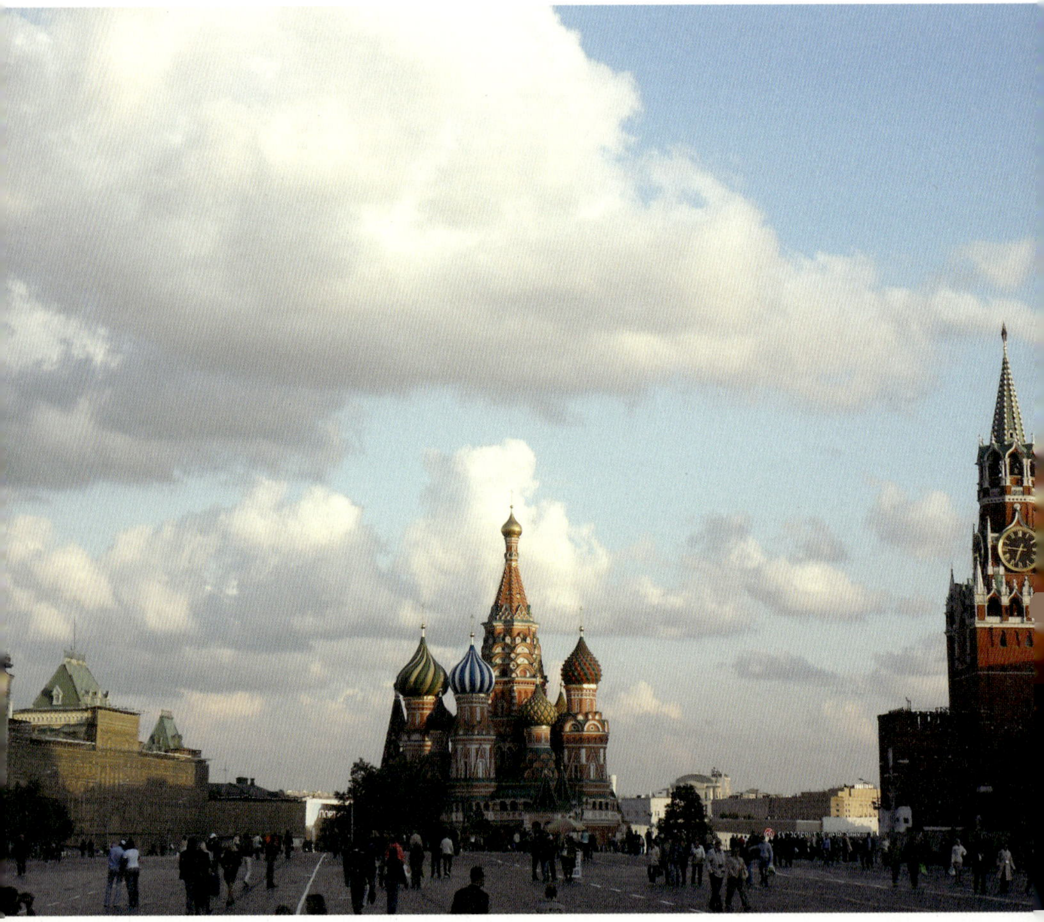

모스크바 붉은 광장

smart TIP

러시아. 두려움이 있었다. 배낭여행으로 러시아를 간다는 것은 모험 같았다. 과연 우리가 스스로 알아서 다닐 수 있을까? 이 나라 만큼은 단체로 가야 하나? 걱정과 두려움, 그리고 꼭 그만큼의 호기심을 가지고 러시아로 들어왔다.

철의 장막. 러시아를 두렵게 만든 건 바로 이 문구다. 외부 세계와는 철저히 담을 쌓아 놓은 듯한 닫힌 공간, 꽉 막아 놓은 듯한 나라, 철벽 러시아. 미국을 비롯한 자본주의 국가들이 사회주의를 비난하기 위해 만들어 놓은 냉전 시대의 프레임에 우리 스스로가 꽁꽁 묶여 있었던 걸까? 모스크바에 도착하는 순간부터 철벽이라는 단어가 머리를 떠나지 않는다.

러시아를 말할 때 보여주는 장면은 대개 도시 한가운데 있는 붉은 광장과 크렘린 궁이다. 높고 붉은 벽돌 담 너머 도대체 안을 들여다 볼 수 없는 크렘린. 대통령궁을 비롯한 입법 행정 등 러시아 정부 건물들이 다 들어있다는 곳. 너무나 육중한 담, 과연 철벽이란 말인가? 우리가 모스크바에 처음 도착한 곳 또한 여기였다. 크렘린 궁 앞의 붉은 광장에 섰다. 붉은 광장의 원래 이름은 끄라스나야 쁠로사지이다. 고대 러시아어로는 '붉은'이 아니라 '아름다운' 혹은 '예쁜'이라는 뜻이라는데 왜 붉은 광장이 되었을까? 러시아 혁명 당시 수많은 집회와 시위 그리고 처형식이 있은 장소라서 그렇게 불리는 것일까? 아니면 전해지는 말처럼 메이데이나 혁명 기념일 등에 이 광장을 가득 메우는 붉은 깃발 때문일까? 푸른색과 대비시켜 그저 붉은 색을 무서운 공산주의로 표현하던 반공 이념시대에 학교를 다닌 우리로서는 그냥 듣기만 해도 공포를 떠올리는 곳이다. 그러나 지금 이 광장은 사람들이 마음대로 오가는 탁 트인 공간. 화려한 아름다움에 모두들 환호성을 지르는 곳이다.

붉은 광장의 한쪽, 지금도 엄중한 경계중인 레닌 묘지 안으로 들어간다. 어두침침한 계단 아래로 내려가면 제단의 중앙에 레닌을 안치해 놓았다. 살아

있을 때의 모습 그대로라고 하나 그의 얼굴은 밝은 조명 아래 백지장 같다. 1924년에 사망하여 근 100년이 다 되어 가는 지금까지도 레닌은 여전히 존경받는 지도자인 모양이다. 이른 아침부터 참배객이 줄지어 기다린다. 레닌의 묘를 보고 나오면서 문득 생각한다. '영웅을 만들어 내는 사회, 영웅이 필요한 사회' 물론 레닌이 자신의 시신을 이렇게 지켜달라고 하지는 않았을 것이다. 레닌 사후 스탈린이 이 묘지를 만들었으니 말이다. 자본주의와 대비해 공산주의 체제가 우월하다고 주장하려면 자신들의 영웅이 필요했을까? 이런 것이 우리들과는 다른 철벽일까? 우리 사회에서는 또 어떤 식으로 영웅을 만들어내고 있을까?

드디어 철벽의 상징 크렘린 궁 안으로 들어간다. 이제는 입장료만 내면 들어갈 수 있다. 약간 귀찮기는 하지만 다른 나라에서도 흔히 볼 수 있는 검색대만 통과하면 된다.
크렘린 안에는 대통령궁도 있고 의회 건물도 있지만 현재 일을 하고 있는 곳이라 일반인에게는 공개하지 않는다. 철의 장막 안에서 제일 먼저 눈에 띄는 건 전쟁 때 사용한 대포다. 일명 황제의 대포. 모스크바의 심장이라고 불리는 이곳에 놓인 대포, 우리와는 다른 가치 지향이다. 적어도 살상용 무기인 대포가 심장이 될 순 없지 않은가? 크렘린 궁에서 일반인에게 공개되는 건 대부분 러시아 정교회 사원과 관련된 것들이다. 15-6세기의 사원들, 내부의 성화 그리고 더 오랜 역사의 프레스코화… 황제들이 미사를 올리고 대관식이 열리고 결혼식이 열렸던 곳… 공산주의에는 종교가 없다고들 했는데 공산혁명 이후 이런 건물들을 그대로 두고 있었단 말인가? 오스만 투르크족이 콘스탄티노플을 점령하고 성 소피아 성당 내부의 성화 위에 회벽칠을 해 놓은 것처럼 적어도 덮어버리거나 눈앞에는 사라지도록 하는 일도 안 했단 말인가? 지금까지 이걸 그대로 보존하고 있었단 말인가? 종교와는 별도로 이것이 그들의 전통이란 말인가? 무슨 대단한 이념이 있을 거라고 생각했는데 예의 성당과 성화, 성가 CD를 파는 정교회 신부님… 정리가 되질 않는다. 나무숲이 잘 가꾸어진 궁 안의 뜰을 걷다가 세계 최초의 우주

모스크바 강가에 있는 표트르 대제 동상

비행사 유리 가가린의 비행 성공을 기념하는 나무를 만났다. 철벽! 철의 장막! 그 안에도 사람 사는 모습은 똑 같았다.

다시 붉은 광장 앞에 섰다. 눈이 부시다. 모스크바에 들어서는 순간부터 우리는 그 화려함에 화들짝 놀랐다. 붉은 광장의 성 바실 성당은 지금까지 우리가 봤던 어떤 성당보다도 가장 아름답고 가장 화려하고 예쁘다. 광장 한 끝에서 여행자들의 마음을 홀딱 빼앗는다. 도착한 첫날부터 나흘 내내 이 광장엘 나갔다. 아침에도 낮에도 그리고 밤에도. 그런데 한 번도 지겨운 적이 없었다. 바실 성당 뿐만 아니다. 밤이 내린 광장은 찬란한 조명등이 켜지면서 아름다움의 극치를 보여준다. 크렘린 궁과 성 바실 성당 그리고 국영백화점 '굼'의 야간조명이 빛난다. 시드니에 있는 QVB 백화점이 세상에서 가장 아름다운 백화점이라고 하더니만 굼 백화점도 거기에 못지않다. 내부 외부 모두 번쩍번쩍 빛난다.

소련이 무너지던 1980년대 말 신문이나 방송에서는 '모스크바는 모든 상점들이 거의 문을 닫아 생필품을 사려는 시민들의 줄이 길게 늘어서있다' 던 기사가 왜 문득 떠오를까? '먼지 날리는 텅 빈 진열장, 찬바람 부는 거리, 낡고 두툼한 겨울옷을 껴입은 채 길게 늘어서있던 사람들의 모습'이 흑백 필름처럼 머리를 스친다. 소련은 그래야만 한다고 각인 되었을런지 모른다. 미디어가 심어준 한 컷의 풍경으로만 러시아를 인식하고 있었다. 그때도 화려한 굼 백화점을 드나들었던 사람들이 여전히 있었을 텐데… 왜 우리는 보지도 않고 한편의 생각에만 갇혀 있었을까? 왜 아무것도 없이 모든 것이 다 쫄딱 망했을 것이라고 생각했을까?

지금도 마찬가지 일 테지. 굼 백화점처럼 세계 어느 곳과 견주어도 손색이 없는 화려한 곳도 있지만 일자리를 얻지 못한 실업자와 여전히 가난에 찌들려 사는 힘든 러시아 국민들도 있을 테지. 귀족들이 살았다는 아르바트 거리도 있고 한 장의 그림을 팔기 위해 길거리 예술가들이 연명하고 있는 거리가 있는 것처럼.

대포가 상징으로 놓여있는 크렘린 궁 내부

러시아로 들어와서 내내 느끼는 우리의 감정은 답답함이었다. 그 사회에서 우리는 완전 까막눈이었다.

러시아 알파벳은 기존 알파벳에 대한 혼돈, 그 자체다. 러시아 키릴 문자에서는 C를 영어 S발음으로 읽어야 하고 P는 R발음이다. R을 뒤집어 놓은 Я자는 야로 읽어야 하고, 소문자 r은 ㄱ으로 읽어야 한다. N은 이로, H는 ㄴ으로 읽어야 한다. 도대체가 제대로 된 거 하나 없이 죄다 바꿔서 읽어야 한다. 처음 본 모음 알파벳도 여럿 있다. 종일 우왕좌왕. 키릴 문자를 제대로 모르니 길거리 표지판도 지하철 역 이름도 메뉴판도, 뜻은커녕 제대로

STOP을 뜻하는 표지판

읽기 힘들어 답답했던 공연 안내 포스터

읽을 수도 없다. 지나가는 사람을 붙잡아봐야 영어는 거의 안통한다. 무무라고 읽어야 하는 뷔페식당 MYMY에서 우리가 선택한 메뉴는 분명 일곱 가지였는데 계산서에는 여덟 가지로 되어있다. 계산서를 들이밀고 손가락까지 접어가며 일곱 여덟을 따져보지만 돌아오는 대답은 러시아 말. 도대체 맞는지 틀렸는지도 모르겠다. 답답 답답. 내내 이랬다. 그 유명하다는 차이코프스키 음악원에서 공연을 보고 싶었으나 도대체 무슨 공연을 언제 하는지 알 수가 없어 포기해야 했다. 수없이 붙어 있는 길거리 포스트를 보고도 완전 답답이 까막눈이다. 음악이 나오는 오케스트라라면 몰라도 대사가 나오는 연극이라면 바보 관객이 뻔하니 헤매다 헤매다 차이코프스키 콘서트홀을 찾았지만 거기도 역시 오늘 공연은 매진. 러시아 글자가 조금 눈에 익는 페테르부르크 쯤 가면 성공할 지도 모르겠다. 수준급 연주에 비해 가격은 놀랄 만큼 싸다는 모스크바의 공연들이 눈뜬장님 우리에게는 그냥 그림의 떡이었다. 그래도 한 장에 800원 정도하는 22루블짜리 표를 사서 이 지하철에서 저 지하철로, 제대로 읽지도 못하는 역 이름을 머리속으로 기억하며 세계에서 최고의 찬사를 받고 있는 러시아 지하철 역사를 다 돌아다니는 걸 보면 눈치는 거의 구단이다.

과연 러시아를 안내자 없이 배낭여행 할 수 있을까 걱정을 많이 했는데…

즐겨 찾던 무무(MYMY) 식당

어렵지는 않을까? 안전은 할까? 살인적이라는 러시아 물가를 버틸 수 있을까? 두려움만 있었는데… 현재까지는 문제없이 잘 다니고 있다. 하루 저녁 방 값으로 30유로가 넘던 북유럽, 적어도 이십 몇 유로씩은 했던 서유럽에 비하면 하루에 일인당 18달러인 모스크바는 살 만한 편이다. 게다가 유로가 아닌 달러라니 상상보다는 훨씬 괜찮다.

상트 페테르부르크도 예약을 해 두었는데 17달러다. 횡재한 기분이다. 슈퍼에서 먹을거리를 사두면 전혀 걱정이 없고 식당엘 가다라도 두 사람 합해서 15달러 정도다. 덕분에 모스크바에 와서는 괜찮은 레스토랑에도 여러 번 갔다.

3월 초 이른 봄에 이 여행을 시작했는데 벌써가을이다. 한국에서 출발할 때 입고 나왔던 겨울옷을 다시 꺼내 입는다.

여행과 일상

리투아니아 빌뉴스

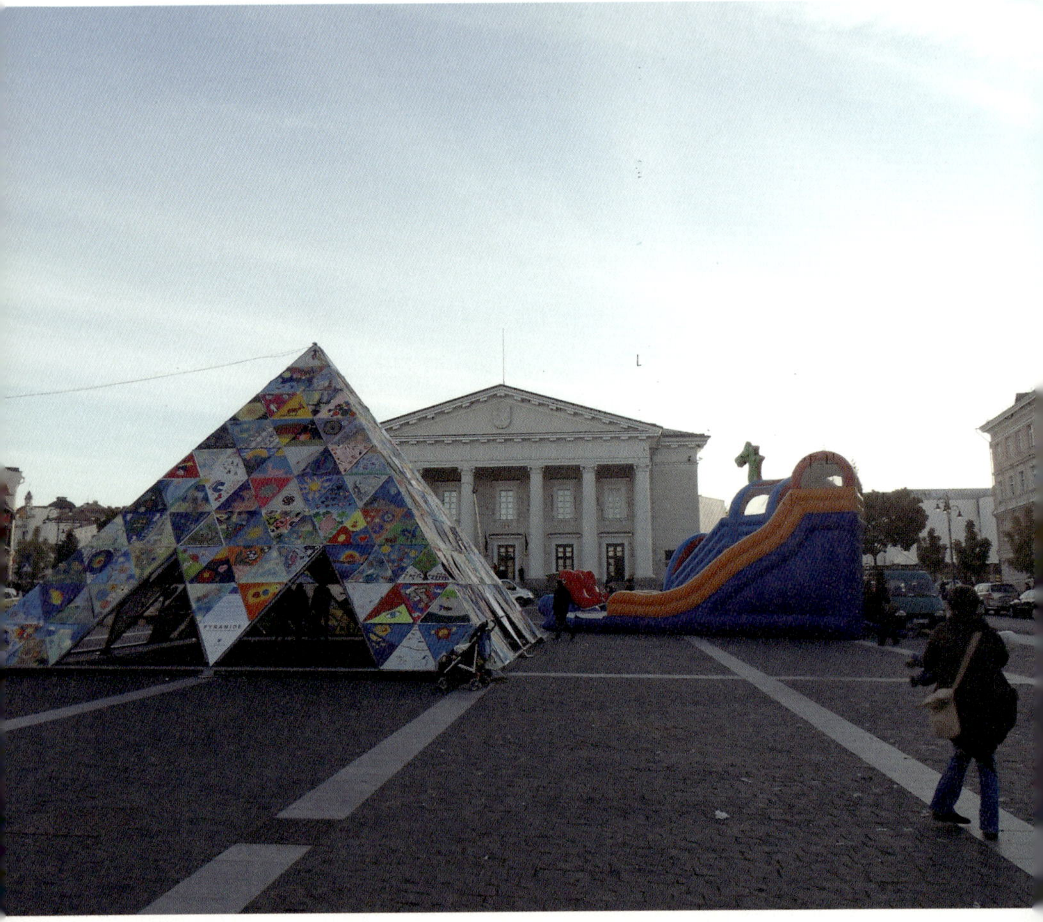

거리 축제 중이던 빌뉴스 광장

smart TIP

며칠 전 후배 하나가 추석 연휴를 마치고 우리 블로그 방명록에 글을 남겼다.

"아~~~ 또 일상의 시작이네요. 일상이 여행이신 두 분, 건강하세요. 보고 싶어요." ^^

일상이 여행이라… 맞다. 요즘 우리들의 일상은 여행이다. 그런데… 일상이 여행인 건 참 고달프다.

일상에서 있는 일이 그대로 여기 다 있다. 배고픔도 끼어들고 아픈 것도 끼어든다. 손톱 발톱이 자라는 것은 가지고 다니는 손톱깎이로 재까닥 깎으면 그만이지만 머리카락이 점점 길어지는 건 참으로 난감한 일이다. 한국에서야 매번 가는 미용실이나 이발소를 찾아서 그냥 '깎아주세요' 라는 한마디만 하면 되는데 여기서는 어디로 가야할 지 망설여진다. 제멋대로 자라 텁수룩하게 되어버린 머리카락을 만지작거리며 '어디 깨끗하고 싸고 예쁜 언니가 있는 미용실'을 벌써 몇 나라째 찾고 있다. 이제는 한계가 왔다. 찾다 찾다 결국은 조금 덜 깨끗하지만 마음좋게 생긴 아줌마가 있는 미용실엘 들어갔다. 가격이 싸기는 하다. 서로 말은 안 통하고 싹둑 잘라달라는 이야기를 몸으로 손으로 말한다. 남편은 그런대로 성공했지만 나는 얼마나 모질게 잘렸는지 완전히 김군이 되어버렸다.

일상이 끼어들지 않는 그런 여행이었으면 좋겠다. 일상이 끼어들지 않는 여행, 여행만 있는 여행. 그런 건 이래야 한다.
이름도 모르는 도시에 도착해도 멋진 호텔이 내 눈앞에 딱 나타나야 하고 문 앞에서는 호텔보이가 택시 앞까지 다가와 문을 열어주고 우리의 가방을 들어서 발코니가 있는 멋진 방까지 서비스 해주는 것. 샤방샤방 보드라운 커튼으로 가려져 있는 깨끗한 침대에서 자고 일어나면 화려한 아침 식사가 방까지 배달되는 그런 영화 같은 장면이 등장해야 한다. 길거리 카페에서 향기 가득한 커피를 마시고 느긋하게 앉아서 해지는 노을을 바라보는 그런 비현실적인 상황이 질리지 않고 계속 되어야 한다.

영화일 수 없는 여행,
현실의 여행

그런데 짧지 않은 우리의 여행은 영화일 수 없고 상상으로 펼쳐지는 장면은 더더욱 아니다. 엄연한 현실이 존재한다. 인터넷을 통해 숙소를 예약하면서 아주 꼼꼼하게 살핀다고 살폈는데, 정작 도착해보면 영 아닌 집이 우리를 기다리고 있는 게 예사다. 그냥 하룻밤 몸을 누일 곳을 찾는데 좀 힘하면 어떠냐고 서로를 위안해 보지만 하룻밤이 아닌 것이 문제다. 발트의 길과 노래혁명, 기적과 같은 인간 사슬에 감동하며 도착한 빌뉴스의 숙소는 마치 중국의 초대소 같은, 우리나라의 허름한 여인숙 같은 곳이었다. 혹시 서로에게 상처를 줄까봐 약속이나 한 것처럼 입을 다물지만 밤새 찝찝하고 몸이 지쳐버리는 건 안 봐도 뻔한 사실이다. 일상이 여행이 아닌 영화 같은 여행이었으면 좋겠다.

대성당과 중세 성, 그리고 성당, 교회… 이런 사진만 매번 찍다가 남편이 빌뉴스에서는 갑자기 신시가지 높은 호텔 건물을 카메라에 담는다. 저런 사진을 뭐하려고 찍느냐? 저런 건 우리나라에도 많지 않냐?는 내 말에 남편은 웃으면서 대답한다. 두 가지 의미라나? 늘 구시가지 사진만 블로그에 올려서 사람들이 유럽은 온통 중세 도시만 있다고 착각할까봐 신시가지 모습도 찍어서 올려야 되겠다는 것 하나와 우리는 언제 저런 곳에서 한 번 자보나? 하는 소망을 담는 거란다.

"그러게 정말. 우리는 언제 저런 곳에서 한 번 자보지?"

마냥 놀러만 다니는 여행이 아니라, 그저 편한 시간 보내려는 여행이 아니라, 팔자 편한 부부가 팔자 좋게 떠나온 여행이 아니라, '우리 발로 뚜벅뚜벅 걸어 세상을 보겠다'고 나선 우리의 여행.
세상이 어떤 곳인지, 사람들이 어떻게 살고 있는지 정말 궁금해서 벼르고 별러 떠나온 우리의 여행.
일상이 여행이든 여행이 일상이든, 힘들고 고달파도 오늘도 우리는 우리의 여행을 계속하고 있는 중이다.

비와 진저 몽키 호스텔

폴란드 자코파네

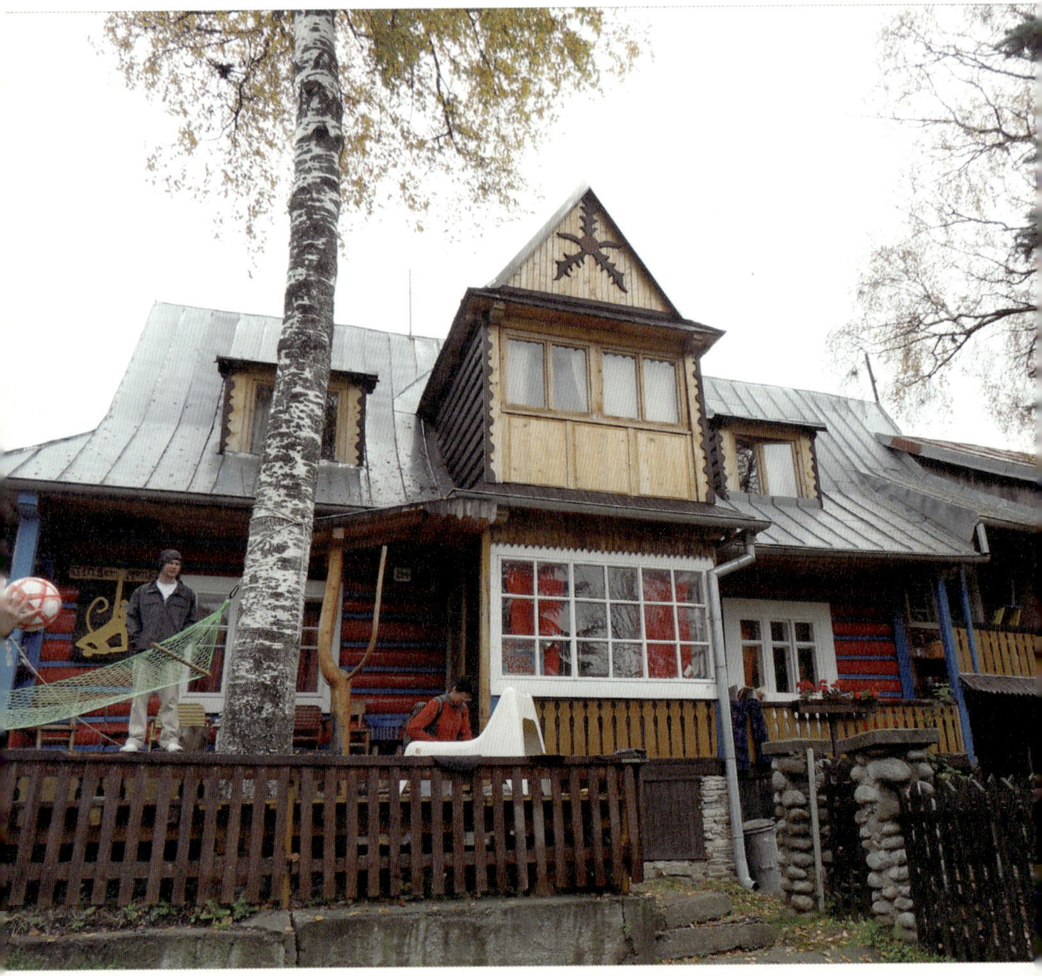

즈다 마을의 진저 몽키 호스텔

smart TIP

폴란드의 남부지방 자코파네Zakopane에 도착했다. 버스터미널에 붙어 있는 사진 한 장이 우리 마음을 들뜨게 한다.

'저 능선을 따라 우리도 등산을 하리라'

등산을 한 지 한참은 된 것 같다. 스위스의 체르마트와 융프라우, 노르웨이 스타방예르에 오르고 그 이후론 기억이 없다.

'이번엔 저 산을 올라야지.'

유럽의 곡창지대라고 불리는 폴란드는 국토 대부분이 넓은 평원이다. 그런데 슬로바키아와 접해 있는 남부는 폴란드에서는 보기 드문 산악 지형으로 타트라 산맥이 가로 놓여 있다. 자코파네는 타트라 산맥의 한 자락으로 스키와 등산으로 유명하며 2001년도에는 동계 유니버시아드 대회가 열렸던 곳이다. 우크라이나에서 만난 배낭여행자 미하우도, 러시아에서 만난 크라쿠프 대학의 교수 마틴도 폴란드에 가면 자코파네로 가라고 했다. 한국 사람들이 단체 여행을 와서 아우슈비츠와 소금 광산만을 휙 돌아보고 그냥 가는게 너무 안타깝더라며 꼭 가봐야 할 곳으로 자코파네를 몇 번씩이나 강조했다. 가을의 자코파네는 정말 아름답다며 꼭 등산을 하라는 당부까지 하면서.

여행을 하면서 현지인을 만났을 때 추천하는 곳은 거의 만족스러웠다. 그러나 생각의 차이를 느끼는 계기이기도 했다. 이란 사람들이 추천한 정말 아름답다는 공원은 우리나라에서는 흔히 보는 식물원 수준이었다. 황량한 사막과 황무지가 국토의 대부분인 이란인들에게는 나무가 많고 꽃들이 만발한 공원이 환상적이었을지 몰라도 우리에겐 봄 가을에 흔히 볼 수 있는 풍경이었다. 국토의 대부분이 평원인 폴란드 사람들 역시 조금만 산이 높아도 극찬을 할지 모른다는 반쯤의 의문을 품고 타트라 산맥의 자코파네에 도착했다.

자코파네의 밤은 비가 부슬부슬 내리고 있다. 산에서 내려온 밤안개로 거리는 젖어있었다.

"내일 아침에는 비가 개이겠지?"
두터운 안개가 끼어있는 자코파네의 밤거리는 들뜬 사람들이 할 일 없이 거리를 쏘다니며 분주하게만 보인다. 혹시 내일도 비가 와서 산에 못 오를까 걱정하고 있는 우리와 다르게 여기 사람들은 그저 흥겹기만 하다. 자코파네에 왔다는 사실 자체만으로도 즐거운 것일까?

폴란드에는 '삶이 견딜 수 없이 힘들 때 항상 자코파네가 있다' 라는 속담이 있단다. 몸과 마음이 지쳤을 때 자코파네로 가라는 말이 있을 정도로 이곳은 폴란드 사람들에게 사랑받는 마을이다. 그래서인지 외국인보다는 폴란드 사람들이 더 많이 보인다.

걱정스런 눈길로 호스텔의 매니저에게 물어보니 오늘 이곳에는 종일 비가 왔단다. 여덟 명이 함께 쓰는 도미토리는 습기가 가득차 꿉꿉하다. 게다가 여기저기 벗어놓은 비 맞은 옷가지와 양말들 때문에 퀴퀴한 냄새까지.

'혹시 내일도?' '설마!'
케이블카를 타고 산 중턱까지밖에 못 가봤다는 같은 방의 프랑스 애는 거기까지만 해도 참 좋더란다. 내일 날씨가 좋아지면 걸어서 산을 오를 작정이라고. 카라코룸, 안나푸르나, 티베트의 산까지 모두 다 올랐다는 등산광이다.

'우리도 내일은 이곳 산을 오르고 말리라.'
짙게 깔린 안개를 보고서도 내일 아침은 화창하리라 기대를 하며 잠을 청한다.

다음날 아침. 일어나자마자 창밖을 보는데 어제보다 더 많은 비가 내린다. 숙소의 매니저 왈, 오늘은 종일 비가 내릴 거란다. 어제는 약한 비에 안개였지만 오늘은 불행하게도 하루 종일이란다. 스키 리프트를 타고 산 중턱까지 올라갈 수는 있지만 비를 철철 맞고 올라가야 하니까 그것 또한 권하는 일은 아니라나? 내 신발을 보더니만 혀를 끌끌 찬다. 하기야 벌써 5년째 신고 다니는 등산화가 이제는 밑창이 닳아 비가 조금만 와도 새기 시작한다. 질척거리는 산… 신발 안으로 스며드는 물… 언제부터인지 모르게 붓기 시작하는 발가락… 안봐도 비디오다. 얼마 만에 와 보는 산인데, 바로 코앞에 두

폴란드에는 '삶이 견딜 수 없이 힘들 때 항상 자코파네가 있다' 라는 속담이 있다

고서도 오를 수 없을 것 같다는 불길한 예감이 일기 시작한다. 같은 방에 있던 프랑스 애는 일찌감치 포기하고 체크아웃 해버린다. 그냥 이곳을 떠날 거란다. 산은 다른 곳에도 있다나?

이틀을 머물면서 등산을 할 계획이었던 우리도 일정을 급하게 바꾼다. 실망하고 있는 우리에게 호스텔 매니저는 타트라산맥의 슬로바키아 쪽인 즈다 Zdiar 마을을 권한다. 같은 타트라 산맥이라도 거긴 반대쪽이니까 어쩌면 비가 덜 내릴지도 모른다고. 어차피 다음 목적지가 슬로바키아의 브라티슬라바이니 그것도 좋겠다. 즈다, 난생 처음 들어보는 마을이다. 비오는 자코파네가 우리에게 즈다라는 새로운 선물을 주는 것인가?

비가 와도 우산도 없이 걷고 있는 사람들

그래도 아쉬워 폴란드의 자코파네를 슬쩍 한 번은 돌아보기로 했다. 체크아웃을 해놓고 배낭은 맡겨 놓은 채 여전히 비가 내리는 자코파네의 거리로 나선다. 사람들은 아무렇지도 않은 듯 걸어다닌다. 여기 사람들은 정말 신기하다. 웬만한 비에는 우산도 없이 그냥 비를 맞거나 아니면 그저 비옷 하나 걸쳐 입는 정도다. '옷'이라는 것에 대한 개념이 우리와는 다른 듯. 우리나라 사람들에게는 옷이라는 게 외부로 비치는 자신의 모습으로 빈부나 사회적 지위를 나타내기도 하는데, 여기서의 옷은 외부 환경으로부터 피부를 보호하는 옷 본래의 기능을 하는 것 같다. 그래서 비가 오면 피부를 싸고있는 옷이 비를 막아내는 것은 당연한 일. 옷이 날개라며 옷차림이 곧 신분이 되는 우리 사회로서야 옷을 버린다는 것은 불안한 도전일 수 밖에.

비와 옷. 이번 여행을 나와서 비를 만날 때마다 생각해 보는 중이다. 덕분에 우리도 옷에 대한 개념이 조금 바뀐 것 같기도 하다. 원래부터도 광나는 옷이나 멋진 옷이 거의 없지만 앞으로는 '외부로부터 몸을 보호하는' 옷 원래의 기능에 집중해 보기로 했다. 나는 아직 좀 힘들기는 하지만.

하여튼 자코파네, 이거 너무 좋은 거 아냐? 숙소에서부터 산 아래까지 걸어가는 데 진짜 아름답다. 멀리 타트라 산이 보인다. 오르지도 못할 산, 오르지 못해서 더 아름답게 보이는 산, 더 아쉽고 안달나게 만드는 높은 산봉우리와 빽빽한 침엽수림. 언제 다시 이 곳에 올 수 있을까? 다시 와서 저 산을 오를 수 있을까? 이 거리를 걸을 수 있을까? 우리 인생에 다시 한번 더??? 아쉬운 마음으로 자코파네를 떠난다. 즈다가 기다리고 있다는 마음에 서운해도 떠난다.

자코파네를 떠난 지 30분쯤 되었을까? 드디어 슬로바키아 국경을 넘는다. 예전에는 폴란드와 슬로바키아 간의 국경에서 출입국 심사도 했을텐데 이미 유럽연합으로 하나가 된 두 나라에서는 출입국을 위한 어떤 행정적인 절차도 없다. 마치 우리나라 경상도에서 전라도로 가는 도로인 것처럼. 다리

폴란드의 양젖 치즈, 오즈즈펙

하나를 건너는 정도가 서로의 국경이라는 흔적이다. 아래로는 조그만 샛강이 흐른다. 결국 이 개울이 국경? 이미 대부분의 유럽에서 국경이라는 개념이 사라지고 있다.

즈다 마을에 도착했다. 하! 정말 좋다. 비도 거의 그쳤다.
오늘 저녁 여기서 자고 내일은 등산을 할 수 있겠구나
자코파네에 비가 안 내렸다면 모르고 그냥 지나쳤을 마을이다. 고맙다! 자코파네!
조그만 마을이다. 주민이 백명이나 될까? 이렇게 조그맣고 조용하고 깨끗한 시골마을에서 자는 건 얼마나 흥분되는 일인지. 룰루랄라 저절로 콧노래가 흥얼거려진다. 숙소를 찾아 올라간다. 자코파네 호스텔에서 소개시켜 준 즈다의 유일한 호스텔. The Ginger Monkey Hostel. 언덕 위에 있는 통나무집이다.
호스텔 이름도 참 정감간다. 진저 몽키 호스텔. 배낭을 질질 끌고 올라가니 입구에 앉아있던 다른 게스트들이 반갑게 맞이해준다. 어쩜 사람들까지 이리 친절한지. 룰루랄라~~~ 문을 열고 들어서니 배낭여행자들이 꽉 찼다.

'흐미~~~ 좋은 거'

'아니 이 사람들은 어찌 이런 구석에 있는 호스텔까지 알고 찾아왔을까?'

'도대체 몇 나라 사람들이 있는 거야?'

배낭여행자들이 꽉 차있다는 사실 하나만으로도 즐겁다. 이 사람들하고 이곳저곳 세상 이야기를 나눌 생각에 괜히 흥분된다.

아~~ 그러나~~ 여행자가 꽉 찼다는 건 그리 좋아할 일만은 아닌 것 같다. 방이 다 찼단다. 싱글 침대 딱 하나만 남아있을 뿐이란다.

여행자가 많다는 것에 방 없을 건 걱정 안하고 대뜸 신나하기만 했던 내가 부끄럽다. 저녁에 잘 방도 안 구해 놓고 버스에 내려 멋진 산을 보면서 내일 등산할 상상부터 한 내가 참 한심하다. 온 마을을 다 뒤져 봐도 오늘 저녁 우리가 잘 방은… 없다. 백 명도 채 안 사는 것 같아 조그맣고 조용한 마을이라고 좋아한 게 고작 몇 십 분 전인데 "마을이 콩알만 해서 호스텔이라고는 달랑 하나밖에 없냐?"고 이제는 투덜대는 내 변덕이 쪽팔린다. 원래는 펜션도 있다는데 성수기가 지나서 거의 문을 닫아버렸다.

흑흑흑. 오늘 밤, 우리는 어디서 자야냐? '비오는 자코파네가 준 선물'이 뭐 이렇게 황당하다냐? 싱글 침대 하나만 달랑 남은 이름도 괴상망측한 생강 원숭이 호스텔 의자에 앉아 툴툴거린다. 괜스레 즈다 마을만, 타트라 산만 쳐다본다. 호스텔 이름도 이게 뭐냐, 촌스럽게. 생강 원숭이 호스텔이라니…

결국 그날 우리는 즈다에서 포프라드로 50분간 버스를 타고 나가 다시 4시간 걸리는 브라티슬라바로 가는 기차를 타야 했다.

여행의 고수, 여권을 잃어버리다

그리스 아테네

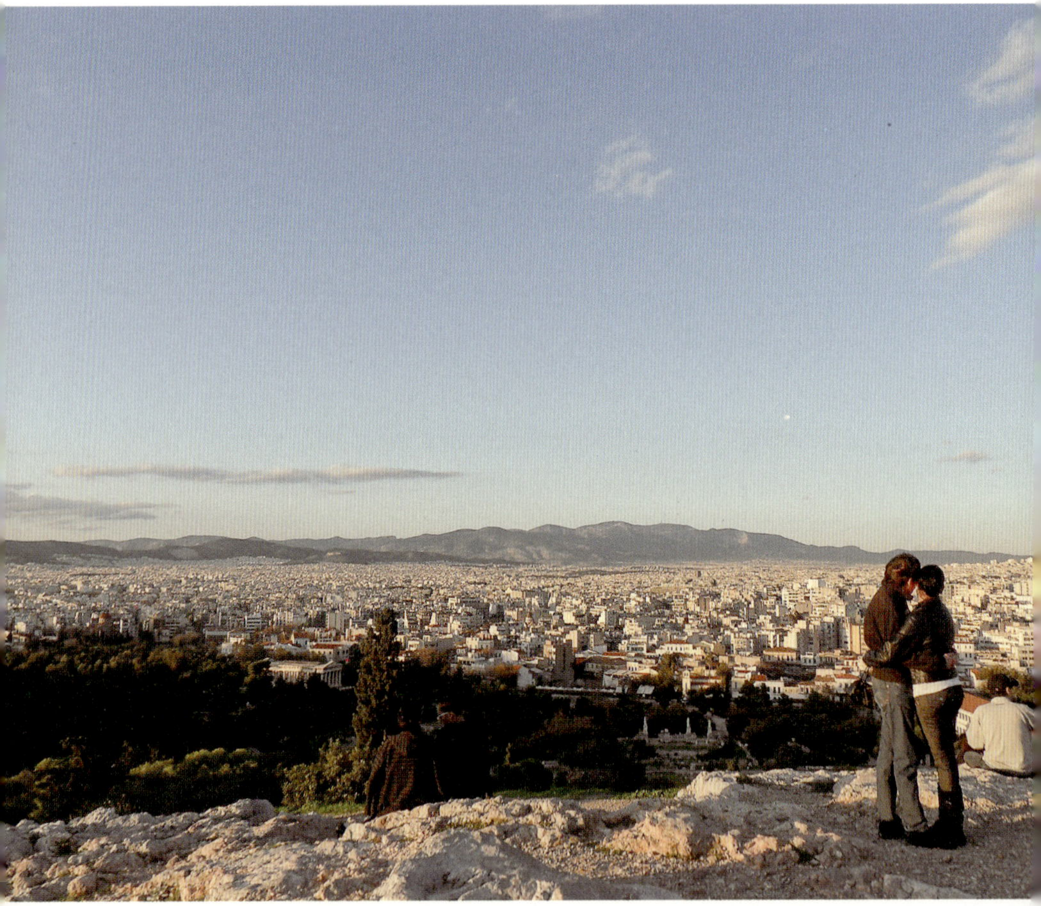

아테네 시내가 보이는 필로파포스 언덕

smart TIP

긴 여행에서 제일 중요한 건 뭘까? 물론 건강이다. 건강이 없으면 여행이고 뭐고 아무것도 없다. 돈? 언어? 그것도 물론 중요하다. 또? 그건 여권이다. 돈보다 더 필요한 게 여권이고 언어보다 더 중요한 건 여권이다. 그런데 그리스 아테네에서 여권을 잃어버리는 일대의 사건이 발생했다.

이 이야기를 하려면 아테네의 첫날로 돌아가야 한다. 도착하는 첫 날 기차역에서 내려 숙소까지 찾아가는 그때도 차가 비좁기는 했다. 지하철도, 신타그마 역에서 내려 트롤리버스로 갈아타고 갈 때도 파업 때문에 그렇겠거니 생각했다. 숙소에다 짐을 풀어놓고 다시 시내로 나와 필로파포스 언덕에서 해지는 아테네와 붉게 물드는 아크로폴리스를 올려다 볼 때 까지만 해도 좋았다. 숙소로 돌아가는 지하철. 정말 사람이 많았다. 가방도 움켜쥐고 지갑을 넣은 호주머니를 챙기면서 조심해야한다며 서로에게 주의까지 줬다. 갈아타야 해서 딱 한 구간을 탔을 뿐이다. 지하철에서 내렸는데 남편의 얼굴이 갑자기 하얘졌다.

"여권이 없다!"

"뭐?"

정말 순식간이었다. 딱히 우리를 더 밀고 당겼던 것도 아닌데… 지하철이 조금 비좁았을 뿐인데… 아차! 우리 바로 앞뒤로 있던 술냄새 나는 그 녀석들? 주머니를 헤집고 가방을 뒤집어 보는 사이 지하철에서 같이 내린 사람들은 흔적도 없이 사라져 버렸다.

'무슨 이런 일이… 돈보다 더 중요하다는 여권을… 여행 고수라고 건방을 떨었는데 여권이라니…'

고수는 무슨!!! 아테네의 소매치기가 우리보다 한 수 위다. 하여튼 현실은 여권을 잃어버렸다는 것이다. 어떻게 해야 하지? 시간은 벌써 저녁 7시가 다 되간다. 일단 집으로 가자. 경찰서 위치를 물으니 다행히 숙소에서 그리 멀지 않은 거리다. 아니다. 우선 밥이나 먹자. 어휴~~

저녁 9시, 경찰서 도착. 소매치기한테 여권을 잃어버렸다니까 금방 분실증명서를 끊어준다. 아테네에서는 자주 있는 일이란다. 잘생긴 경찰아저씨가 한국 대사관 위치와 주소 전화번호까지 친절하게 일러준다. 우리 여행 코스를 들으며 며칠 전 우리가 갔다 온 메테오라 근처가 고향이라며 고향 자랑까지 한참 곁들인다. 남편은 친절한 경찰 아저씨랑 기념이라며 사진 한 장 찍으란다. 어이구~ 잃어버린 여권 때문에 분실증명서를 만들려고 들어온 경찰서에서 사진 한 장 찍으라는 남편이나 찍으란다고 웃으면서 경찰관이랑 나란히 서는 마누라. 같이 사진을 찍으면서 경찰관도 어이가 없는지 웃는다. 숙소로 돌아와서는 그냥 자버렸다. 하여튼 내일 아침에 일어나서 생각하자.

아테네에서의 둘째 날 아침이 밝았다.
어쩌지? 이제 여기서 우리 여행을 마치고 한국으로 돌아가야 하나? 대사관에서 만들 수 있는 여행증명서로 나머지 여행을 할 수 있을까?
아주 짧은 대화, 그리고 간단하게 결론을 내렸다.
　1. 그리스 다음으로 여행할 나라가 터키였으니까 여행증명서로 터키를 여행할 수 있으면 터키만 여행하고 중동국가는 포기하고 이스탄불에서 한국으로 돌아가자. 어차피 우리 항공권이 이스탄불 아웃으로 잡혀있으니 얼마나 다행이냐.
　2. 터키를 여행할 수 없다면 에게 해 쪽 섬에나 가보고 항공권 아웃하는 지점을 바꿔서 아테네에서 돌아가자.

첫 번째가 되거나 두 번째가 되거나 어쨌든 이십일 정도만 있으면 한국으로 돌아간다는 결론이다. 아! 드디어 회도 먹을 수 있고 김치찌개도 먹을 수 있겠다.
그래도 이집트까지 여행을 할 수 있다면 얼마나 좋을까? 아테네에서 이집트 가서 여행하고 터키로 가서 아웃하면 좋은데… 두 나라만이라도 더 갈 수 있다면 얼마나 좋을까? 그렇지만 욕심을 버려야겠지?

아크로폴리스를 오르며

"맞지, 그지? 여행이라는 게 그냥 일상의 삶이라니까, 일상에서 일어나는 귀찮은 일이 여행에서도 다 일어나고 있잖아?"

"따분하고 힘들고 귀찮은 일이 여행에서는 안 일어나야 되는데 말이야. 어쩜 이리도 똑같은지…."

여행지에서 우리가 생고생하는 이야기를 읽으면 메롱하며 기뻐한다는 친구의 글이 떠오른다. '배낭여행자가 여권을 잃어버렸다'는 최고의 사건에 대해서는 어떻게 나올까. 메롱? 얼레리 꼴레리? 무슨 그런 쪼다 같은???

"이것 또한 여행이니라… ㅋㅎㅋㅎㅋㅎ"

샤워도 하고 아침도 든든히 먹고 버스·지하철을 갈아타고 한국 대사관을 찾아갔다. 아테네 타워빌딩 19층에 한국 대사관이 있었다. 유리창 너머로 아테네 시내가 다 내려다보인다. 아테네는 정말 온통 하얀 도시구나. 여권을 잃어버린 상황에서도 대사관 창문 너머로 아테네의 경치가 눈에 들어온다. 우리는 어쩔 수 없는 여행자다.

여권을 잃어버렸다고 하니 여행증명서를 만들어주겠단다. 그걸로 터키를 여행할 수 있냐고 물으니 안 된단다. 항공권이 이스탄불 아웃이라고 하니 그러면 공항 밖으로는 못나가고 공항 내에서 비행기를 갈아탈 수만은 있단다. 우째. 이집트는 여행증명서로도 갈 수 있기는 하단다. 그러면 어떡한다? 이집트만 갔다 와서 한국에 연락해서 항공권의 아웃 지점을 바꿔달라고 할까? 우리 여행 운도 여기까지니 이제 그만 포기하고 그냥 한국으로 가야 하나?

"그러면 혹시 여권 재발급은 되나요?"

터무니없는 질문이라고 생각하면서도 그냥 물어본다.

"… 여기서 분실 신고서하고 여권 재발급 신청서를 한국으로 보내면 한국에서 여권을 만들어 다시 이리로 보내야 하는데…"

뭣이라? 그러면 된단 말이야?

"모든 서류를 DHL로 보내고 받아야 돼서 돈이 좀 듭니다. 시간도 열흘에서 보름은 걸리고."

하여튼 외국에서도 여권이 재발급 된다는 말씀이다.

"OK!"

고민할 것도 없이 재빨리 판단한다. 그러면 재발급 넣어놓고 그동안은 에게해의 크레타 섬과 산토리니 섬이나 갔다 오자. 번개 같이 1층 거리로 내려가 여권용 사진을 찍고 각종 서류를 작성한다. 우선은 분실 여권 대신 여행증명서를 발급하여 그리스를 여행하다가 여권이 다시 나오면 대사관으로 와서 받고 나머지 여행을 계속하자. 하하하하. 자꾸 웃음이 나온다.

　　사건 발생 : 목요일 저녁 6시반 경
　　사건 진행 : 목요일 저녁 9시 경찰서 방문, 분실증명서 발급.
　　　　　　　금요일 오전 10시 한국대사관 방문, 여행증명서 발급&
　　　　　　　여권 재발급 신청
　　사건 해결 : 금요일 오전11시.

모든 것이 눈 깜짝할(?) 사이에 정리됐다. 요즘 외국에 있는 한국대사관 정말 친절하다. 업무처리도 빠르고. 그리스 경찰도 마찬가지. 고맙다.

원래 우리 계획으로는 그리스 아테네에서 지난 몇 달간의 유럽 여행을 끝내고 터키로 들어가려고 했다. 남아있는 여행 일정은 터키와 요르단 시리아 등 중동국가, 이집트, 그리고 튀니지였다. 그런데 그 계획에는 하나의 문제점이 있었다. 튀니지를 가고 싶은데 어느 지점에 어떻게 튀니지를 넣어야 할지 도대체 해결책을 찾지 못하던 중이었다. 터키부터 이집트까지는 육로로 쭉 연결이 되는데 반해 튀니지는 어디에서 어느 방향으로 가도 따로 비행기를 끊어야 할 판이었다. 로마에서도 시칠리로 가서 튀니지로 배를 타고 갈까 했는데 어정쩡 거리다 포기하고 방향을 바꿔 돌아오던 중이었다.

하하하. 그런데 여권을 잃어버려서 문제가 한 방에 해결돼 버렸다. 튀니지를 안가면 되는 거다. 아테네에서 이집트로 가는 편도 항공권만 끊어서 카이로로 들어가서 룩소르, 아스완을 거쳐 시나이 반도를 지나 요르단, 시리아 등 중동국가를 거쳐 터키를 아래에서 위로 쭉 훑어 맨 마지막에 이스탄불로 들어가면 되는 환상의 코스를 잡을 수 있게 된 거다. 튀니지로 잡아둔 보름 정도를 대신해 그리스의 크레타 섬과 산토리니 섬을 여행하면 되는 거다. 크레타 섬이나 산토리니 섬으로 가보고 싶었지만 여행 일정상 생략하고 그냥 나간다는 게 안 그래도 섭섭하던 중이었다. 여행 시작부터 정리가 어렵던 튀니지 일정을 한방에 해결하고 나니 오히려 속이 시원하다.

그리하여… 우리는 한국에 빨리 들어갈 수 있는 절호의 기회를 잃어렸다. 아니 박차버렸다.

한국으로 돌아가면 매일매일 가방을 싸야하는 귀찮은 일도 더 이상 안해도 되는데… 회도 먹을 수 있고, 김치찌개도 먹을 수 있는데…

❶ 여권을 잃어버리기 바로 직전까지도 ❷ 분실증명서를 떼러간 아테네 경찰서에서
❸ 여권 분실의 허망함을 한식으로 달래고 ❹ 여행증명서를 들고 크레타 섬으로.

여권 재발급 서류를 넣어놓고 대사관을 나선다. 열흘에서 보름정도 걸릴 거라며 중간 중간에 연락하란다. 임시방편으로 여행증명서를 받아들었다. 또 하나 더. 대사관 사무실에 있는 책꽂이에서 한국 책 두 권까지 대출했다. 여권 찾으러 올 때 반납하겠다고. 얼마 전에 만난 후배한테 전달받은 책도 이미 다 읽어버렸는데 마침 잘됐다. 섬에 가서 책이나 읽고 푹 쉬다 와야겠다.

아테네 시내에 있는 한국 식당을 찾았다. 오슬로에서 후배가 주문해 놓고 간 한국 음식 먹고는 벌써 몇 달 째 아직 한국음식이라고는 구경 한번 못했다. 헬싱키에서는 한국 식당 문전까지 갔다가 너무 비싸서 포기해버렸는데… 에라, 오늘은 사 먹자. 1유로에도 벌벌 떨며 살았는데 여권을 잃어버리고 나니 통이 좀 키졌나 보다. 한국으로 가려면 아직도 몇 달이나 더 남았는데 오늘은 그냥 사 먹어버리자. 김치찌개와 불고기를 시켰다. 맥주까지. 맛있다. 아삭아삭한 김치 맛. 고향의 맛. 공깃밥을 한 그릇 더 시켜서 그것마저 바닥이 완전히 보일 때까지 싹싹 다 긁어 먹었다. 아~~ 정말 맛있다. 검은 색 후드 점퍼도 하나 샀다. 어제 플라타 거리의 가게에서 봤지만 35유로나 해서 돌아섰는데 여권 잃어버린 김에 그냥 팍, 호기를 부렸다.

그래서 우리는 지금 계획에도 없던 크레타, 산토리니로 떠난다.
문명의 발상지 크레타와 환상적인 아름다움을 간직한 산토리니. 잃어버린 여권이 우리에게 주는 선물이다. 얼마동안 그곳에 머물러야 하는지 아직까지는 알 수 없다. 여권이 그리스로 도착하면 그 다음날 이집트로 날아갈 수 있겠지.

이것 또한 '우리다운 여행'이다.

음네야와 아미르의 2박3일

이집트 나일강

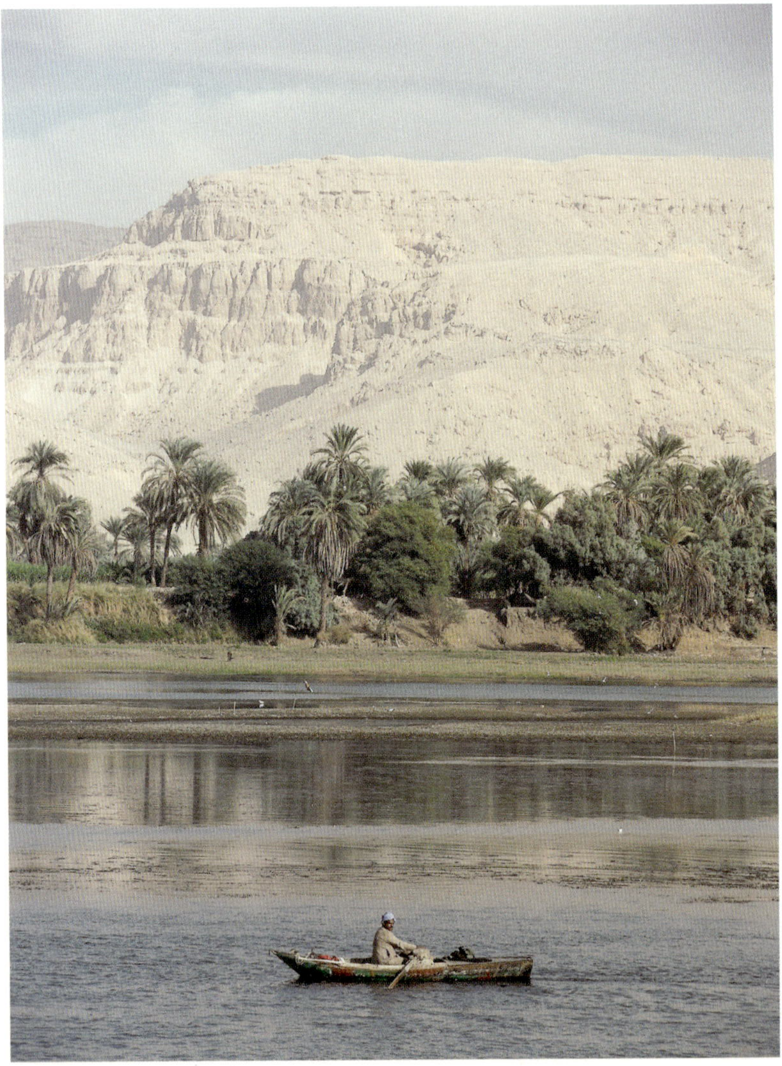

나일강의 어부

smart TIP

나일강은 이집트를 동과 서로 나눈다. 해가 뜨는 동쪽은 산 자들의 땅, 해가 지는 서쪽은 죽은 자들을 위한 땅이다.

나일강은 남쪽에서 북쪽으로 흐른다. 아프리카의 적도 부근에서 시작하여 빅토리아 호를 거쳐 이집트로 들어와서는 아스완 지방에서 카이로 방향으로 흘러 결국에는 지중해로 간다.

나일강은 세계에서 가장 긴 강이다. 어릴 적 친구들과 나는 사회과 부도를 펼쳐들고 강의 길이와 산의 높이를 누가 더 잘 외우나 놀이를 하곤 했다. 그 때 6,671km의 나일강을 세계에서 가장 긴 강이라며 외웠다. 아마존강 미시시피강, 히말라야 알프스 안데스 산맥의 길이와 높이를 외웠다. 우리는 또 사회과 부도의 아무 페이지나 펼쳐놓고 한 명이 그 속에 깨알같이 쓰여 있는 한 지명을 말하면 지도 속에 머리를 처박고 누가 먼저 그 곳을 찾아내는가 하는 놀이도 즐겨했다. 서로 자기가 이기려고 구석에 있는 작은 글씨의 지명들을 문제로 내곤 했는데도 우리는 그곳을 귀신같이 찾아냈다. 그때 나일강 같은 유명한 지명을 문제로 내는 친구는 바보 취급을 당했다. 우리는 그게 어디에 있는지 정확하게 알고 있었기 때문이다. 지금처럼 학원도 없고 컴퓨터도 없던 시절, 생각해보면 제법 멋진 게임을 하고 놀았던 것 같다. 그 때 외웠던 세계 여러 나라의 수도 이름이나 산과 강의 이름이 지금 이 나이에도 내 지식 정보의 저변을 차지하고 있으니 말이다. 물론 통찰력이나 이해력과는 상관이 없지만.

나일강에서 우리가 한 건 크루즈다. '크루즈'라는 단어는 늘 꾸기만 하는 꿈인 줄 알았다. 좀 더 나이가 들면 카리브 해에서 크루즈를 해 봤으면 하는 생각도 했지만 사실 그것도 그냥 꿈꾸다 말 일처럼 느꼈다. 너무 비싸서 내게는 현실성이 떨어지는 진짜 꿈으로만 남는 것인 줄 알았다. 그런데 이집트에 와서 꿈이 현실로 바뀌었다. 아스완에서 고대 이집트 테베 유적지가 있는 룩소르까지의 나일강 크루즈였다. 2박 3일 동안 먹여주고 재워주고 태워주고 1인당 90달러(10만원 정도)라고 해서 이 기회가 아니면 크루즈는 완전히 먼 나라 이야기가 될까봐 얼른 신청했다.

우리를 실은 배가 아스완 항구를 떠난다. 서쪽으로는 귀족들의 무덤이 있는 사구가 보이고 뒤로는 펠루카의 흰 돛들이 펄럭인다. 펠루카 크루즈도 생각해보면 괜찮은 것 같다. 우리와 똑같은 코스로 2박3일인데 아무 동력없이 바람의 힘과 강의 유속으로만 흘러가는 돛배다. 바람에 온 몸을 맡기고 손을 내밀면 흘러가는 강물을 그대로 만질 수 있을지 모른다. 좁은 공간에서 며칠 동안 사람들과 함께 부대끼는 불편만 감수할 수 있다면, 고작 천 덮개 하나로 나일강의 습기 찬 바람을 견뎌낼 수만 있다면… 자신 없는 우리는 자연 바람의 속도가 아닌 엔진 속력으로 나일강을 흐르는 4층짜리 큰 배를 택했다.

갑판 위로 오른다. 성급한 외국인들은 벌써 수영복으로 갈아입고 선탠을 즐기고 있다. 우리는 크루즈 내내 한 번도 수영복을 갈아입은 적도 없고 맨살로 햇살을 그대로 받아본 적도 없다. 천성적으로 햇빛 공포증을 앓고 있는 여느 한국인과 비슷했다. 우리는 긴 소매까지 챙겨 입고 시원한 강바람이 불어오는 갑판 위에서 평온한 시간을 가졌다. 책도 정말 잘 읽혔다. 오후 4시가 되면 커피 타임이라고 승무원들이 손뼉을 친다. 진한 커피와 달콤한 카스텔라, 쿠키까지 내놓는다. 남편은 달콤한 카스텔라를 참 좋아한다. 그러나 내가 달콤한 것을 먹지 못해서 나를 위한다며 달콤한 것을 자제하는 편이다. 그러면서 자기가 얼마나 자상하냐고 늘 폼을 잡았는데 여기서는 공짜로 제공하는거니 먹어줘야 되지 않겠냐며 즐거워 한다.

세계에서 가장 긴 강이라고 해서 당연히 나일강의 폭도 넓을 거라고 생각했다. 길다고 했지 넓다라고는 하지도 않았는데 내 머리는 혼자 생각한 모양이다. 상상보다 나일강의 폭은 굉장히 좁다. 배를 타고 지나가면 양쪽의 땅이 다 보인다. 아무것도 없는 허허벌판의 사막을 지나가기도 하고 팍팍하지만 강가에서 자라는 야자수를 심어 놓은 땅이 보이기도 하고 모래 절벽 바로 옆을 스치기도 한다.

나일강에서 또 하루가 저문다.
평생 가장 아름다운 일몰을 만난
나일강의 붉은 저녁이다.

콤옴보 신전

해가 지기 시작한다. 강은 붉은색으로 물들고 펠루카가 드리운 그림자는 강물 위로 선명하게 비친다. 서쪽 하늘에는 해가 넘어가고 있는 데 강 건너 동쪽 하늘에는 이미 달이 밝았다. 해와 달이 동시에 떠 있는 시간이다.

해질녘 강에서 고기를 잡는 나일강의 사람들이 보인다. 한두 명만이 탈 수 있는 조그만 나무배. 별다른 도구도 없이 낚싯줄만 강바닥으로 내려놓았다. 조용히 기다린다. 전혀 움직임이 없다. 우리배가 긋고 가는 물결만 있을 뿐 나일강은 한 폭의 수채화다. 나일강의 사람들도 그림처럼 해지는 풍경 속에 박혀 있다. 시간이 멈춘 것 같다. 해가 넘어간다. 나일강의 서편, 죽음의 땅으로 완전히 넘어가 버렸다. 바람이 차다.

우리를 실은 배가 콤옴보 Kom Ombo 항에 도착했다. 먼저 와서 정박한 배들도 보인다. 콤옴보 신전은 일반 버스로 가기는 힘든 곳으로 나일강 크루즈를 해야 접근할 수 있다. 신전으로 들어간다. 이미 깜깜한 저녁 시간이었지만 여러 척의 배에서 내린 사람들로 신전은 오히려 비좁아 보인다. 콤옴보 신전은 악어 신인 세베크와 매의 머리를 한 호루스 신에게 봉헌된 것이다. 거대한 유적에 새겨져 있는 고대 이집트 사람들의 상형문자들이 야간 조명을 받아 반짝거린다. 이집트인들은 여기에 무엇을 새기고자 했을까? 이 엄청난 작업을 하면서 무엇을 빌었을까? 영원? 불멸? 부활? 어디에서나 죽음에 대한 공포를 벗어나려고 했던 인간의 두려움이 보인다. 그것이 파라오의 부활을 위해서든 혹은 다른 사람들의 부활을 위해서든 인간의 공포를 만난다. 기계도 없고 과학 문명도 없던 그 시절. 어떤 사람은 평생을 여기에서 돌만 나르다 죽었을지도 모르고 또 어떤 사람은 평생 이곳의 벽에 그림을 새기다 죽었을지도 모른다. 그들은 신에게 봉헌한 자신들의 시간 덕분으로 파라오의 영원불멸을 확신했을까?

벽면에 그려진 부조의 내용을 우리는 거의 알지 못한다. 가이드를 대동하고 왔더라면 조금은 더 알게 되었을지도 모른다. 그러나 그렇게 얻은 토막 지식으로 이 엄청난 규모의 유적을 이해 못하기는 마찬가지였을 것이다. 우리는 오히려 한쪽으로 비켜서서 아주 오래 전 그 시대를 상상하고 있다. 먼 옛날 이곳으로 돌을 끌어오던 사람들, 돌을 쌓던 사람들, 그리고 벽면에 그림

을 새겨 넣던 사람들의 모습을 그려본다. 그들의 마음을 떠올린다. 마른 뙤약볕 아래 노동에 힘들어 거친 숨을 몰아쉬고 있었을 그들의 일그러진 얼굴을 떠올린다.

밤새도록 나일강을 따라 흘러 내려온 배는 다음 날 아침 일찍 우리들을 에드푸Edfu항에 내려놓았다. 엄청난 높이의 탑문과 열주들이 우리를 반긴다. 에드푸 신전은 이집트 신전 중에 보존 상태가 가장 좋다고 한다. 온통 신에게 바치는 벽화들이다. 여러가지 상형문자들도 빼곡히 새겨져 있다. 주름진 모양은 땅, 그리고 이건 눈, 이 표시는 노인… 몇 안 되는 문자로 이들은 자신의 염원을 다 표현하고 있었다. 종이도 연필도 없었지만 이들은 몇 천 년을 이어올 기록을 남겼다. 그러나 신전 벽화의 얼굴 곳곳이 돌에 찍혀 있는 것을 발견한다. 훗날 기독교가 이곳으로 전파되고 난 후 다신교 숭배를 없애겠다고 벽화의 얼굴 부분을 집중적으로 훼손하였다고 한다. 우리는 다시 상상한다. 위정자들에 의해 또 어느 시절 저 높다란 벽에 붙어서 아주 오랜 시간 벽화의 얼굴들을 쪼아대고 있었을 민초들을 상상한다. 그들 역시 마른 뙤약볕 아래 거친 숨을 몰아 쉬었을 것이다. 신전을 쌓아올리던 사람이나 신전에 벽화를 새기던 사람 그리고 다시 벽화의 얼굴을 짓뭉개야 하는 사람들 모두 파라오가 아닌 일하는 사람들이었을 것이다.

에드푸 항을 떠나 배는 다시 나일강을 따라 흘러 내려간다. 나일강에 살고 있는 사람들이 눈에 들어오기 시작한다. 조그만 배에 그물을 가득 싣고 고기를 잡으러 나가는 사람들이 보인다. 남루한 옷이지만 얄팍한 수로 여행자들을 속이고 있는 길거리의 이집션들보다 훨씬 더 정겹게 보인다. 강에 그물을 푼다. 그들은 오늘 또 얼마만큼의 고기를 잡을 수 있을까. 그리스의 작가 헤로도투스Herodotus는 '이집트는 나일강이 준 선물'이라고 했다. 이집트의 존재 자체가 나일강이 실어 내려와 만든 땅인데다가 해마다 나일강은 범람하여 주변 농지에 풍부한 영양분을 공급해 주었기 때문이다. 이들에게 나일강은 세상을 만들어 준 어머니요, 삶을 이어주는 풍요로운 생명의 강이었을 것이다. 멀리 사막의 바위산들도 보인다. 사람들이 살고 있는 집 바로 옆으로는 갈대숲도 있다. 야자수 아래 풀을 먹고 있는 말도 보이고 염소도 있고 목동도 있다. 쓰레기 더미가 떠밀려온 나일강변의 한쪽에 빨래를 하고 있는 꼬마애들, 달구지를 타고 어디론가 길을 나서는 사람들, 강가에서 축구를 하며 뛰노는 아이들… 나일강을 따라 흘러 내려

책도 읽고 바람도 쐬고. 나일강 크루즈

가는 길은 이 강에 살고 있는 사람들을 보는 뱃길이다. 우리는 한 권의 책을 펼쳐 놓은 채 갑판 위에 앉아 있었지만 책 속의 활자보다는 흘러가는 강과 그 강에서 살고 있는 사람들에게 더 많은 눈길을 주었다.

첫날 배를 타자마자 내 이름을 '음네야'로, 남편은 '아미르'라고 소개했다. 음네야는 이집트 말로 희망이라는 뜻이다. 카이로 기차역에서 만난 친절한 이집트 가족들과 이야기하다 지은 이름이다. 단 한 명의 승무원에게 말했을 뿐인데 음네야는 배 안에 있는 모든 승무원에게 금방 유명해졌다. 식사를 할 때도 갑판 위에서 쉬고 있을 때도, 커피 타임에도 배 안 여기저기서 음네야를 부르는 친절한 승무원 덕분에 내내 유쾌했다. 겨우 배운 몇 마디 아라비아 말로 친근함이 다 통하는 시간들이었다. 나일강 위의 이들은 우리의 이집트 샤딕(아랍어로 Friend라는 뜻)이었다.

나일강에서 또 하루가 저문다. 평생 가장 아름다운 일몰을 만난 나일강의 붉은 저녁이다.

아주 특별한 크리스마스와 생일 선물

시리아 마르무사 수도원

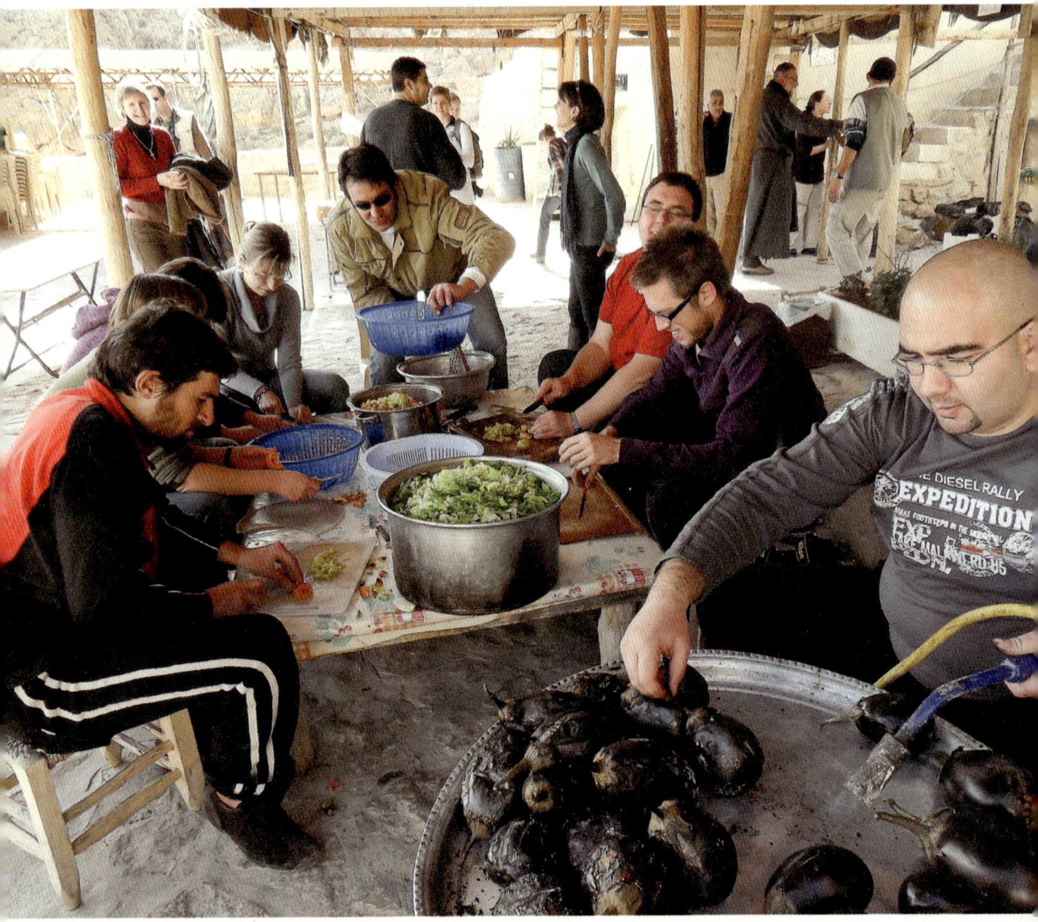

다함께 식사를 준비하는 마르무사의 방문자들

smart TIP

"**혹**시 시리아엘 가세요?"

며칠째 이집트 다합에서 같이 스쿠버를 하던 한국인 커플이 묻는다. 이집트에서 북쪽으로 올라가면서 여행을 하고 있는 우리와 달리 이 커플은 터키 시리아 요르단 이집트 방향으로 여행 중이다. 혹시 시리아를 간다면 다마스쿠스와 가까운 곳에 있는 '마르무사 수도원'을 꼭 가보란다. 자기들은 거기서 한 달 이상을 머물렀다며 마르무사를 빼고는 시리아를 말할 수 없단다. 그곳에 가면 당신들은 지상 최고의 고요함과 편안함을 선물 받을 거라며 마구 부추겼다.

시리아를 들어가기도 전에 설렘이라는 단어와 함께 마르무사라는 지명이 머리 속에 꽂혀버렸다.

마르무사Mar Musa. 뜻을 풀이하자면 모세의 수도원이다. 마르무사의 기원은 AD 6세기까지 거슬러 올라간다. 여행서적 론니플래닛에 의하면 아비시니아Abyssinia(지금의 이디오피아와 에리트리아) 왕의 아들인 모세가 이승의 번민 끝에 수도생활을 하기로 하고 길을 떠났다. 그는 이곳까지 흘러들어와 수도생활을 했단다. 현재 있는 수도원 건물은 벽에 새겨져 있는 아라비아 풍의 조각으로 보아 11세기경에 지어진 것으로 추측하는데, 15세기까지는 시리아 지역의 가톨릭 수도원으로 존재했으나 점차로 쇠퇴하여 1830년대 쯤에는 세상으로부터 거의 잊혀진다. 1980년에 들어서 이탈리아 교구에서 이 수도원을 재발견하고 EU 차원의 지원을 받아 폐허의 땅에 남아있는 건축물을 토대로 마르무사, 모세의 수도원을 다시 지어올렸다. 1991년까지는 소규모 단위의 신부나 수녀, 수련 수도자들만이 이곳에서 생활하였으나 지금은 일반인들도 방문할 수 있도록 개방되어 있다. 특히 이 수도원은 가톨릭 교구의 지원을 받지만 계파를 초월한다는 방침에 따라 가톨릭 신자들뿐만 아니라 정교회 이슬람교 등 다른 종교는 물론 종교가 없는 사람이라도 원한다면 이곳의 공동체 생활을 경험할 수 있다. 전통에 얽매이지 않는 개방성 덕분에 마르무사는 공동체 생활과 조화로운 종교, 또 평화로운 세계를 배우는 장소로 인기를 끌고 있다. 최근에는 전 세계에서 종교 학자들이나 지식인들뿐만 아니라 배낭여행자까지 방문객이 늘고 있다고 한다.

마르무사를 가려면 우선 시리아의 수도 다마스쿠스에서 버스로 1시간 정도 북쪽인 네벡Nebek이라는 소도시까지 가야 한다. 네벡에서 다시 택시로 20분 정도 사막을 더 달리면 높이 1,320m의 돌산이 나타나고 그 위에 수도원이 보인다. 주변으로는 사막과 돌산, 그 이외에는 아무것도 없다.
우리는 이 곳에서 크리스마스를 보내기로 했다.

마르무사 첫째 날 12월 23일

정오 무렵 마르무사 입구에 도착했다. 다마스쿠스 숙소에 큰 배낭을 두고 와서 다행이지 도착부터 돌계단이다. 마른 숨을 몰아쉬며 산 중턱에 있는 수도원엘 오른다. 주변은 온통 황무지요 돌산이다. 수도원의 모든 건물도 돌로 지어졌는데 아주 단단해 보인다. 예배당도 있고 수도사들의 거처와 방문객들의 숙소도 있다. 산 아래에서 보는 것과 다르게 아주 큰 수도원이다. 이탈리아 교구가 전해 내려오는 이야기를 조사하여 이 곳을 찾아낸 처음에는 거의 다 무너지고 흔적 뿐이었다고 한다. 지금도 수도원은 여전히 공사 중이다. 열심히 돌을 쌓아올리고 있는 이들은 과연 누굴까? 수도사들? 아니면 봉사자들 혹은 방문객들? 막 도착한 신출내기 방문객인 우리는 그저 의문만 가져본다. 수도원이라는 생각에 저절로 차분해진다. 묵언수행이라도 해야 할 것 같다.

마르무사 수도원은 찾아오는 방문객 모두에게 숙박에서 식사까지 무료로 제공한다. 우리도 남녀 숙소에 각각 하나씩의 침대를 배정받았다. 새로 단장한 남자들 숙소는 우리나라 지리산에 있는 산장과 아주 흡사하다. 본채에 있는 여자들 숙소는 허리를 한껏 굽힌 채 몇 번의 돌문을 지나 안으로 들어가는 깊숙한 곳에 숨어있다. 사막 한 가운데 있는 높은 산 위라 추울 것이라고 마음먹고 왔는데 방안에는 난로까지 설치되어 있다.

마침 점심시간이다. 벌써 누군가가 식사를 준비해 놓았다. 마르무사에 상주하고 있는 신부, 수녀, 수도사는 모두 아홉명. 여행자들은 각자 형편에 따라 머무르는 기간이 다르다. 어떤 사람들은 하루 잠시 들렀다 가고 또 어떤 사람들은 한 달 이상 머무르기도 한다. 기한은 전혀 없다. 공동체 생활을 하겠다는 각오만 있으면 누구든 얼마든지 가능하다. 방금 도착한 우리는 무엇을 어떻게 해야 하는지 어정쩡 거리고 있는데 여러 사람들이 재빠르게 움직여 점심을 차려놓았다. 엄청난 양이다. 몇인 분이나 될까? 점심시간을 알리는 종소리가 울리자 2층 천막으로 사람들이 모여든다. 신부님과 수녀님 수도사들을 기다리며 점심을 준비한 선배 방문자들이 넉넉한 웃음을 띠고 있다. 모든 사람들을 배불리 먹이는 자신들의 노동을 기뻐하는 것 같다. 밥과 빵, 그리고 각종 야채를 듬뿍 넣은 카레에 온갖 야채를 썰고 삶아서 만들어 놓은 푸짐한 샐러드까지. 언제 이걸 다 준비했을까? 보통 솜씨가 아니다. 먼저 온 순서대로 아무렇게나 편하게 앉아 식사를 한다. 오늘 처음 온 사람들이나 온지 며칠 된 사람들이나 자연스럽게 이야기를 나눈다. 오늘은 시리아 방송에서 촬영도 나왔단다. 크리스마스를 맞아 특별 방송될 모양이다.

밥을 다 먹었지만 또 무엇을 어떻게 해야 하는지 모르겠다. 바보처럼 서성거리다 수도원 뒷산의 꼭대기까지 오르기로 했다. 밥을 다 먹은 시각은 오후 3시. 4시 반이면 해가 진다. 높은 산 위라서 어쩌면 더 빨리 해가 넘어갈지 모른다는 생각에 서둘러 산을 올라간다. 황량한 돌산이다. 인공적인 거라고는 수도원 건물 하나 밖에 없다. 수도원 건물도 사막의 색깔을 그대로 닮았다. 무채색이다. 아무 생각 없이 산만 오른다. 수도원엘 오니 우리도 수도자처럼 되는 모양이다. 서로 아무 말 없이 걷기만 한다. 한동안 사람들의 기억 속에서 잊혀졌다는 이곳을 어떻게 찾아냈을까? 시리아는 무슬림 나라라고만 생각했는데 이런 곳에 가톨릭 수도원이 있다니… 신앙도 없는 우리들이 크리스마스를 보내기 위해 이곳을 찾아오다니…

사막 위에 돌로 지어진 마르무사 수도원

미처 꼭대기까지 오르기도 전에 서쪽 하늘에는 노을이 진다. 하늘이 온통 붉어온다. 모래먼지가 인다. 하늘이 뿌옇게 붉어온다. 아무 것도 없는 외딴 수도원에서도 한참을 더 올라온 산. 사막과 첩첩 바위산과 모래먼지, 그리고 우리 둘 밖에 없다. 고요하다. 아무 소리도 들리지 않는다. 아무 것도 움직이지 않는다. 서쪽 하늘에 태양빛이 사그라지는 것 이외에는 아무 움직임도 없다.

또 한해가 가고 있습니다. 우리는 지금 아주 먼 곳에 있습니다. 시리아입니다. 일주일 전까지도 전혀 몰랐던 곳, 마르무사라는 수도원에 와 있습니다.
여기는 신부, 수녀, 수도사들이 살고 있고 또 '함께 사는 삶'을 고민하는 사람들이 모이는 곳이라고 합니다.

마르무사 둘째 날 12월 24일

새벽같이 눈을 떴다. 엊저녁 어두워진 돌산을 내려오다 다리를 삐었다. 원래는 수도원의 시간대로 저녁 7시 명상에 참가하고 8시 미사에도 참가하려고 했는데 삔 다리가 아프기도 하고 아침부터 서두른데다 저녁에는 산까지 오르느라 너무 피곤했나보다. 내려오자마자 뻗어버렸다. 양체같이 점심만 달랑 먹고 산으로 내빼더니만 명상도 미사도 다 빠져버렸다. 미사가 끝난 뒤 가진 저녁식사 시간에도 참석하지 못했다. 바오로 주임신부님이 저녁 시간에 몇 번씩이나 Two Koreans을 찾으셨단다. 저녁 11시가 다 되어 깼는데 어찌나 창피하던지. 저녁도 굶은 채, 별이 쏟아지는 마르무사의 밤하늘만 실컷 봤다. 그래선지 오늘은 새벽같이 눈을 떴다. 어제 서쪽 하늘로 넘어간 해가 오늘 아침 수도원의 동쪽 사막에서 떠오른다.

오늘은 크리스마스이브, 사람들이 많이 찾아올 거란다. 무슬림의 나라 시리아에 얼마 없는 기독교인들, 여러 나라에서 특별한 크리스마스를 보내고 싶은 여행자들, 공동체 수도원에서 의미 있는 미사를 드리고 싶은 세상 사람들이 올 예정이란다. 소박한 크리스마스트리도 만들어두었다. 사막에서 구할 수 있는 마른 나뭇가지를 얼기설기 올려놓고 예수 탄생 모습을 재현한 조그만 말구유도 만들어 두었다. 주변으로는 아주 작은 성모상도 가져다 놓았다. 크리스마스트리가 이렇게 소박할 수 있다는 걸 여기서 처음 알았다.

아침부터 마르무사가 바쁘다. 산 중턱에 있는 수도원과 아랫 동네를 연결하고 있는 공중 수레에 무언가가 자꾸 실려 올라온다. 당근 가지 감자 양배추 비트 등 실려 오는 음식 재료의 양이 만만찮다. 거기다 빵, 과일, 음료수까지. 오늘은 방문자가 많아서 밥하는 일이 보통이 아니란다. 방문자들은 누구나 할 것 없이 모두들 부지런히 아래에서 올라 온 것들을 수도원 앞마당으로 나른다. 어느 누구도 시키는 사람도 없는데 다들 열심이다. 우리도 기꺼이 끼었다. 아침 식사를 알리는 종이 울린다. 지난 며칠 동안은 날씨가 안 좋아 밖에서 밥을 먹지는 못했다는데 오늘은 화창한 날씨 덕분에 밖에다 아침 식사를 차려놓는다. 어제보다 사람들이 훨씬 많다. 어제 아무 노동도 하지 않고 가만 앉아서 얻어먹기만 우리 둘이 아침 설거지를 도맡았다. 노동을 하고 나니 미안한 게 훨씬 덜하다. 마르무사 수도원에서는 아무 것도 강요하지 않는다. 식사 준비를 반드시 해야 하는 것도 아니고 설거지를 반드시 해야 하는 것도 아니다. 매일 저녁 있는 명상시간에 반드시 참여해야 하는 것도 아니고 미사를 꼭 함께 해야 한다고 강요하지도 않는다. 아침에 바오로 신부님을 만나서 어제 저녁 명상과 미사에 참여하지 못해서 정말 죄송하다고 말씀드렸더니 No Problem이란다. 자유롭게 하라고, 여기서는 무엇이든 아무것이나 하고 싶은 일을 하면 된다며 원하는 대로 하란다. 묻지도 않았는데 어제 저녁 다리를 삐었노라고 서둘러 말씀드린다.

아침을 먹고 여러 사람들이 산으로 올라간다. 그러나 우리는 내가 어제 저녁 발목을 삐는 바람에 등산은 다시 못하겠다. 대신 수도원 도서관을 찾았다. 3층으로 된 도서관은 세계 각국에서 보내온 책들로 가득하다. 남편은

사막과 첩첩 바위산과 모래먼지,
그리고 우리 둘 밖에 없다.
고요하다. 아무 소리도 들리지 않는다.

한글로 된 파울로 코엘료의 '순례자'를 찾아서 읽기 시작한다. 나는 밀린 일기를 마저 쓰고 교회 안에서 찾은 '신약성경'을 들었다. 마르무사 수도원 전체에 한국어로 된 책은 달랑 세 권. '순례자' '위대한 개츠비' 그리고 '신약성경'.
- 이틀 동안 우리는 도서관에서 많은 시간을 보냈다. 남편은 결국 '순례자' 책 한 권을 다 읽었고 나는 성경의 상당부분을 읽을 수 있었다. 신자도 아닌 내가 크리스마스를 맞아 이곳을 찾은 것도 참 의아하고 성경을 무슨 소설책 읽듯이 푹 빠져 읽은 것도 재미있는 일이다. 이집트, 요르단, 시리아를 거쳐 오면서 성경과 관련된 지명이나 이야기를 많이 들어 어릴 적 교회 목사님의 설교처럼 지겨운 성경이 아니라 고대 역사를 공부하는 즐거운 기분이었다.

다시 점심시간이다. 레바논에서 온 사람, 독일에서 온 사람, 누구든지 식사

준비에 한 몫 거든다. 여기에 방문자로 온 이상 무슨 일이든지 해야 할 것 같은데 누구든 할 일만 생기면 얼른 자리를 차고 앉아 일을 시작해 오히려 끼어들 틈이 없다. 같은 방을 쓰고 있는 폴란드 여자애들은 자기가 마치 어린애 같단다. 무슨 일을 어떻게 해야 하는지 잘 모르겠다며 바보 같은 느낌이란다. 크리스마스라 사람들이 많아서 좀 특별한 건지도 모른다. 보통 때는 사람들이 적어 일손이 부족해서라도 자연스럽게 노동에 참여할 수 있을 텐데… 여기서는 노동을 하는 동안도 전 세계에서 온 사람들과의 만남이요, 식사시간도 만남의 시간이다.

점심 설거지도 우리 둘이서 다 해치웠다. 부엌을 드나들던 수사님이 우릴 보고 웃는다. 아침도 점심도 똑같은 사람이 똑같은 위치에서 일을 하고 있다면서 웃는다. 괜찮아요… 우린 식사 준비도 안했는데… 부엌 바닥도 닦고 싱크대 구석구석까지 다 닦았다. 한국 주부의 깔끔함을 과시하는 수준?

저녁 7시. 명상시간이다. 사람들이 성당 안으로 모여든다.
수도원 안의 성당. 아주 오랜 세월 동안 그대로 묻혀 있었던 프레스코화의 색깔이 선명하다. 떨어져 나간 벽들도 그대로 남아있다. 제대도 참 소박하다. 처음엔 시리아어로 이야기를 해서 무슨 말인지는 잘 모르겠지만 다음은 침묵시간이다. 불을 거의 다 끄고 사람들은 자신의 내면으로부터 나오는 소리만 듣는다. 자신의 생각만 정리한다. 고요한 명상시간이 한참동안 계속됐다. 성당이라고 해서 그 흔한 예수님의 십자가도 안보이고 파이프 오르간도 없고 화려한 조명등도 없다. 신자들이 앉는 기다란 의자도 없다. 신부님도 수녀님도 모두 땅바닥에 그대로 앉는다.
한 시간 가량의 명상시간이 끝나고 미사를 올렸다. 주로 시리아어로 미사를 올리지만 신부님은 간간이 영어로도 설명해 주신다. 이곳의 미사는 좀 자유롭게 느껴진다. 정확하게는 잘 모르겠지만 우리나라 성당의 미사에는 격식이라는 게 있었는데 여기는 중간 중간에 노래형식이 많다. 엎드려 절하는 장면도 있고, 신부님이 뭔가를 물어보면 사람들이 번갈아 가며 자신의 이야기를 하기도 한다. 우리처럼 신부님 강론이라고 따로 오랜 시간을 할애하지는 않는다. 사람들도 굉장히 자유롭게 행동한다. 몇 번 일어서기는 했지만 대부분의 시간은 카펫 위에 다 같이 앉아서 미사를 드린다. 신부님도 수녀님도. 조그맣고 소박한 아주 오래된 성당에서의 저녁 미사. 뭔지 모를 감동이 밀려왔다.

10시가 다 된 늦은 저녁 식사 시간. 미사를 드리는 동안 또 누군가가 우리를 위한 특식을 준비했다. 오늘은 크리스마스이브라고 닭고기 바비큐도 있고 생선구이도 있다. 야채도 여러 가지에 과일도 한가득. 특별히 와인도 한잔씩 따라준다. 풍성한 저녁식사에 감사드리면서 한편으로는 아직도 어려워 보였던 시리아의 다른 사람들을 떠올린다. 숙박비도 식사비도 받는 것이 아닌데 이곳이 이렇듯 풍요한 것은 사람들의 기부와 EU를 비롯한 기관들의 지원을 받기 때문인지 모른다. 문득 티베트 망명정부가 있던 인도의 맥그로드 간지가 떠올랐다. 여전히 걸식하는 사람들도 많았고 오물투성이의 길에서 짐승처럼 기거하는 사람들도 있던 인도에서 그래도 맥그로드 간지 사람들의 삶은 나아보였다. 전 세계에서 티베트 망명정부로 보내는 기부금과 물질적 지원 덕분이라고 했다. 종교와 계파를 초월해 전 세계 사람들에게 안식처를 제공해주는 이런 외진 곳에도 사람들의 기부가 많아서인가? 아님 가톨릭 재단의 지원이 많아서인지 여기는 그래도 시리아 서민들보다는 나은 듯하다. 물론 일년 중 가장 큰 명절인 크리스마스라서 그렇기도 하겠지만 좋은 대접을 받으면서도 며칠 동안 본 시리아와 마르무사의 수도원이 겹쳐진다.

오늘은 자정미사가 있는 날이다.
정말 많은 나라에서 사람들이 왔다. 시리아 사람은 물론이고 이탈리아, 프랑스, 폴란드, 벨기에, 미국, 타이완, 말레이시아, 일본, 중국, 스페인, 스위스…
우리가 만난 사람들의 국적만 해도 15개국이 넘는다. 물론 우리는 한국대표다. 12시가 다 되어가자 방문객중에 어린아이들이 나와서 벽에 걸어둔

세계 각국 사람들이 함께 하는 성탄 자정미사

쇳조각판을 포크와 숟가락으로 두드리며 종소리를 낸다. 야외에서 드리는 자정미사, 하늘에는 별이 쏟아진다.

지금 우리가 있는 이곳처럼 별이 쏟아지는 곳으로, 지금 우리가 있는 이곳처럼 가장 초라한 곳으로 2천 년 전 예수님이 이 땅에 내려오셨단다. 하늘을 쳐다보며 사람들이 한가득 미소를 보낸다. 신부님이 제일 앞에 서고 수사님, 수녀님 그리고 마르무사의 방문자들이 함께 마당을 돌며 성탄 자정미사를 올린다. 다시 성당 안으로 들어와서 미사를 계속한다. 오늘은 특별히 지금도 테러로 고생하는 사람들을 위해 기도하잔다. 그리고 전 세계에서 많은 사람들이 각국을 대표해서 미사에 참석했다며 세계 평화를 위해 세상 모든 사람들의 행복을 위해 기도하잔다. 세계 각국에서 온 사람들은 자신들의 언어로 기도를 올린다. 참 특별한 미사시간이다. 한 명 한명 자신의 이야기도 한다. 그렇게 밤이 깊어갔다.

… 12월 24일은 내 생일이기도 하다. 미사 시간에 남편은 내 귀에 대고 살며시 이야기 한다.

"당신 생일 축하해주기 위해 전 세계에서 사람들을 모으느라 조금 힘들었다."

마르무사 셋째 날 12월 25일

아침 일찍 성탄 미사를 올렸다.
이제 우리도 내려가야 할 시간이다. 아쉬운 작별의 시간을 가진다. 요셉 수사님. 첫날 우리가 도착했을 때 수사님은 공사장에서 벽돌을 나르고 있었다. 입고 있는 옷도 평상복이어서 인부라고 생각했는데… 맑은 얼굴의 시리아 수녀님. 그리고 처음 이 수도원 터를 발견한 때부터 지금까지 이곳 공동체를 지키고 있는 바오로신부님까지. 깊은 포옹을 한다.
아무 소리 들리지 않는 침묵의 명상시간, 난생 처음 참가한 성탄 자정미사, 처음 체험해 보았던 공동체 생활, 사막위의 교회, 얼굴 맑은 사람들과의 사흘… 아주 특별한 크리스마스였다.

겨울밤과 이발소

터키 도우베야짓

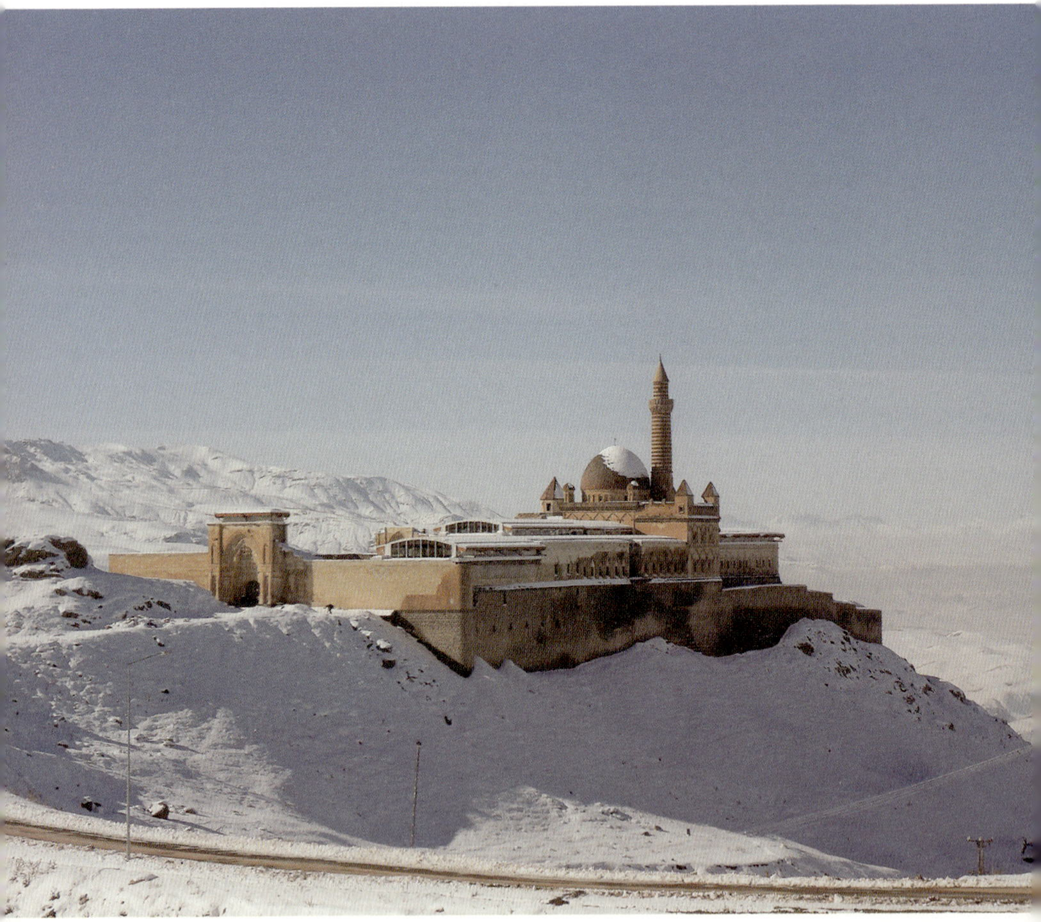

아라비안나이트의 모델, 이삭파샤 궁전

smart TIP

터키 동부의 맨 끝 도우베야짓까지 들어왔다. 주민은 고작 4만 명. 조그만 마을이 한겨울 눈 속에 푹 파묻혀 있다. 6시 반쯤 해가 뜨고 오후 4시 반만 되면 주변이 깜깜해진다니 하루 중 14시간 이상이 깜깜한 세상이다. 여행자들에게 밤이란 참 별로다. 야경이 화려한 대도시라거나 혹은 음악회가 열리는 문화의 도시라면 몰라. 그도 저도 아니면 카페나 술집이라도 있거나. 인구 4만 명도 안 되는 조그만 도시에다 인적까지 뜸해지는 추운 겨울 밤에 할 수 있는 것이라고는 아무 것도 없다. 해가 떠 있는 짧은 낮 동안 부지런히 움직여야 한다.

도우베야짓에서 가장 유명한 곳은 시내에서 6km 떨어져 있는 이삭파샤Isha Pasa 궁전. 사람들이 많이 찾아오는 여름이라면 단돈 2리라(약 1500원)로 궁전까지 돌무쉬를 탈 수 있다는데 비수기라 그림의 떡일 뿐. 대신에 무려 25리라를 내고 택시를 타야 한단다. 그러나 우리가 누군가? 걷는 거라면 자신 있는 건강한 다리의 부부. 눈길은 얼어 있지만 쾌청한 오늘 날씨만 믿고 그냥 사박사박 걷기로 한다. 그런데 참 좋다. 우리 눈앞에 펼쳐진 모든 세상이 완벽한 흰색이다.

이삭파샤 궁전. 1685년에 짓기 시작하여 쿠르드족의 지도자 이삭Ishak에 의해 100년 만에 완성된 궁전. 셀주크, 오스만투르크, 그루지안, 페르시안, 아르메니안 양식이 혼합되어 있는 훌륭한 건축물이다. 이삭파샤는 구전문학 아라비안나이트에 등장하는 궁전의 모델로 알려져 있다니 관심 백배다.
아라비안나이트라! 아내의 부정을 목격한 샤푸리 왕이 분노를 이기지 못하고 매일 밤 여자를 갈아치우며 자신의 욕정을 채웠다는… 그러나 다음 날 새벽이면 어김없이 그 여자들을 죽여 버렸다는 이야기. 그러던 어느 날 세라자데라는 아름다운 귀족의 딸이 스스로 왕의 침실로 나아가 매일 밤 왕에게 새롭고 재미난 이야기를 들려주어 애가 달은 왕은 그녀를 죽이지 못하고 세라자데의 이야기보따리는 천일 동안 계속되고 결국 왕이 그녀에게 청혼을 했다는 멋진 소설이다. 신밧드의 모험이나 열려라 참깨 등 어린 시절 나

궁전의 창문 너머로 보이는 하얀 세상

에게 아라비안나이트는 이야기의 요술램프였다. 다만 어른이 된 지금 달라진 게 있다면 이제는 단순히 재미있는 이야기에서 끝나는 것이 아니라 세라자데의 지혜로움은 처녀들의 목숨은 물론 백성 전체의 공포심까지 사라지게 만들었다는 다른 측면까지 생각하게 됐다는 것이다. 백성들의 공포, 국민들의 두려움을 없앨 수 있는 지혜로움…

아라비안나이트의 이야기가 서려 있는 궁전 안으로 들어가 본다. 웅장한 자태의 궁전에는 기둥 하나하나에도 섬세한 조각들을 새겨놓았다. 방 하나를 지나면 또 하나의 방이 나오고 그 방을 지나면 또 다른 방이 은밀히 연결된다. 오래전 옛날 그 어느 시절에는 나무로 만든 창문이 있었음직한 자리에 지금은 아무것도 없이 휑하니 뚫려있고 그 사이로 한겨울 눈바람이 불어댄다. 궁전의 아름다운 모습에 눈이 가야 하는데 자꾸만 창 너머의 세상으로 눈길이 간다. 눈으로 덮인 완전 하얀 세상이다. 멀리 도우베야짓 마을이 납작 엎드려있다.

이렇게 추운 날 기나긴 밤이 오면 옛날 이들은 무엇을 하며 살았을까? TV도 없고 인터넷이란 것도 책도, 아무것도 없는 시절이었다. 교통수단도 거의 없어 겨울을 피해 어디론가 멀리 떠날 조건도 못되던 시절, 사람들은 겨

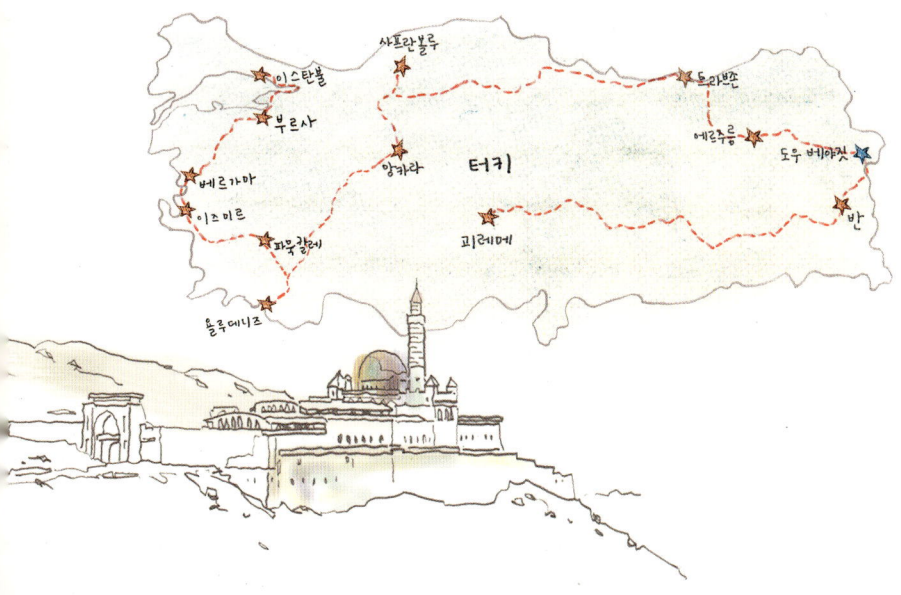

울을 어떻게 났을까? 밤을 새워 이야기꽃을 피웠을지 모른다. 바람에 실려 오는 다른 곳의 이야기에 재미있는 살을 붙이고 가보지 않는 곳의 이야기에는 상상을 보태고… '이야기'라는 문화가 발달되었을 것이다. 이야기가 문학이고 이야기가 예술이었을 것이다.

오후 3시 정도 밖에 안됐는데 날은 벌써부터 어두워지려고 한다. 여름이었다면 노아의 방주가 걸렸다는 5천 미터급 아라랏산 트레킹을 했을까? 겨울이라 엄두도 못 낸다. 조그마한 도우베야짓. 그냥 동네만 어슬렁 거린다. 해만 떨어지면 기온이 급격하게 하강하여 낮에 녹은 눈이 미끄러운 빙판으로 변한다. 온 거리가 꽁꽁 얼어붙었다. 어두운 밤에는 돌아다니기도 쉽지 않다. 이 기나긴 밤 우리는 무엇을 해야 하나? 세라자데처럼 밤을 새워 사람들을 혹하게 만드는 이야기 실력도 없고, 가지고 있던 책은 이미 다 읽어 버렸다. 눈을 씻고 돌아봐도 눈부신 야경이 있을 리도 없고 이 조그만 동네에 밤에 하는 공연은 당연히 없을 터이고. 지난 여름 스코틀랜드 피츠로클리에서 만난 할머니 생각이 난다. 도우베야짓과 마찬가지로 오후 3시만 되면 깜깜한 밤이 되는 추운 겨울날 당신은 무엇을 하시냐고, 끔찍하지 않냐고 물었다. 그런데 곱게 늙으신 그 할머니는 얼굴에 함박웃음을 지으며 겨울이라고 해서 심심한 것만은 결코 아니라셨다. 겨울밤이면 동네 극장에서 거의 매일 음악이며 연극 공연이 있어서 즐겁노라고, 거기서 사람들과 만나서 즐거운 시간을 보낸다고 하셨다. 피츠로클리 역시 이곳 도우베야짓처럼 몇 가구 안되는 조그만 마을이었는데 문화적 인프라가 조성되어 있는 나라에 산다는 것이 사람들을 얼마나 풍요롭게 만드는 것인지 깨닫게 하는 순간이다. 러시아도 생각났다. 이 곳보다 훨씬 더 혹독한 추위에 엄청 더 긴 겨울밤. 기나긴 어둠과 고요. 그들은 그랬을 것이다. 그 긴 겨울 글을 쓰고 그림을 그리고 작곡을 하고… 유독 러시아에서 문학, 작곡, 그림에 대한 대작들이 많이 나올 수 있는 이유중의 하나가 그토록 긴 긴 겨울밤이었을 것이라는 우리의 추측을 다시 한번 몸소 체험하고 있는 중이다.

남편은 그런다. 이럴 때 동굴에 살고 있었다면 돌 조각이라도 하나 들고 동굴 담벼락에 무슨 그림이라도 그렸을 것이라고. 추위와 동물로부터 피신한 원시인들처럼 동굴 바깥세상에서 본 생명체들의 형상을 새기고 있을것이라고. 동굴 벽화의 탄생은 낯선 것에 대한 새로운 발견과 아울러 춥고 혹독한 밤이 도운 생활 예술이었을 것이라며 둘이서 시시덕거린다.

아무 할 일도 없는 도우베야짓의 한겨울 밤. 우리가 선택한 일은…

머리를 자르는 일이었다. 다른 일반 가게들은 거의 문을 다 닫았는데 신기하게도 이발소만은 캄캄한 밤에도 성업중이이었다. 한국으로 돌아갈 날이 얼마 남지 않았는데 일 년 동안 밖에 나가 있던 자식들의 추레한 모습에 어른들이 속상해 하실까 걱정했는데 마침 잘 됐다. 남편은 터키 남자들처럼 짧게 머리를 치고 옆에

앉아 있던 나도 엉겁결에 뒷머리를 조금 잘랐다. 안그래도 리투아니아의 빌니우스 미용실에서 쪼다처럼 머리를 잘린 이후 삐죽하게 뒷머리만 길고 있던 게 못마땅하던 참이었다. 여자 머리도 잘라준다는 말에 난생 처음 이발소라는 곳에서 내 머리를 맡기는 일도 생겼다.

길고도 긴 터키의 겨울밤. 문학작품도, 작곡도, 그림도… 대작은 커녕 소작도 못 만들어내던 우리들의 아라비안나이트는 터키 이발소에서 머리를 자르는 것이었다.

역사를 만나다 04

수십억 년의 지구와 일흔 셋 할아버지_ 아이슬란드

다시 짜맞추는 기억의 편린들_ 인도 암리차르

2500년 만에 만난 페르세폴리스_ 이란 쉬라즈

거리 벽화가 모든 것을 말한다_ 북아일랜드 벨파스트

역사를 기억하지 못하는 자, 다시 그 역사를 반복할 것이다_ 폴란드 아우슈비츠

제국의 도시 혁명의 도시 예술의 도시_ 러시아 상트페테르부르크

이제 더 이상의 맹주는 없다_ 세르비아 베오그라드

살아있어줘서 고맙습니다_ 보스니아 사라예보

차우셰스쿠 궁전과 소박한 교회_ 루마니아 부쿠레슈티

노래혁명, 발트의 길 위에 서다_ 에스토니아에서 리투아니아까지

수십억 년의 지구와 일흔 셋 할아버지
아이슬란드

스코가포스(Skogafoss)

너무 높은 곳으로 올라왔나? 너무 낯선 곳으로 들어왔나?
밤 12시가 가까워 오는데 아직 밖은 훤하다. 온 땅이 부글부글 끓고 있고 지구 아닌 어디 달나라에 와 있는 느낌이다. 살아있는 지구를 보고 지구의 생성과 그 변화를 알고 싶거나 혹은 경이롭고 놀라운 자연환경을 만나고 싶으면 아이슬란드로 가라고 했다. 장기여행을 하고 있는 우리에게 치명타를 안겨줄 지도 모르는 살인적인 물가로 악명 높은 나라, 너무 먼 나라, 가장 가고 싶었으면서도 현실화될지 가장 불확실한 나라가 아이슬란드였다. 그러나 지금 우리는 아이슬란드에 있다.

나의 머리는 어느새 한국에 가 있었고 생물선생이었던 그 시절의 교단으로 돌아가 있었다.

"애들아 그래, 그렇게 움직인다고~. 식물의 천이과정은 말이야, 1차 천이, 2차 천이가 있는데~. 나대지에서 지의류- 이끼류- 초원- 관목… 양수림… 극상…. 극상이란 말이지, 거 왜 있잖아 아마존의 밀림과 같은 그~ 하늘도 안보이는 빽빽한~"

이 엄청난 이야기를 마치 아주 쉬운 상식인 것처럼 그냥 외우면 된다고 줄줄 읊어댔다. 못 외우면 수능에서 틀릴 수도 있다는 협박까지 하면서 나는 아이들을 닦달했다.

그런데 아이슬란드에는 그 모든 게 다 있다. 눈으로 보지 않으면 상상할 수도 없었던 원시지구의 최초 모습이 이곳에 다 있다.

화산폭발, 용암분출, 아무 것도 없는 돌밭 나대지 위로 얇은 옷처럼 땅을 덮고 있는 생명체 지의류까지, 무럭무럭 자라고 있는 이끼와 그 위로 풀이 자라나 풍성하게 되는 초원까지, 거기다 모든 에너지의 원천이 되는 강렬한 태양광. 생물 수업시간의 모든 것이 이곳에 다 있었다.

그냥 시간만 지나면 나대지 - 지의류 - 이끼류 - 초원으로 착착 진행되는 것처럼 쉽게 말해버린 나를 발견한다. 황무지에서 한 포기의 풀이 자라나기 위해서는 45억 년 지구의 역사 중 수십억 년의 시간이 필요하다는 것은 싸악 지워버린 채, 이제 십몇 년을 살아온 아이들을 윽박질렀다. 온통 낯설다.

화산 폭발 이후 만들어진 Kerid 분화구를 만난다. 초록의 풀과 시커먼 땅, 울퉁불퉁한 지면. 지금도 땅 속에서는 마그마가 활동하여 지하수가 끓고 있다가 어느 순간 지면위로 물줄기를 치솟아 올리는 게이시르. 부글부글 거린다. 바짝 긴장한 사람들이 카메라를 갖다대고 언제 치솟아 오를지 모르는 간헐천의 푹 파인 구멍만을 응시하고 있다. 부글부글 스르르… 부글부글 스르르. 그러기를 몇 번, 드디어 하늘 높은 곳까지 물이 치솟는다. 높게 오르면 한번에 80m까지 치솟는 게이시르는 지금도 5~10분 간격으로 활발히 활동하고 있다. 한 번의 힘찬 물기둥이 솟고 나면 다시 엄청나게 많은 양의 물이 구멍 속으로 빨려 들어간다. 얼마나 깊은 곳일까? 얼마나 깊은 곳에서 마그마와 지하수가 만나 끓고 있을까? 엄청난 에너지다.

굴포스 Gull Foss로 간다. 아이슬란드 말로 Foss는 폭포를 뜻한다. 굴포스는 그러니까 Gull 폭포다. 빙하가 녹은 물이 내려오는 폭포다. 가까운 곳에서 말하는 소리까지 죄다 삼켜버리는 엄청난 굉음. 폭포까지 걸어갔다가 돌아오면서 바람에 날려 온 폭포의 파편들로 온 몸이 흠뻑 젖었다. 햇살에 걸린 아주 큰 무지개가 걸어가는 우리 곁에 피어올랐다가 없어지곤 한다. 굴포스는 옆에 서있는 사람을 그냥 하나의 조그만 점으로 만들어 버린다.

미르달 빙하가 녹은 물이 흘러 내리는 Seljalandfoss, 바트나 빙하에서 흘러 내리는 Skogafoss. 가는 곳마다 엄청난 자연에 우리는 혼을 빼앗겼다. 넋을 잃었다. 황홀했다. 풀 한 포기 없는 황량한 벌판을 자세히 보면 여기저기 용암이 분출하고 있다. 주변을 둘러싸고 있는 색깔이라고는 끓어오르는 용암이 지상에서 식으면서 만들어내는 황색과 회색 그리고 검은 색만이 있는 세상. 이름조차도 아주 낯설다. Namaskard와 Reykjahillo.
나는 이 음산함이 두렵기만한데 남편은 격렬한 떨림을 전한다. 뭔가 새로운 게 만들어지는 것 같지 않냐고, 새로운 생각을 할 수 있지 않냐고, 틀에 박혀 있는 것 보다 아무것도 없는 것이 더 낫지 않냐고. 아무것도 없음이 좋고 낯설어서 좋고 경이로워서 신기하다며 웬만해선 카메라 앞에 서질 않는 사

케리드 분화구의 게이지르

요굴살롱 Jokulsalon

람이 아이슬란드에서는 카메라 앞에도 자주 선다.

바트나 빙하의 또 한쪽 끝 Skaftafell은 가까이까지 걸어 들어가 보았다. 빙하에 세월이 묻어 있다. 검은 먼지와 흙 얼음이 뒤섞였던 오랜 시간을 생각한다.

빙하 조각들이 떠내려와 몽환적인 광경을 만들어내는 요굴살롱Jokulsalon에 도착했다. 아이슬란드 말로 Jokul은 빙하라는 뜻이다. 요굴살롱은 빙하조각이라는 뜻일까? 아니면 떨어져 나온 빙하들이 모여서 노닐고 있는 살롱이라는 뜻일까? 가만히 들어보면 햇살에 녹아 빙하 조각이 떨어져 나오는 소리도 들린다. 떨어져 나온 얼음 조각을 건져 올린다. 이 조각은 얼마나 오랜 시간이 걸려 만들어진 것일까?

검은 모래 해변과 해안의 절경으로 이름난 Dyrholaey로도 갔다. 용암이 분출되어 지표 밖에서 만들어진 검은 현무암. 오랜 세월을 거치면서 작은 바위로 쪼개지고 자갈이 되고 모래가 되었다. 해안가에는 주상절리의 현무암 기둥들이 보인다. 그런데 우리나라 제주도나 지난번 아일랜드의 자이언츠 코지웨이에서 처럼 직벽 기둥은 아니다.

역사의 어느 시점에 이루어진 지각변동으로 이마저 휘어져 있다. 도대체 얼마의 시간인지 가늠이 안된다. 무슨 요일 몇 월 몇 해 등 그동안 우리의 일상에서 가늠하던 시간 개념을 아이슬란드에서는 갖다 댈 수가 없다. 아이슬란드에서는 수억 년의 시간이 겹쳐 등장하는 환영이 진행되었다.

"정말 인류는 대단하단 말이야. 이렇게 다 뒤집어 놓은 땅을 일구고 가꾸어 지금과 같이 푸른 지구를 만들어 살고 있다는 게 말이야. 이렇듯 황량하게 아무것도 없는 땅에 인간은 물길을 만들고 곡식을 심고 살아왔다는 거잖아…"

현명한 인간, 대단한 인류에 감탄을 연발하고 있는데 남편은 반론을 제기한다. 수십억 년 지구의 역사에서 인간의 손길이 닿은 부분은 그 시간이 아주 짧단다. 화산폭발, 지각변동, 용암, 홍수, 지진… 우주가 탄생하고 처음의 원시지구에서 생명체가 탄생하기까지 자연 스스로의 시간이 훨씬 더 길고 해낸 일이 엄청 더 많단다. 원시 대기와 햇빛만 있던 환경에서 생명을 만들어내는데 수십억 년, 이끼로 또 몇억 년의 세월을 덮어서 풀을 만들어내고 자연은 그 위에 나무를 키우고 숲을 이루었다는 것이다. 인간은 그 위에 단지 땅을 일구어내고 집을 짓고 살아가고 있단다. 인류의 대단함과 자연의 위대함으로 둘이서 옥신각신.

아이슬란드는 그랬다. 빅뱅이론부터 생명체의 탄생, 지각 변동 같은 지구의 활동이나 지구의 역사와 인간의 역사… 두텁지 못한 우리의 지식을 마구 동원하게 만드는 나라였다.

콩알만한 우리 차는 아이슬란드의 높은 산을 넘는 길에서 헉헉거린다. 힘이 달리는 모양이다. 잠시 멈췄다. 차가 너무 힘들어 해서 시동을 꺼준다. 그런데 할아버지 한 분이 자전거 뒷자리에 배낭을 주렁주렁 매달고 산을 올라오신다. 반바지 아래로 드러난 정강이 근육이 울퉁불퉁하다. 스위스에서 오셨단다. 조심스럽게 연세를 여쭙는 우리에게 일흔 셋이라며 웃으신다. 용수철 같은 한마디가 바로 터져 나왔다.
　"존경합니다."
차도 올라가기 힘들어 하는 이 길을 73세의 할아버지가 자전거로 오르신다는 거다. 별로 힘들지 않다며 자신있는 표정을 지으신다. 다음 마을 빅Vik이 얼마나 남았냐는 물음에 그저 이제 얼마남지 않았다, 곧 도착하실 거라는 대답 밖에 할 수 없었다. 배낭은 우리 차에 실어드릴까 여쭈었는데 괜찮으시단다. 우리를 버려두고 자전거 페달을 밟으며 산길을 먼저 오르시는 할아버지의 뒷모습을 오랫동안 쳐다봤다.

아이슬란드에 들어와서 우리는 내내 지구의 역사를 생각중이다. 45억 년 지구의 역사에서 인류의 출현은 아주 최근의 일이다. 지구가 탄생한 날을 1

아무것도 없고 낯설고 경이로운 아이슬란드

월 1일 0시라고 가정하고 현재를 12월 31일 24시라고 가정하면 인류의 출현은 약 2백만년 전, 가상의 시계로 따진다면 12월 31일 23시 45분쯤 된다. 그렇게 오랫동안(?) 대대손손 살고 있는 인류가 지구의 역사로 친다면 마지막 15분경에 탄생한 것이다.

그리고 다시 우리는 높은 산을 자전거 페달로 오르던 할아버지를 떠올렸다. 그는 73세라고 했다. 존경합니다라는 말이 툭 튀어나올 정도로 그는 우리에게 엄청난 에너지를 전해줬다. 지구의 시간으로 생각하면 인류 탄생부터 그 이후가 찰나처럼 생각되지만, 인간의 머리로는 73년이란 세월은 이제는 뭔가 포기해도 되는 제법 긴 시간으로 치부했을 지도 모른다는 생각.

앞으로 우리는 이 할아버지가 내내 떠오를 것이다. 우리 여행이 힘들어 질 때면 언제나, 우리 삶이 고단해질 때면 언제나.

'일흔 셋의 할아버지는 그 높은 산을 자전거 페달로 오르셨다.
자기 땅도 아닌 먼 나라까지 와서…
길도 모르는 두려움마저 안고서 그는 산을 오르고 계셨다.'

다시 짜맞추는 기억의 편린들

인도 암리차르

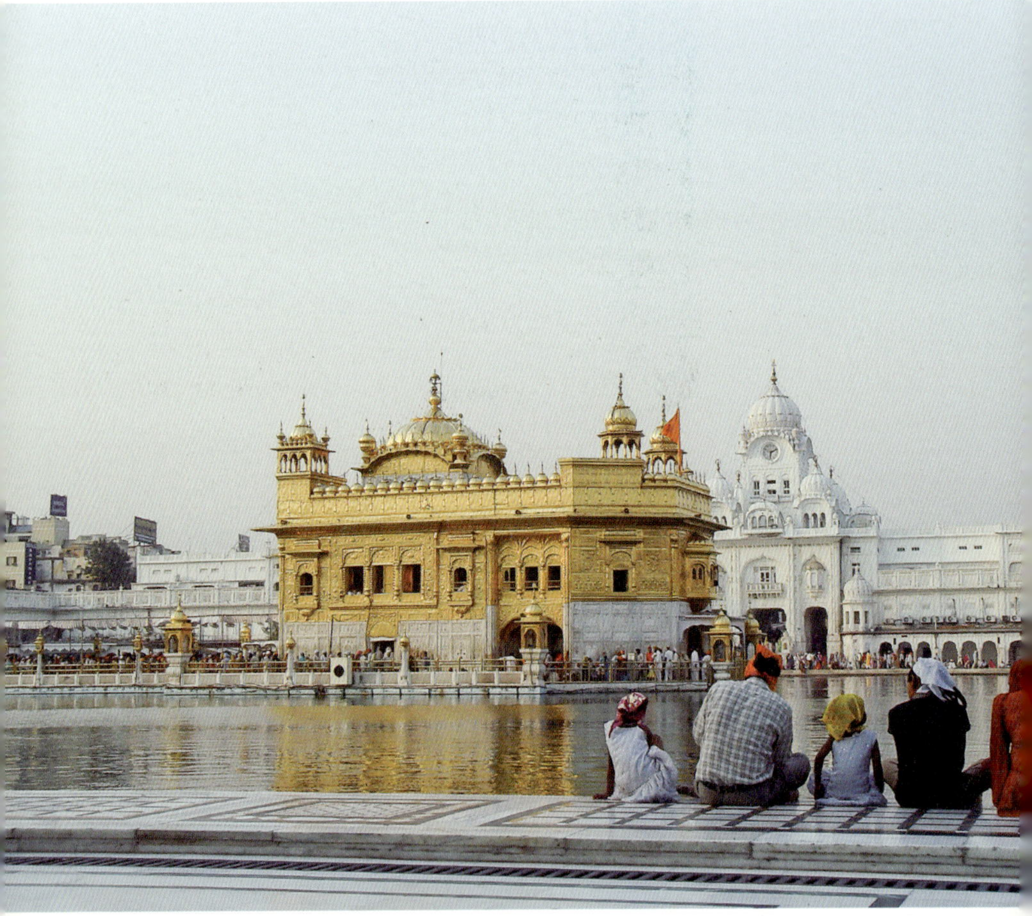

시크교의 성지, 암리차르의 황금사원

smart TIP

암리차르는 인도에서 파키스탄으로 넘어갈 때 반드시 거쳐가야 하는 국경도시다. 인도의 암리차르와 파키스탄의 라호르 사이에 있는 국경 와가보더에서는 매일 저녁 두 나라가 서로 경쟁적으로 화려한 국기 하강식을 하는 것으로 유명하다. 위험하다는 이유로 파키스탄 비자를 받을 수 없었던 우리가 델리에서 서쪽으로 500km나 떨어진 암리차르를 굳이 간 이유는, 경쟁적인 국기 하강식 때문이 아니라 그곳이 시크교의 성지이기 때문이었다.

시크교에 관한 우리의 사전 인식은 미천하기 그지없었다. 외형적으로 시크교도들은 항상 머리에 터번을 쓰고 있고 수염을 기르고 덩치가 아주 큰 사람들이라는 사실. 그리고 시크교는 이슬람과 힌두교의 장점을 받아들인 종교라는 사실 정도였다.

사실 인도를 들어올 때부터 역사의 복잡한 사건들이 단편 조각들로 내 머리속을 헤매고 있는 중이다. 이슬람교, 힌두교, 라다크, 오래된 미래, 펀잡, 카슈미르 분쟁, 폭탄, 테러, 내전… 기억의 조각들은 서로 연결되지 못하고, 하나하나 따로 노는 빈약한 단편들 뿐이다. 역사를 겨우 단어 쪼가리들로만 기억하고 있는 나의 천박한 수준을 20세기 말에 대한민국에서 보냈다는 말로 위로하면 될까? 그 시절은 남의 나라 내전 이야기보다 내 나라 내 땅에서 벌어지고 있던 복잡한 상황에 더 관심이 많았었노라는 변명 정도면 통할까? 어쨌거나 여행을 떠나오면 어딘가에 박혀 있던 기억의 편린들이 스멀스멀 밖으로 기어 나오고, 따로 놀고 있던 빈약한 지식들이 해당 여행지에서는 하나둘씩 연결되고 정리되는 걸 보면, 그걸 여행의 선물이라고 할 수 있을까?

카슈미르 분쟁에 관한 이야기도 인도 북부에 도착하고 나서야 이해가 되기 시작했다.
인도는 인구도 많지만 종교도 복잡하다. 국민의 대부분은 힌두교도이지만 맥그로드 간지를 중심으로는 불교가, 암리차르를 중심으로는 시크교, 스리나가르 지역에는 이슬람 교도들이 많다. 그리고 종교적 차이를 이유로 지난 반세기 동안 종교 분쟁이 끊이지 않는 나라가 인도다. 인도 서북부의 카슈미르 지방 분쟁도 서로 다른 종교와 그들 간의 권력 분쟁이 비극의 씨앗이었다.

원래 한 나라였던 인도와 파키스탄. 영국의 식민지였던 18세기, 힌두족과 이슬람족은 서로 떨어져 영국에 대한 독립운동을 벌였고, 결국 영국의 식민지를 벗어난 이후에는 힌두교의 인도와 이슬람교의 파키스탄으로 분리되었다. 그런데 주민의 구성상 이슬람을 믿는 사람들이 많았던 카슈미르 지방이 파키스탄에 귀속되지 않고 이 지역의 힌두 지도자에 의해 인도로 통치권이 넘어가버려, 1948년 제1차 인도 파키스탄 전쟁이 일어난다. 이후 카슈미르의 수도 스리나가르를 중심으로 양측의 테러와 폭동, 보복, 교전이 끊임없이 반복된다. 같은 마을에 살고 있던 사람들끼리 서로 종교가 다르다는 이유로 서로의 적이 되어 총을 겨누는 세계 뉴스의 현장이 되어버린 것

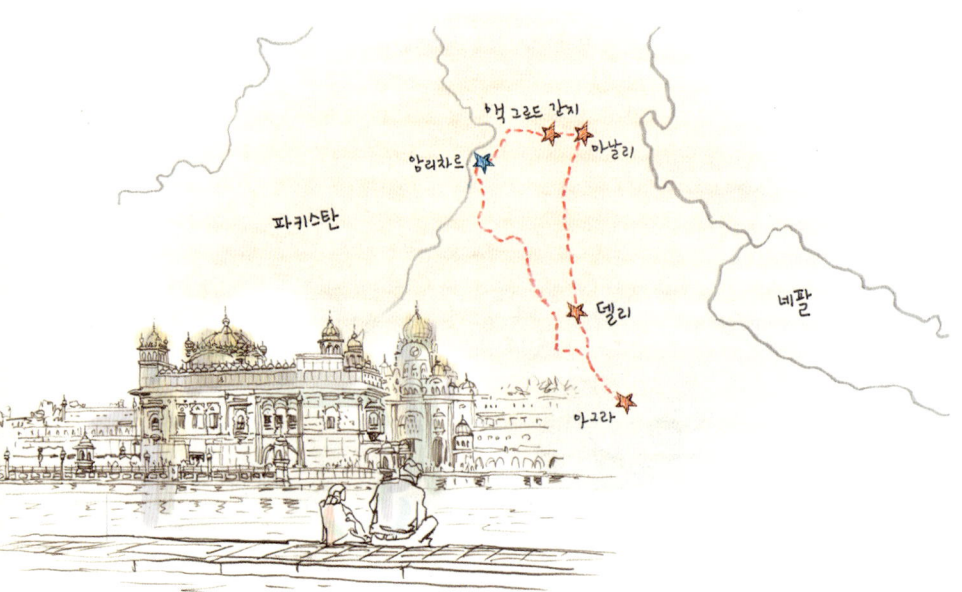

순례중인 암리차르 방문자들

이다. 그러나 여기 와서 보고 있는 자료나 다큐멘터리에는 뉴스의 초점이나 역사의 현장이 아니라, 눈빛 맑은 카슈미르 사람들이 주인공이었다. 정작 그 땅에서 농사를 짓고 양을 키우고 호숫가에서 살고 있던 카슈미르 지방 사람들은 도대체 누구를 위하여 무엇을 위하여 이렇게 오랫동안 싸우고 있는지 눈물을 흘렸다. 오랜 세월동안 같은 땅에서 함께 살고 있는 사람들끼리는 종교가 다르다고 해서 결코 서로를 적대시 하지 않는다고 했다. 다만 정치를 하는 사람들이, 서로 다른 종교를 이용해 권력을 잡고자 하는 사람들이 국민들의 목숨을 저당잡고 싸우고 있다며 울먹였다. 한국에서는 그저 먼 나라의 이야기, 아무런 감정 이입이 되지 않던 역사가 여행의 길 위에서는 고스란히 받아들여진다.

시크교의 성지라는 암리차르에 도착하고 나서도 마찬가지였다. 시크교는

하루종일 바라만 보는 것도
신에 대한 경배

힌두교와 이슬람의 장점만을 받아들인다는 기치아래 15세기 창시한 종교다. 즉, 시크교는 힌두교의 문제점인 계급과 차별을 없애고 모든 인간이 평등하다는데 기본을 두고 있으며, 이슬람의 알라신과 가까운 유일신을 믿는다. 그래서인지 시크교도 중에는 인도의 하급 카스트 출신들이 많다고 한다. 그러나 이슬람과 힌두교를 합친 종교라지만 시크교는 두 종교로부터 끊임없는 탄압을 받았다. 이슬람이 지배하던 무굴제국 시대에는 시크교 교주가 공개 처형 당하기도 했고, 1984년에는 펀잡의 분리 독립을 요구하며 암리차르의 황금사원(Golden Temple)을 점거한 시크교도들을 인도 정부가 탱크까지 동원해 무력 진압으로 수많은 사상자를 내기도 했다. 외신에서 나왔던 인디라 간디 수상의 암살이 바로 이 진압에 분노한 시크교도에 의한 것이라는 사실도 여기 와서 정리되었다.

시크교라면 평생에 한번은 순례를 한다는 암리차르 황금사원. 이제는 조각의 편린이 아닌 얼기설기 꿰맞춘 지식을 가지고 사원을 찾았다. 황금사원은 이름처럼 400kg의 황금을 지붕에 덧씌워 놓은 화려한 사원이다. 사원에 들어가려면 여자는 물론 남자들까지도 머리를 가려야 한다. 여행자들도 마찬가지다. 아주 엄격한 규칙이다. 사원에서는 신발도 다 벗어야 하는데 물이 흐르는 사원의 입구를 지나면서 발도 씻고 들어가야 한다. 사람들은 이 물을 성수라고 하여 발을 씻는 것뿐만 아니라 손으로 떠서 입이나 이마에 갖다 대고 마시기도 한다. 사원 안에 있는 커다란 연못에서도 사람들은 다시 발을 담그고 때로는 아예 그 속으로 들어가기도 한다. 연못 안에는 잉어들도 살고 있었지만 순례지의 성스러운 물이라는 생각에는 변화가 없는 듯 했다. 시체를 태우고 뼛가루를 뿌리는 갠지스 강에 몸을 담그는 것 자체가 자신의 죄업을 씻는다며 장엄한 의식을 치르는 다른 인도인들과 같았다. 전국 곳곳에서 모여든 수많은 순례자들은 황금사원 안으로 들어가 경전에 경배를 하기도 하고 사원 주변을 몇 바퀴씩 돌기도 하고, 그냥 하루 종일 앉아서 마냥 황금사원을 바라만 보기도 한다. 어쩌면 암리차르란 도시 전체가 여기에서 진행되고 있는 종교의식을 위해 존재하는 것처럼 보였다.

누구에게나 제공하는 황금사원의 무료 식당

암리차르의 황금사원이 대단한 것은 또 있다. 찾아오는 사람 누구나에게 24시간 내내 무료로 식사를 제공한다는 사실이다. 비록 달(콩 녹두죽), 짜파티(밀가루 빵), 밥 혹은 당면 등 간단한 식사이지만 하루에 4만 명 이상이 찾는 세계 최대의 무료 급식소다. 한 번에 오백 명이 들어갈 수 있는 대규모 식당이 있어서 하루 종일 순례자들로 북적인다. 모든 인간은 평등하다는 시크교의 교리에 따라 더 좋은 자리도 더 높은 자리도 없이 모두들 일렬로 쭉 앉아 있으면 봉사자들이 계속 돌아다니면서 식판을 채워준다. 더 먹겠다고 요청하면 몇 번이고 채워주면서 24시간 내내 제공한다. 시크교의 창시자인 구루 나낙이 평생 탁발을 하며 유랑한 것에 대한 보답의 의미로 이 식당을 운영하고 있다고 했다. 식당의 운영은 시크교도들의 후원과 여기서 밥을 먹는 사람들의 기부금으로 충당한다. 물론 황금사원이 제대로 운영되는 데는 자원봉사자의 역할이 아주 컸다. 음식을 나눠주고, 청소, 요리와 설거지 그리고 질서 유지까지 젊은 봉사자도 있지만 나이든 봉사자들도 제법 많이 보인다. 맥그로드 간지에서 만났던 후배 부부는 여기에서 열흘도 넘게 있으면서 하루 종일 마늘도 까고 양파도 까면서 식당 보조 봉사를 했다고 했었다. 더욱 놀라운 사실은 황금사원을 찾아오는 모든 순례자에게 원하면 잠자리까지 무료로 제공한다는 것이다. 잠자리라는 것이 방 한 칸을 제공하는 경우도 있고, 아니면 몸 하나 뉠 수 있는 넓은 마당의 바닥일 수도 있지만 사람들은 기꺼이 그 바닥에서 안식을 취한다. 사원을 찾아오는 사람들 누구나에게 열려있는 잠자리는 외국인 여행자들에게도 해당된다. 우리도 이 사원의 무료 숙소에서 침대(?) 한 귀퉁이씩을 얻어 하루를 묵었다. 다만 밤새 마당에서 들려오는 사람들의 소리와 북적거림, 그리고 산소가 부족한 듯 희박한 공기에 뒤척이다 하루 만에 포기하고 다음날은 밖에 있는 여관으로 옮겼지만 돈이 있든 없든, 자국민이든 외국인이든 순례를 하고자 하는 사람들에게 먹을거리와 잠자리를 제공한다는 것은 아주 놀라운 일이었다.

그런데 암리차르가 우리에게 당황스러웠던 것은 사람들의 지나친 관심이었다. 외국인인 우리를 가만두지 않았다. 그들은 한결같이 함께 사진찍기를 원해 우리는 이틀 동안 거의 우리나라 연예인 급의 관심을 받으며 사진을 찍혀 줬다. 지나가면서 유심히 쳐다보는 건 예사고 무작정 다가와 니 이름이 뭐냐? 어느 나라에서 왔냐? 직업이 뭐냐? 둘은 무슨 관계냐? 물어댔다. 우리 둘만 그런게 아니고 여행자들은 누구나 이곳 사람들에게 붙들려 그들의 질문에 대답해야만 했다. 이야기를 하고 있으면 또 많은 사람들이 몰려와 무슨 이야기를 하는지 궁금해 하고 옆사람에게 전달하고 또 질문하고 또 전달하고…

사람들이 살고 있었다. 암리차르에는 사람이 살고 있었다. 내 오래된 기억의 편린 속에는 민족과 종교, 권력과 분쟁만이 있었는데, 정작 여행을 와서 보니 이곳에서는 그저 한결 같이 살아가고 있는 사람들이 있었다.

저녁 늦게까지 우리를 따라다니던 아이들이 가르쳐 준 편잡 말로 인사를 전한다.

쌋스리아갈! (안녕하세요)

2500년 만에 만난 페르세폴리스

이란 쉬라즈

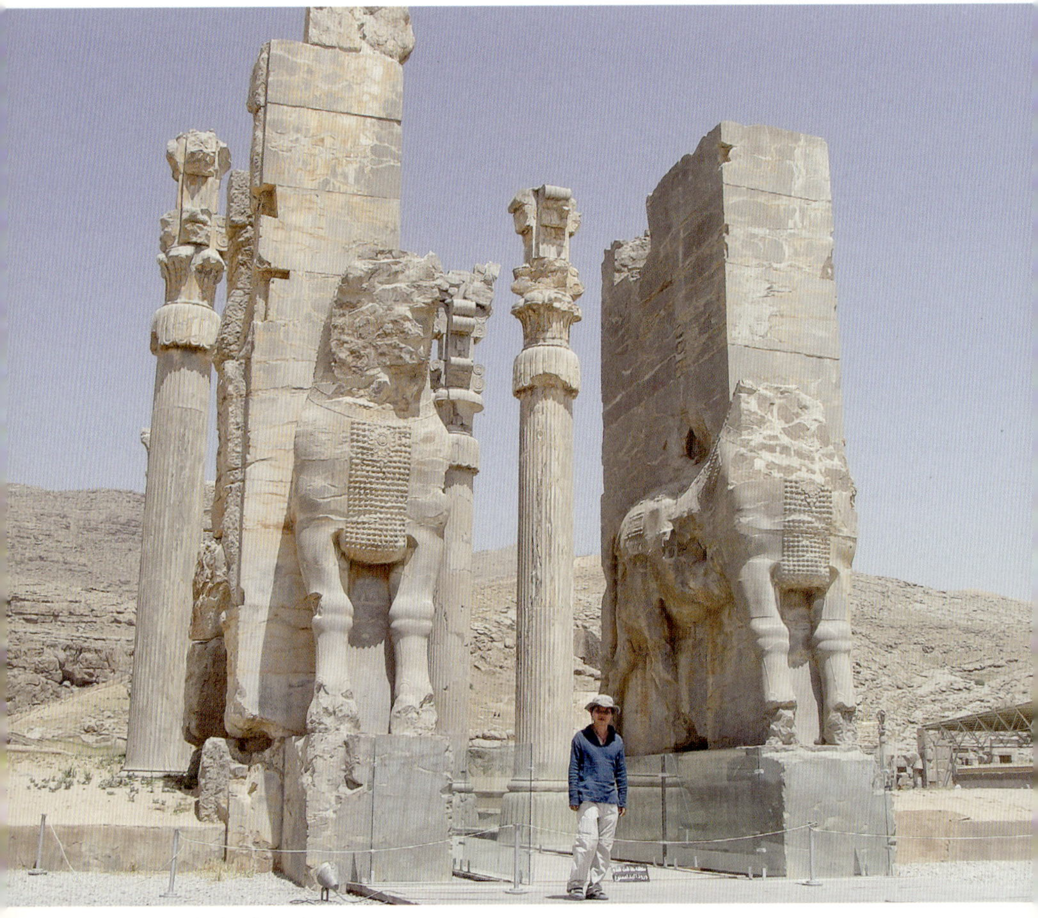

페르세폴리스의 만국의 문.

smart TIP

이천 오백여 년 전 이 땅에는 위대한 제국이 있었다. 페르시아 제국이다. BC 550년경 키루스대왕CYRUS(사이러스라고도 불린다)은 오늘날 이란의 쉬라즈 근처 파사르가다에 제국의 수도를 세운다. 제국을 건설한 키루스대왕은 정벌한 나라의 문화와 종교도 인정하는 인간적이고 포용력있는 왕으로 존경 받았다. 세계사에서 배운 '바빌론 유수'의 주인공이기도 하다. 바빌론을 정복한 키루스는 노예로 잡혀있던 수많은 유태인을 해방시켜 예루살렘으로 돌려보냈기에, 오늘날에도 이스라엘 사람들은 키루스대왕을 존경한다고 한다.

페르시아 제국은 전쟁 중에 키루스 대왕이 갑자기 죽고 후계자가 없어 한동안 혼란에 빠졌지만, 페르시아 장군 중의 한명이었던 다리우스 1세가 등장하여 제국을 더욱 확장시킨다. 다리우스 1세는 반란을 일으키는 식민지를 정벌하고 속국의 반란을 뒤에서 부추긴 그리스를 정벌하러 나선다. 오늘날 이스탄불에 있는 4km에 걸친 보스프르스의 거친 해협에 배를 이어서 다리를 만들고 대군을 이동시켜 그리스를 공격한다. 마치 조선의 정조가 한강을 건너기 위해 배를 이어서 만들었다는 다산 정약용의 부교처럼. 그러나 페르시아는 이 전투에서 패한다. 전투에서 승리한 그리스 병사가 승리의 소식을 알리기 위해 마라톤 평원을 달렸던 것이 오늘날 마라톤의 기원이다. 다리우스의 아들 크세르크세스Xerxes도 그리스를 다시 공격하지만 '살라미스 해전'에서 패배하고 만다. 세계 3대 해전의 중의 하나로 알려진 살라미스 해전에서의 패배이후 대제국 페르시아는 점차 힘을 잃어갔다.

페르세폴리스는 다리우스 1세부터 크세르크세스 시대까지 지어진 페르시아 제국의 도시다. 고대 페르시아 인들은 이 도시를 페르시아의 도시 파르스라고 불렀으나, 그리스 사람들은 도시라는 의미의 '폴리스'를 붙여 페르세폴리스PERSEPOLIS라고 불렀다.

페르세폴리스는 우선 압도하는 규모로 우리를 놀라게 했다. 대기단과 엄청난 높이의 기둥들, 그리고 정교한 조각들도 놀랍다. 그러나 규모나 높이, 정교함의 대단함보다 우리를 감동시켰던 것은 페르세폴리스가 물 한 방울 나지 않는 황량한 사막 위에 세워진 도시라는 사실이었다. 멀리서 물을 끌어와 상수도 시설을 하고 나무를 심고 대규모 밀 농사를 한 인간의 위대함이 보였다.

위대한 도시, 페르세폴리스로 들어선다. 어디까지가 끝인지 알 수 없는 어마어마한 도시의 규모에 탄성을 지른다. 높다란 계단을 올라간다. 쐐기문자인 페르시아어가 새겨진 만국의 문이 나온다.

"나는 크세르크세스다. 위대한 왕, 왕 중의 왕, 대지의 왕, 수많은 인종의 왕, … 다리우스왕의 아들이며, 아케메니드 왕조…
수많은 아름다운 것들이 페르시아에서 만들어졌다. 나와 나의 아버지가 그것들을 만들었다."

하늘을 찌를 듯 높이 솟아오른 100여 개의 대리석 기둥이 늘어선 석주 궁전 앞에는 페르시아 제국의 힘을 알려주는 조각이 새겨져 있다. 각국의 사신들이 페르시아 제국에게 공물을 바치는 장면이다. 다리우스왕과 그를 지키는 페르시아의 병사들의 조각은 중고등학교 교과서에서 많이 보던 그림이다. 2천 5백 년 이상 동안 한 자리에서 묵묵히 우리를 기다리고 있는 조각이다.

위대한 페르세폴리스는 BC 330년경 불에 타 무너진다. 알렉산더 대왕에 의해 정벌된 페르세폴리스는 인류 역사상 가장 안타까운 방화사건으로 불길에 휩싸인 것이다.
여기서 우리는 알렉산더 대왕을 만났다. 마케도니아의 이십대 젊은 왕, 알렉산더는 정복한 페르세폴리스에 도착하여 어쩌면 한동안 옥좌에 앉아 이 도시를 바라봤을지도 모른다. 그리스처럼 물이 풍부한 곳도 아닌 이곳에 순전히 인간의 힘으로 물을 끌어 들여 건설한 위대한 페르세폴리스를 보면서 페르시아의 잠재력과 위대함에 감탄했을지도 모른다.

100여개의 대리석 기둥이 늘어선 페르세폴리스의 석주 궁전

알렉산더의 스승은 아리스토텔레스였다. 알렉산더는 스승을 통해 세상에서 그리스 문화가 가장 위대하다고 배웠다. 그는 이를 전파하기 위하여 야만족(?)인 페르시아를 정벌하고 속국을 해방시켜 위대한 그리스 문화를 전파시키려는 야심이 있었다. 그러나 페르세폴리스에 입성한 알렉산더는 여러 달을 여기서 지내며 페르시아의 위대함을 보고 크게 놀랐다고 전해진다. 그는 페르시아의 관개수로인 과학적이고 정교한 카나트 시설을 보았을 것이다. 또 페르시아가 속국을 효과적으로 통제하기 위해 건설한 '왕의 도로'도 보았을 것이다. 이후 알렉산더 대왕은 부하들의 반대에도 불구하고 페르시아 사람들로 하여금 지방의 관리를 맡게 하고 그들의 문화와 관습을 존중하게 했다.

그래서 페르세폴리스를 불태운 역사에 대해서는 지금도 의견이 분분하다.

키루스대왕의 묘

어떤 역사가는 그리스를 침략해 불을 지른 크세르크세스에 대한 보복으로 알렉산더 대왕이 페르세폴리스를 부수라고 명령했다고 하기도 하고, 또 어떤 역사가는 승전의 기쁨에 젖어 술에 취한 마케도니아 병사들이 알렉산더의 명령 없이 실화로 페르세폴리스를 불태웠다고 말하기도 한다. 그의 명령이 있었든 없었든 위대한 도시 페르세폴리스는 불탔지만, 이후 알렉산더에 의해 페르시아의 문명이 존중되었다는 사실은 엄연한 역사이다.

키루스, 다리우스1세, 크세르크세스, 아타르크세르세스, 다리우스3세, 그리고 알렉산더대왕. 지금은 아무도 없지만 우리는 그들이 만들고 부수고, 그리고 다시 비와 바람과 세월이 헤쳐놓은 페르세폴리스 앞에서 인류의 위대함을 본다. 설산 히말라야를 넘나들며 차와 소금을 사고 팔았던 차마고도의 사람들에게 느꼈던 그때처럼 사막의 한가운데 물길을 만들어 내며 살았던 위대한 인류를 만난다. 키루스 대왕이 서있었던 그 자리, 다리우스 대왕이, 알렉산더 대왕이 서서 바라보던 바로 그 자리에서 여전한 그 산과 그 황량한 벌판을 바라본다. 지금은 수많던 기둥 중에 몇 개만이 겨우 흔적으로 남아있지만, 2천 5백 년 전의 역사를 가슴으로 상상한다.

페르세폴리스는 이란의 남부지방 쉬라즈에서 택시를 대절해야 했다. 대중교통이 없었다. 택시 한 대를 빌리는 데 하루종일 60달러. 두 사람이 가도 60, 네 사람이 가도 60달러였다. 야즈드에서 만난 그리스인 콘스탄틴과 크리스토퍼가 우리의 동행이 되었다. 그런데 가만 생각해보니 우습게도 이들은 그리스 사람이었다. 위대한 인류의 유산 페르세폴리스를 불태운 사람들이 바로 이들의 조상이었다. 이 사람들은 불타버린 페르세폴리스를 보고 어떤 생각을 했을까? 물어보고 싶었지만 물을 수가 없었다. 오랜 세월이 지난 지금에 와서 보면 아테네의 파르테논 신전도 기둥만 남아 있고 페르세폴리스도 역시 흔적만 남아있을 뿐이다. 무너지고 부서지고 흔적만으로 남아 있는 그것 자체가 역사일 뿐, 후대의 사람들에게 조상의 행적을 물어보는 것은 아무 의미가 없는 일이었기 때문이다. 흔적만이 남아 있는 유적이었지만, 우리는 그 속에서 살았던 사람들의 향기를 느끼는 것이 더 중요했기 때문이다.

야즈드에서 쉬라즈까지 오는 길에 몇 시간 동안이나 계속되던 생명의 밀밭을 보면서 우리의 생각은 하나로 집중되어 있었다. 어떻게 이런 일이 가능할까? 이런 환경에서 어떻게 생명을 키워나갈 수 있었을까? 비도 오지 않고 강물도 흐르지 않는 메마른 땅, 게다가 돌산이었다.
카나트다! 이천 오백 년 전 페르시아 제국은 100m 이상의 땅속을 파내려가 물을 찾아내고 땅속으로 물길을 만드는 카나트를 건설했다.
그것은 페르시아 제국의 위대함이었다. 인류의 위대함이었다.

거리 벽화가 모든 것을 말한다

북아일랜드 벨파스트

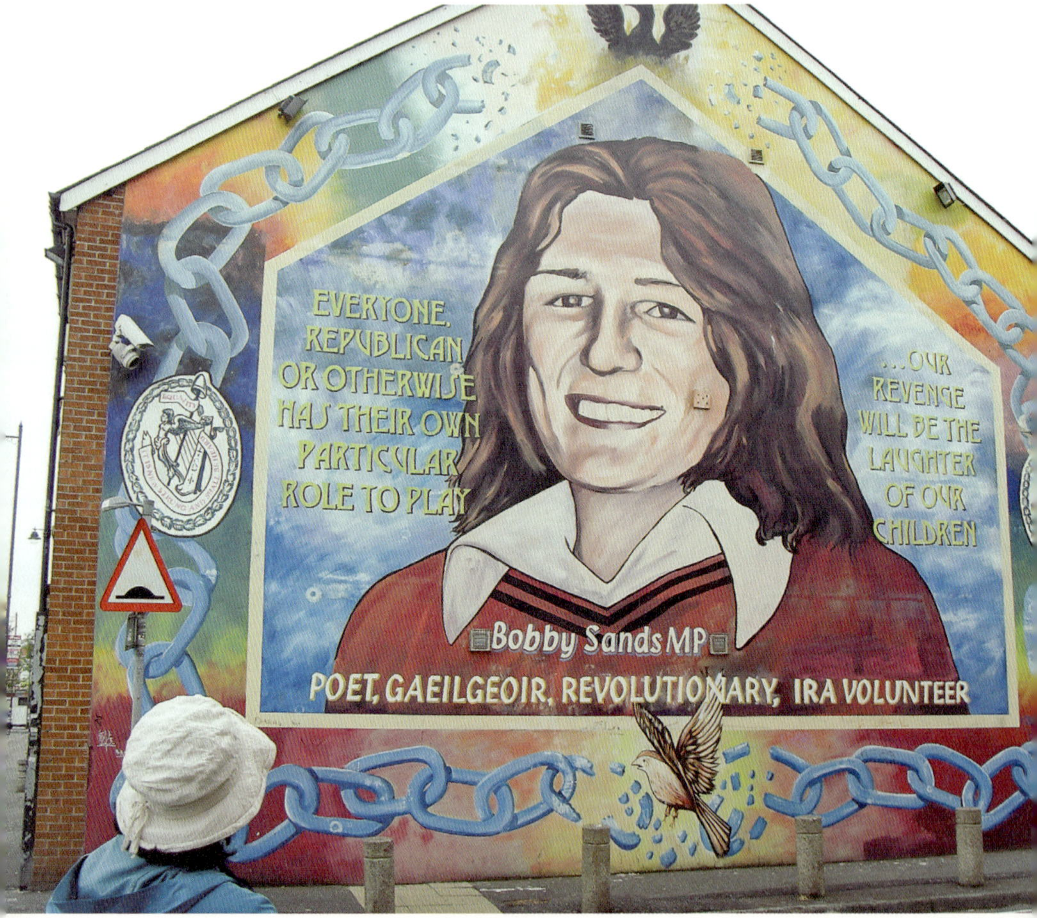

IRA출신의 시인이자 투사였던 바비샌즈의 벽화

smart TIP

국제 뉴스에 늘 등장하던 북아일랜드의 벨파스트. 아일랜드의 친근한 음악과는 달리, 뭔가 어둡고 두려운 역사의 현장 벨파스트에 들어왔다. 벨파스트에서 우리가 만나야 하는 것은 자연보다는 역사였다. 벨파스트에서 역사를 만난다는 것은 도시 곳곳에 그려져 있는 대형 벽화 앞에 서는 일이었다.

제일 먼저 바비샌즈의 벽화를 찾았다.
바비샌즈(1954-1981)는 아일랜드 공화군, IRA 출신의 시인이자 투사였다. 그는 1972년 10월 무기소지 혐의로 체포되어 1976년 풀려났으나 폭파사건에 연루되어 다시 체포됐다. 바비 샌즈는 감옥 안에서 아일랜드의 독립을 주장하며 두루마리 휴지에 시와 글을 적어 밖으로 내보냈고, 이것이 신문에 게재되면서 그의 이름은 세상에 알려졌다. 그는 영국이 관리하던 교도소에 수감되어 있으면서 재소자 처우 개선을 주장하며 지배자 영국에 대해 자신들을 정치적 수감자로 인정해 줄 것을 요구했다. 그러나 마가렛 대처 영국 수상은 이들을 정치범이 아닌 일반 범죄자로 규정하며 일체의 협상을 거절한다. 바비는 1981년 3월, 최후의 수단으로 단식 투쟁에 들어갔다. 그는 감옥에 갇힌 몸으로 지역 선거에 출마하여 수만 표의 지지를 얻으며 하원의원에 당선되지만 영국은 이를 거부했고 결국 단식 투쟁 65일째인 5월 5일 새벽, 27살의 젊은 나이로 교도소에서 사망했다. 바비의 장례식에는 수많은 아일랜드인들이 모여들었고 그의 투쟁에 자극을 받은 IRA 동료 수십명이 연이어 단식 투쟁에 돌입하여 10월까지 지속되었다. 이 기간 동안 아홉 명이나 되는 아일랜드인이 숨지는 가슴아픈 일이 계속됐다. 바비샌즈의 옥중 단식은 대처 정부를 움직이지 못했지만 결과적으로는 IRA의 정치력을 강화하는 계기가 됐다.

도시에는 바비샌즈 이외에도 IRA의 정치조직인 신페인당(아일랜드 민족주의 정당) 사람들을 그려놓은 벽화도 많다. 폭탄이 터진 바로 그 자리에 사람들은 묘비를 세우고 그들의 죽음을 애도하는 벽 글귀를 새겨놓았다. 이 글귀들의 내용은 한결같이 비슷했다.

　'북아일랜드의 독립을 위해 죽어간 당신들의 희생을 잊지 않겠다.'

이 도시에 들어와서 나는 내가 가지고 있는 지식의 수준이 얼마나 천박한지 다시 한번 깨달았다. 나는 '북아일랜드 분쟁'이라고 하면, 항상 아일랜드 민족주의자들과 제국주의 영국으로만 나누고 있었다. 그래서 나의 지식 수준으로는 아일랜드에서 죄 없이 죽어간 사람들 모두가 아일랜드 분리 독립주의자들이라고 여기고 있었다. 착한 편과 나쁜 편, 핍박을 받는 쪽과 핍박을 가한 쪽, 그래서 죽임을 당한 쪽은 언제나 핍박을 받은 착한 편이라는 일방적인 생각에 매달려 있었다. 그러나 벨파스트의 거리에서는 한 사회에서 분쟁이 일어나면 한 쪽만 죽어나가는 것이 아니라 다른 쪽도 역시 비극의 희생이 될 수 있다는 것을 보여주고 있었다. 이곳에는 아일랜드의 분리 독립을 주장하는 구교도 중심의 IRA, 신페인당도 있었고, 신교도 중심의 UVF, UDA와 같은 친 영국계 단체도 있었다. 거리 곳곳에 UVF, UDA 대원들의 죽음을 애도하는 벽화와 비석들도 있었고, 이 벽화에도 역시 '당신들의 죽음을 잊지 않겠다'는 똑같은 글들이 새겨져 있었다. 분노는 분노를 낳고 한쪽의 죽음은 또 다른 쪽의 죽음을 만든 것이다. 거리를 걸으면서 하루 종일 증오와 분노, 분쟁과 죽음, 그리고 비극과 슬픔을 생각했다.

전쟁과 평화의 갈림길 앞에서 Good Friday 협정서를 펼치고 있는 벽화를 만났다. 그러나 그 벽화에서조차 사람들의 눈초리는 불안하게 그려져 있다. 아직 완전히 평화를 확신하지 않는다는 듯. 복면 무장을 하고 있는 사람 쪽으로는 '전쟁'과 '화염'이라는 안내판, 협정서를 들고 있는 사람 쪽으로는 '평화'와 'United Kingdom'이라는 안내판이 그려져 있다. 북아일랜드의 평화는 여전히 대영제국 아래여야 한다는 전제 같아 보였다. 아일랜드 자체만의 독립은 여전히 없었다. 하나의 아일랜드 섬이지만 독립국가인 남쪽의 아일랜드에서는 유로화를 쓰고 북아일랜드에서는 아직도 파운드화를 쓰는 어색함과 같은 것이다.

벨파스트 거리를 가득 메운 벽화들

물론 지금의 북아일랜드 벨파스트는 아주 평화롭다. 20세기 말 국제뉴스에서 빠지지 않고 등장하던 폭탄 테러의 이야기는 더 이상 없다. 1998년 아일랜드계, 영국계 양측이 서로 평화 협정을 맺었기 때문이다. 피의 일요일(Bloody Sunday), 피의 금요일(Bloody Friday)과 대비되는 성금요일(Good Friday) 협정이었다. '피의 일요일'은 1972년 자치권을 요구하는 아일랜드인들의 시위에 영국군이 발포를 하여 13명이 숨진 끔찍한 날이었다. 이 날로부터 6개월 뒤, IRA는 벨파스트 중심가에서 차량 폭탄 테러를 일으켜 일곱 명의 민간인과 두 명의 군인이 숨겼다. 이른바 '피의 금요일'이었다. 역사적으로 기록된 날들이 이 정도였지만, 이곳에 살고 있는 사람들에게는 매일 매일이 그랬을지 모른다. 절망의 월요일, 보복의 화요일, 공포의 수요일… 삶과 죽음이 선 하나로 갈라지는 세상이었을 것이다.

그러나 오늘의 벨파스트는 평화롭다. 굿 프라이데이 협정 이후로도 크고 작은 분쟁이 계속 일어났지만, 2005년 IRA는 결국 무장해제를 선언했고 2007년에는 신구파 세력이 북아일랜드 내에 공동정부를 출범시켰다. 마침 이곳에 와서 검색한 뉴스에서 며칠 전 6월 27일자로 신교세력인 UVF와 UDA도 기자회견을 가졌다는 기사를 읽었다. 양쪽 모두가 모든 무기를 완전히 폐기하는 절차를 마쳤다며 '전쟁이 끝났다'고 선언했다.

벨파스트 도심 한가운데 높은 철망으로 나누어져 있는 장벽을 따라 걷는다. '영국계가 사는 지역', '아일랜드계가 사는 지역'으로 나누어 폴 거리, 샹킬 거리의 중간에 쳐놓은 장벽이다. 90년대 뉴스나 영화에서 '아일랜드 폭탄' 하면 나오는 거리가 주로 이들 거리였다. 이제는 더 이상 폭탄이 터지지 않지만 아직도 묘한 긴장감이 흐른다. 한 쪽 거리에는 개신교 교회만이, 다른 쪽에는 가톨릭 성당만이 보인다. 이들은 서로 같은 학교도 다니지 않고 같은 지역에 살지도 만나지도 않는다고 한다. 서로를 이어주는 어떠한 공동체도 없다. 베를린 장벽만큼은 아니더라도 그들 사이의 긴장된 단절을 높은 철망 사이로 느낀다. 장벽을 따라 걷는데 마음이 저려온다. 부드러운 기운이 평화를 바라는 사람들에 의해 도시 전체로 퍼져 나갈 수 있기를 바랄 뿐이다.

분쟁과 평화의 상징이 되어버린 벨파스트는 이제 자신들의 평화뿐만 아니라 인류 전체의 평화를 기원하는 벽화도 많이 그려 놓았다.
'모든 사람은 어떠한 종교로부터도 인종차별로부터 자유로울 권리가 있다' (Everyone has the right to live free from Sectarian /Racist harassment!)는 아주 큰 벽화의 문장이 가슴에 와 닿는다. 팔레스타인 해방을 촉구하는 벽화도 있고, 바스크 지방은 프랑스도 스페인도 아니라며 바스크 민족의 독립

폴 거리, 샹킬 거리의 중간에 쳐놓은 장벽

을 지지하는 벽화도 있다.

'Time for change! Mr OBAMA'. 이제 쿠바에 대한 장벽을 풀라며 오바마 대통령에게 보내는 벽화도 있고 주거 교육 문화생활의 보장, 생각과 종교 집회의 자유, 착취 고문으로부터의 해방, 사회보장 민족자결 등을 빼곡히 적어놓은 권리장전(Bill of Rights)도 벽화에서 읽는다.

우리에게 벨파스트의 거리는 세계의 평화를 배우는 역사의 장이었다.

역사를 기억하지 못하는 자, 다시 그 역사를 반복할 것이다

폴란드 아우슈비츠

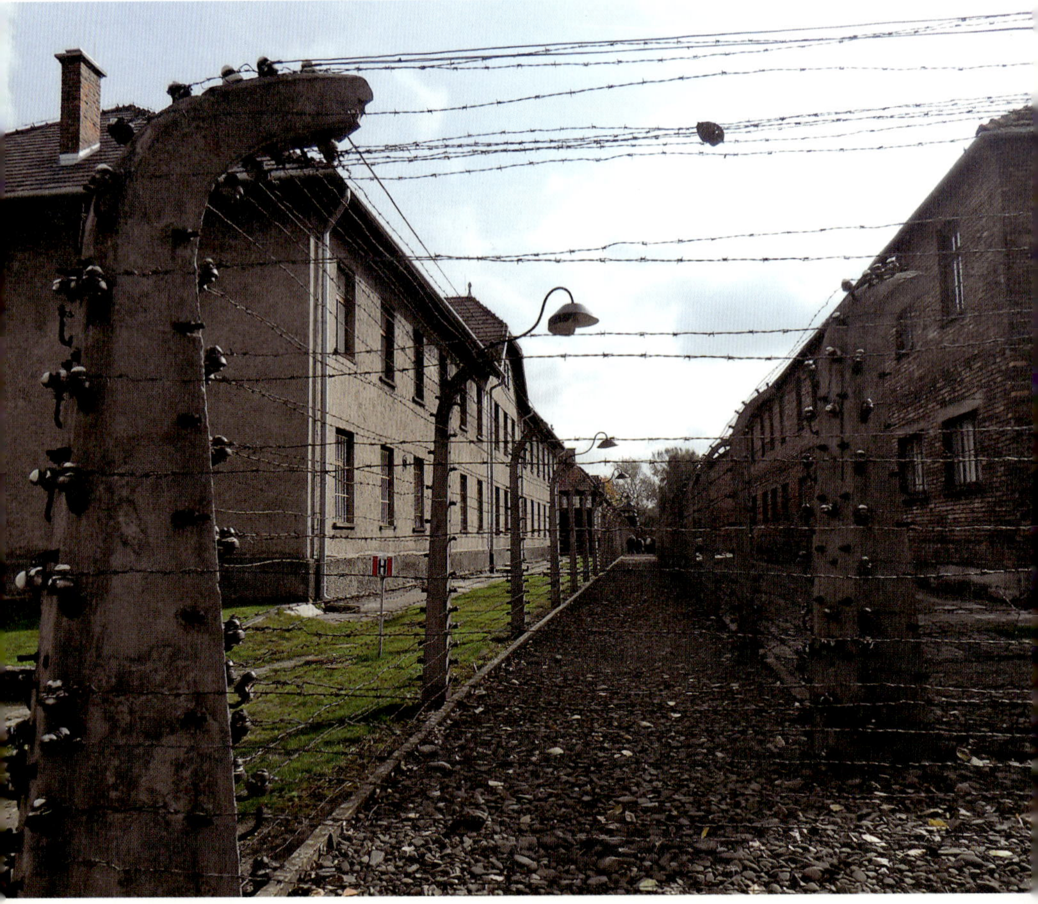

오만과 광기의 현장, 아우슈비츠

smart TIP

가 기 싫었다. 피할 수 있다면 피하고 싶었다. 눈을 감고 싶었다. 크라쿠프를 찾는 사람이라면 누구든지 가본다는 아우슈비츠, 가고 싶지 않았다. 몇 년 전, 캄보디아를 여행하면서 프놈펜의 뚜엉슬랭 학교를 찾았을 때 크메르루즈군의 학살과 고문으로 짓이겨진 사람들의 사진을 보는 것은 내게도 고문이었다. 그 사람들의 비명소리가 들리는 것 같아 나중에는 머리까지 아파왔다. 울다가 울다가 결국엔 끝까지 다 보지 못하고 나와 버렸다. 끝까지 다 보고 있을 용기가 내게는 없었다.

이번에도 마찬가지일 것이다. 크라쿠프를 가면서도 내심 속으로는 아우슈비츠는 가지 않을 것이라고 마음먹고 있었다. 내 눈으로 그·끔찍한 현장을 다시 확인하고 싶진 않았다. 내 눈에 박힐, 내 머리에 남을 그 끔찍한 기억을 이겨낼 자신이 없었기 때문이다. 그런데 남편한테 한마디로 거절당했다.
　"피한다고 역사가 없어지냐? 눈으로 보지 않는다고 잔혹한 역사가 지워지냐?"
가서 봐야 한단다. 유태인 학살이니 아우슈비츠니 우리가 잘 아는 것처럼 말해도 실상은 아는 게 거의 없다고. 그리고 영화나 다큐멘터리에서 보는 것과, 아무 것도 남아 있지않을지도 모르지만 현장에 직접 가서 보고 느끼는 것은 다르리라고. 꼭 가서 봐야 한다고…
크라쿠프에서 투어로 신청하면 쉽게 갈 수 있는 아우슈비츠였지만, 우리는 그냥 우리끼리 찾아가기로 했다. 우루루 다른 사람과 함께, 그리고 내내 가이드를 따라다니는 투어로 가면 스스로 생각할 수 있는 시간을 빼앗길 것 같아서였다.

이른 아침, 아우슈비츠로 가는 버스를 탔다.
아우슈비츠 수용소로 들어가는 정문. ARBEIT MACHT FREI (노동이 너희를 자유롭게 하리라)라는 나치의 유명한 문구가 새겨져 있다. 매일 아침 이 문을 나와 수용소 밖으로 일을 하러 가고, 저녁이면 다시 이 문을 통해 수용소의 잠자리로 돌아갔다는 유태인들. 숙소로 향하는 그들의 행렬에는

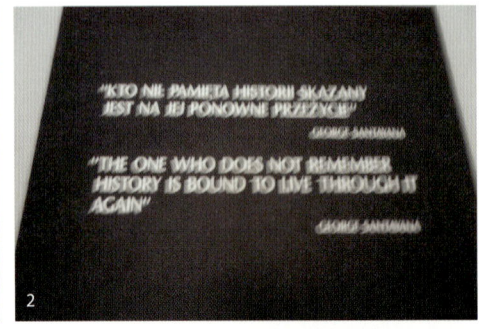

❶ 일터로 끌려가는 사람들의 형상 ❷ 역사를 기억하지 못하는 자… ❸ 모아 둔 유태인의 안경들
❹ 아우슈비츠의 희생자들

매일 격렬한 노동으로 숨져간 동료들의 시신을 들쳐 메고 갔다는 그림이 보인다.

"ARBEIT MACHT FREI."

유태인들은 이 글자 중에 B자를 찌그러트려 만들어놓음으로써 자신들의 저항을 보여줬단다. 고작… 알파벳 하나…

처음 내 생각과 같았다. 내내 힘들었다. 수용소 한 건물 한 건물 안을 들여다보는 건 정말 힘들었다. 아우슈비츠를 들어오면서 머리는 빡빡 밀리고 줄무늬 수용소 옷을 입은 사람들의 사진. 어찌 누구 하나 빠짐없이 눈빛이 그리 다 슬퍼 보이는지. 일터로 끌려가는 사람들의 형상을 그들의 수용소 복장으로 만들어 줄지어 세워놓았다. 모두들 어깨가 축 쳐지고 끌려가는 목은 앞으로 내밀어져 있다. 몸뚱아리도 없이 단지 옷만으로 형상화 해놓았는데도 하나하나에 그 사람들의 얼굴이 보이는 듯 했다.

짐승우리 같은 수용소 내부의 잠자리도 보인다. 이건 사람의 잠자리가 아니다. 한 방에는 그 때 끌려왔던 사람들에게서 벗긴 안경만을 가득 모아 놓았다. 나에겐 그것들이 안경이 아니라 바로 그들이었다. 또 하나의 방에는 신발이 산더미처럼 널브러져 있다. 이 안경의 주인들, 이 엄청난 신발의 주인들은 대부분 나치에 의해서 죽임을 당했다. 이번에는 머리카락만 한 가득이다. 이차대전이 끝난 후 수용소에서 발견된 머리카락만도 3톤이 넘었단다. 유태인으로부터 잘라낸 머리카락은 공장으로 보내져 카펫의 재료로 쓰이기도 했단다. 인간이 이보다 얼마나 더 잔혹해 질 수 있을까.

나치에 의해 자행된 인체실험 사진을 모아놓은 방으로 들어간다. 실험에 이용된 여자들의 벌거벗은 사진들. 그리고 아이들의 사진. 보고 있기 너무 힘들다. 어떻게 인간이 인간에게 이런 일을 할 수 있는 것인지 누가 그들에게 그런 권리를 준 것인지.
아우슈비츠 수용소 한 동 한 동의 주제는 거의가 죽음이었다. 죽음으로 가는 철도, 죽음으로 가는 길, 죽음의 행진, 죽음… 죽음…
죽음의 벽도 만난다. 총살의 현장이었던 아우슈비츠 10동과 11동 사이의 벽이다. 이차대전이 끝날 무렵 , 독일군은 아우슈비츠에서 철수하면서 이 현장을 다 부수어 버렸지만 폴란드가 이곳을 다시 복구했다. 그 현장을 기억하기 위해서, 그리고 여기서 죽어간 사람들의 넋을 위로하기 위해서였다. 지금도 죽음의 벽 앞에는 촛불도 켜놓고 꽃도 갖다 놓았다. 굶겨 죽이고 잔혹한 노동으로 죽이고 총살을 하고 인체 실험을 하고 목매달아 죽이고… 그 때 이곳 아우슈비츠의 사람들은 인간이 아니라 나치가 마음대로 해도 되는 동물, 그 이하였다.

맨 마지막 순례코스는 끔찍한 가스실이다. 햇빛도 들지 않는 이 가스실에서 죽어나간 수많은 유태인들. 그들은 왜 아무런 저항도 하지 않았을까? 인간이 인간에게 저지를 수 있는 가장 잔혹한 현장 앞에서 스스로 저항조차 할 수 없게 만드는 '공포의 두려움'을 상상한다. 부르르 떨린다.
한 무리의 고등학생들이 보인다. 크라쿠프의 한 고등학교에서 단체로 왔단다. 지금 이 학생들은 무슨 생각을 하고 있을까? 물어보고 싶었지만 그럴수 없었다. 아우슈비츠를 가장 많이 찾아오는 사람들은 유태인이란다. 그 다음이 폴란드인들 그리고 그 독일인들.

이번에 우리는 독일의 여러 곳을 제법 많이 여행했다. 독일이 얼마나 엄청난 나라이고 얼마나 발전한 나라라는 걸 보았으며, 세계에서 가장 합리적이고 이성적이라는 평을 듣는 독일인들을 보면서 감동도 많이 했다. 그런데 그런 독일인들이 이런 끔찍한 일을 벌였단 말인가? 종교개혁의 출발지로, 높고 웅장한 교회나 성당의 숫자만큼 기독교 신자도 많았을 텐데 이렇게 상상하기조차 힘든 집단 광기를 부렸단 말인가? 어떤 조건하에서 어떤 인간이 이런 오만을, 이만한 광기를 부릴 수 있단 말인가?
겹겹이 쳐진 전기 철조망들이 보인다. 히틀러나 괴벨스 같은 나치의 핵심 인물들은 미치광이라고 치더라도 그 밑에서 명령을 받던 사람들은 어땠을까? 이 철조망에서 보초를 서던 사람들은? 수용소에서 유태인들에게 일을 시키던 사람들은? 그 미친 의사를 보조하던 간호사들은???

유태인 학살의 광기를 독일인 전체에 끌어다 붙이는 것은 물론 문제가 있을 것이다. 그러나 인간을 학살하는 권력자들의 미친 짓에 같이 놀아나던 그 사람들은 어쩌면 지금도 살아 있을지 모른다. 70대 후반이 되어 있을지도, 80이 넘었을지도. 그들은 혹 이곳을 찾아와볼까? 자신들의 젊은 시절 한때를 보냈을지도 모르는 이 학살의 현장을? 그렇다면 무슨 생각들을 할까? 그렇게 이성적이라는 독일인들은 '인간을 실험하고 인간을 그냥 죽여 버리는 현장'에서 그 때 무슨 생각을 하며 그 명령들을 수행했을까?
머리가 터질 것 같다.
그리고 다시 몇십 년이 지난 지금, 그렇게 타민족에게 학대받고 죽임을 당했던 유태인들이 세운 나라, 이스라엘은 왜 팔레스타인 민족을 공격하고 핍

총살 현장이었던 죽음의 벽

박하는 것일까? 그들에게 있어 기억해야 할 역사는 무엇일까? 피하지 말고 보자고 찾아 온 아우슈비츠. 여전히 정리되는 건 없다. 답도 없다. 머리가 터질 것 같다. 그냥 우리 둘 다 입을 다물어버렸다. 터질 듯한 머리에 더 깊은 혼돈 속으로 빠져들었지만 수용소를 돌아보던 중 발견한 문구, 이것 하나만은 명확하게 마음속에 새겨 넣는다.

"The one who does not remember history is bound to live through it again."
"역사를 기억하지 못하는 자, 다시 그 역사를 반복할 것이다"

제국의 도시 혁명의 도시 예술의 도시

러시아 상트페테르부르크

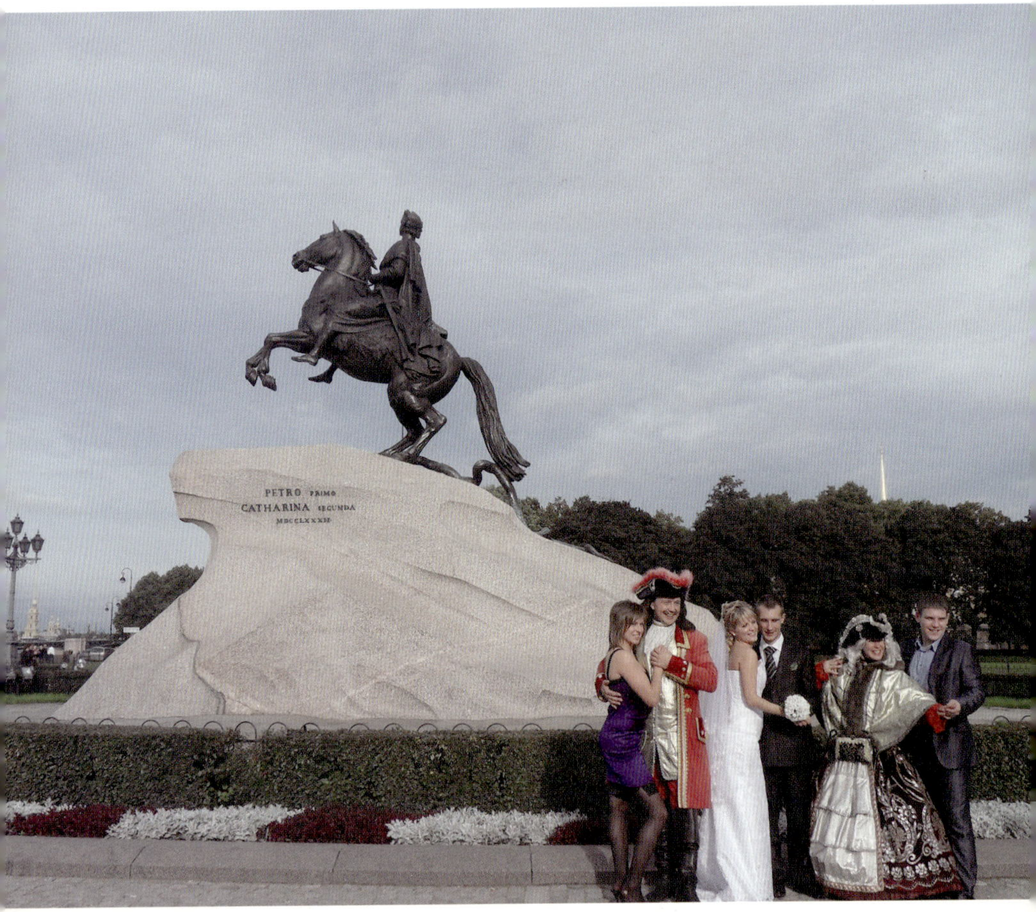

표트르 대제의 동상과 사진 촬영 중인 신혼부부

smart TIP

상트페테르부르크에 들어와서 오랜만에 가족들에게 전화를 했다.
"아버지! 여기 상트페테르부르크예요, 러시아요."

팔순이 넘으신 친정 아버지는 여행 중에 전화를 하면 지금 어디냐고 꼭 물으신다. 외국이라고 하면 아시아와 유럽, 심지어 남미에 있는 나라들조차 그저 옆옆에 붙어 있다고 생각하는 다른 어른들과 달리, 아버지는 세계지도를 머리에 넣어 놓은 것처럼 놀랍게도 길을 훤하게 꿰뚫고 계신다. 그런 아버지가 페테르부르크라는 도시를 얼른 못 알아들으신다.

"어디?"

"러시아요. 레닌그라드요."

"어~~ 레닌그라드~~"

1924년부터 근 70년간 그 이름으로 불리웠으니 아버지에게는 당연히 레닌그라드가 더 친숙할지도 모른다.

상트페테르부르크에서 레닌그라드로, 다시 상트페테르부르크로 돌아간 도시. 제국의 영광과 혁명의 격동과 아름다운 예술을 다 함께 가지고 있는 도시. 지금 우리는 상트페테르부르크에 있다.

러시아 제2의 도시, 유럽으로 열린 창, 상트페테르부르크. 이곳은 세 개의 시간대가 공존하고 있었다. 그 하나가 제국의 도시, 상트페테르부르크다. 18세기 초, 서구 유럽과 같은 개혁을 꿈꾸던 로마노프 왕조의 표트르 대제는 스웨덴을 침공하여 네바 강변의 이 땅을 빼앗고 도시 건설을 명령했다. 네바는 핀란드어로 늪이라는 뜻이다. 네바강 삼각주와 핀란드만이 만나는 이 땅을 메우고 늪에 심을 박고 운하를 파고 다리를 연결하였다. 무려 86개의 운하가 있고 101개의 다리가 섬과 섬 사이를 연결하여 서유럽으로 진출하려는 러시아의 꿈을 키우는 도시가 세워졌다. 그래서 도시의 이름도 표트르 대제 자신의 이름 PETERS를 붙여 성 피터의 도시, 상트페테르부르크라고 지었다.

유럽의 선진문화를 접한 표트르 대제는 그들의 문화를 배우기 위해 황제라는 신분을 숨기고 병사로 위장, 당시 선박기술이 가장 발달해 있던 네덜란드의 선박회사에 취직했다. 선박 제조기술을 배운 그는 나머지 유럽 나라들을 여행하면서 러시아보다 먼저 발달한 나라의 문물을 몸소 익혔다. 그리고 러시아로 돌아와 적용하기 시작했다. 스스로 몸을 낮춰 열심히 일을 했던 그였기에, 주변 사람들 모두에게 자신과 같은 성실성과 전면적 헌신을 요구했다. 국가를 위해서라면 귀족들에게도 전 재산을 헌납하라고 명령하기도 하고 국가를 위해서라면 목숨까지 내놓기를 명령했다. 그리고 국가를 위해서라는 명분으로 자신과 뜻을 달리하는 사람들을 마구잡이로 처단하기도 했다. 이복누이가 그의 전제 정치에 항거해 쿠데타를 일으키자 무자비하게 진압하고, 표트르식 개혁에 반대하던 아들마저 처형한 그였다. 아들의 처형 다음날 아무렇지도 않게 업무를 봤다는 사람, 국가 발전이라는 명분아래 포악한 독재정치를 펼친 그는 전제군주임에는 틀림없었다. 그러나 황제의 신분으로 스스로 노동을 하며 새로운 기술을 익히고 전파하려고 했던 그의 선각자적 역할은 여전히 감탄스러운 일이었다. 러시아 사람들은 그래서 그를 전제군주로 기억하기 보다는 이 도시를 건설한 황제로, 러시아의 개혁과 발전의 기틀을 만든 위대한 황제로 추앙하는 듯 보였다.

페트로파블로스키 요새를 찾았다. 들어가는 초입에서 그의 동상을 만난다. 실제 키가 2m를 넘었다는 사실처럼 만들어진 동상도 거구의 몸체다. 여느 동상의 스토리처럼 그의 무릎에 앉아 소원을 빌면 이루어진다는 전설 덕분인지 사람들의 손때로 그의 청동 무릎은 반질반질하다. 표트르 대제가 이 도시를 건설하면서 가장 먼저 만든 것이 바로 이 요새다. 여의도 공원만한 자야치 섬 전체를 요새로 만든 것이다. 요새 안에는 그의 거처뿐만이 아니라 성당도 있고 정치범 수용소도 있다. 밖으로는 단단한 붉은 벽돌로 둘러싸있는 철벽의 요새다. 스웨덴이든 핀란드든 러시아를 침공하려면 네바강의 이 지역을 지나지 않고는 러시아 본토로 들어갈 수 없다. 이 요새는 러시아를 지키는 수문장이었던 셈이다.
황제들의 미사뿐만아니라 표트르부터 러시아의 마지막 황제 니콜라이 2세

에르미타쥬 궁전의 광장으로 가는 길목

에 이르기까지 로마노프가 사람들의 시신을 모셔둔 성당을 지나 정치범 수용소로 간다. 우리는 이곳에서 러시아의 대문호 도스토예프스키를 떠올렸다. 1849년 겨울, 바로 이곳에서 사형 집행을 기다리고 있던 그에게 특별 사면이 내려졌다. 사회주의 운동으로 죽음의 문턱까지 갔다 온 그의 깊은 고뇌와 번민, 인간에 대한 성찰이 죄와 벌이라는 위대한 작품을 탄생시켰으리라.

네바강을 사이에 두고 페트로파블로스키 요새의 맞은편에는 에르미타쥬 박물관이 있다. 지금은 250여 만 점이라는 엄청난 미술품이 소장되어 있는 세계 3대 박물관의 하나로 이름을 떨치고 있지만, 처음에는 제정 러시아 군주들의 겨울을 위해 지어진 화려한 궁전이다. 천 개가 넘는 방에 이천여 개에 달하는 창문을 단 극도로 화려한 이 궁전을 보면, 러시아 혁명 당시 굶주림과 혹독한 추위에 시달린 러시아 민중들이 왜 이곳으로 행진했는지를 짐작하게 한다. 그리고 육중한 아름다움을 자랑하는 이삭성당과 도시의 중심 거리인 네프스키 대로에도 제국 러시아의 영광이 그대로 남아 있었다.

그러나 이 도시의 역사는 제국의 영광만을 가지고 있는 것은 아니었다. 페테르부르크는 또 하나의 시대, 러시아 혁명의 중심 도시였다.

1905년 굶주린 러시아 민중들이 빵과 자유를 외치며 행진했던 다리도 이 도시에 있고, 황제에게 청원하려는 시위 군중들에게 발포를 해 결국 러시아 2월 혁명이 일어나게 한 광장도 에르미타쥬 겨울궁전 앞이다. 1917년 겨울궁전을 향해 한 발의 공포탄을 쏘아 러시아 10월 혁명의 시발점이 됐던 군함 아브로라호도 여기에 있고, 레닌을 중심으로 한 사회주의 혁명본부가 있었던 곳 또한 이 도시다. 혁명의 자취가 고스란히 남겨진 격동의 현장, 또 다른 역사의 도시 페테르부르크를 만난다.

네프스키 거리에서 겨울궁전으로 통하는 아치문 앞에 섰다. 1905년 1월 굶주리고 헐벗은 러시아의 민중들이 이 길을 행진했을까? 이곳에서 그들은 러시아 정부군이 쏜 총에 맞아 피 흘리며 쓰러져 갔을까? 무장한 봉기군과

정부군이 치열하게 전투를 벌였다는 네프스키 대로. 레닌, 트로츠키에 이르는 혁명가들부터 톨스토이, 도스토예프스키, 푸시킨, 레핀 등 수많은 소설가와 화가 시인 음악가들이 삶을 고민하여 걸었을 이 거리. 우리는 100년 전의 현장으로 돌아가 있었다.

네프스키 대로의 한쪽 옆으로 가면 상트페테르부르크에서 가장 아름다운 건물인 피의 사원(The Church of the Savior Spilt Blood)을 만날 수 있다. 이 사원의 원래 이름은 '예수그리스도 부활사원'이다. 그러나 피의 사원이라고 불리는 까닭은 1907년 알렉산드르 2세가 이곳에서 데카브리스트 당원들에게 암살을 당했기 때문이다. 눈이 부실만큼 가장 아름다운 사원에서 전제군주의 폭압정치에 항거하는 러시아 민중들을 만나는 곳이 바로 페테르부르크다.

우리는 네바강을 건너 1917년 10월혁명의 시발점이 되었던 군함 아브로라호를 보러간다. 당시 배 수리를 위해 페테르부르크항에 정박중이던 이 배는 혁명 지도부의 지시에 의해 다섯 명의 수병이 반란을 일으켜 군함을 장악하고 황제가 있던 겨울 궁전에 한 발의 대포를 발사한다. 이것을 신호로 혁명 세력은 일제히 무장봉기를 일으켜 마침내 10월혁명을 성공으로 이끈다. 혁명 정부는 겨울궁전 에르미타쥬를 임시 본부로 정하고 도시의 이름을 레닌그라드로 바꾼다.

그리고 지금. 제국의 영광과 혁명의 격동이 공존하고 있는 역사의 도시 상트페테르부르크는 우리에게 무엇으로 남겨져 있을까? 1990년 초 구소련의 해체 이후 이름이 다시 상트페테르부르크로 돌아간 도시, 도시 자체가 역사인 이곳이 지금 우리에게는 어떻게 다가올까?

그랬다. 모스크바라고 하면 뭔가 정치적인 느낌이 나지만 페테르부르크는 그렇지 않았다. 모두들 그랬다. 상트페테르부르크는 예술의 도시라고. 그곳엘 가면 음악이 있고 미술이 있고 문학이 있고 발레와 건축이 있다고. 이 도시를 들어오기 전부터 우리를 들뜨게 만든 건 바로 그 이유였다.

상트페테르부르크를 예술의 도시로 만드는 데 가장 큰 공헌을 하는 것은 단연코 에르미타쥬 박물관이다. 소장품의 양 만으로도 대단하지만 웬만한 유명 화가의 그림은 다 모아 두었다. 반고흐, 고갱은 물론이고 마티즈, 칸딘스키, 러시아 화가 레핀, 르느와르, 세잔느, 피카소, 로댕… 전 시대 전 국가의 작품들이 전시되어 있다. 특히 에르미타쥬 박물관은 대영박물관이나 루브르 박물관, 베를린에 있는 페르가몬 박물관처럼 제국주의 시대에 다른 나라를 침략해서 긁어모은 작품들이 아니라 직접 구입하여 소장하고 있다는 것이 뜻깊다. 박물관을 찾는 사람들을 보면 외국인도 많지만 러시아 자국민도 아주 많다. 학생들뿐만 아니라 나이가 든 사람들까지도 그룹을 지어 감상하고 있다. 이런 것들을 자주 보니 점점 더 예술적으로 되는 건지… 그러나 이 곳에서 우리가 내린 결론은 오로지 대형 미술관 덕분만은 아니라는 것이었다. 이 도시의 거리 곳곳에는 러시아의 박물관에 있는 그림들과 꼭 같은 크기의 그림들이 수십 점 붙어 있었다. 거리를 오가는 사람들은 자연스럽게 대작들을 접하게 되고 어느새 그림에 대한 감각을 키워나간다는 거다. 많은 사람들이 가던 길을 멈추고 그림을 감상한다. 길거리의 그림 전시는 모스크바에서도 볼 수 있었다. 단순히 양적으로 많은 그림을 보유하고 있는 국가, 도시의 문제가 아니라 사회구조적으로 이런 밑받침이 있음을 보여주고 있었다.

상트페테르부르크에는 그림만 있는 것이 아니었다. 음악회와 발레, 연극 등 각종 공연이 수두룩했다. 어리버리하게 돌아다니다 아무것도 못본 모스크바에서의 바보 짓을 반성(?)하며 페테르부르크에서는 도착하자마자 공연부터 찾아 나섰다. 그러나 '백조의 호수' 발레 공연은 안타깝게 바로 전날 이 시즌의 마지막 공연이 끝나버렸다. 말로 하는 연극은 당연히 건너뛰고 오케스트라 공연을 찾았다. 페테르부르크 필하모니가 정기공연을 하는 극장을 찾아갔는데 이것 또한 며칠 후까지 전부 매진이다. 다른 극장들도 마찬가지였다. 극장이 한두 개도 아니고 진행 중인 공연도 한두 개가 아닌데 거의 다 매진이었다. 아니 이렇게 오케스트라 공연을 좋아한단 말씀? 우리도 우아하게 폼잡고 한 번 볼려고 했는데 할 수 없이 토요일 연주의 스탠딩 석을 살 수 밖에 없었다. 저녁 7시 공연이라 6시 반쯤 극장을 찾아가는데 그 시각 길이 새카맣다. 사람들의 물결이다. 헉! 이렇게 많은 사람들이! 특히 나이 드신 할머니 할아버지가 많이 보였다. 1층의 좌석들이 꽉 찬 것은 물론이고 우리에게 할당된 2층 구석의 스탠딩석도 이미 많은 사람들이 기다리고 있다. 이곳이 음악의 도시, 예술의 도시가 될 수 있는 건 바로 이거다. 수준 높은 공연도 유치되겠지만 모든 것을 다 소화할 수 있는 관객들이 있다는 사실. 새삼 러시아가 대단해 보였다. 도시 전체의 분위기가 이러니 림스키코르사코프라는 사람이 탄생했겠지, 무소르그스키라는 음악가를 배출했겠지. 위대한 차이코프스키가 이곳에서 공부를 했겠지… 이날 우리는 훌륭한 연주 솜씨에 감탄했다기보다 예술을 사랑하는 러시아 사람들에게서 더 많은 감동을 받았다.

러시아 예술에서 빼놓을 수 없는 또 하나는 문학이다. 도스토예프스키의 '죄와 벌'의 무대가 바로 이곳이 아닌가? 주인공 라스콜리니코프가 전당포 할머니를 죽이고 내려오던 그 계단, 그리고 괴로워하면서 방황하던 거리… 작품 속의 현장 모두가 이곳에 있다. '삶이 그대를 속일지라도…'의 푸시킨이 시를 써 내려간 도시. 그의 부인을 사랑한 남자와 최종 결투 끝에 그가 결국 죽음까지 맞이해야 했던 곳도 이곳 페테르부르크다. 도시 한편에 있는 푸시킨의 박물관에는 지금도 그가 쓰던 물건들이 고스란히 보관되어 있다. 그리고 또 한 사람, 톨스토이. 사회주의 혁명의 기운이 가득득한 이 도시에서 민중을 사랑했던 대문호가 밤새 토론을 하고 사색을 하고 글을 썼던 도시.

사실 여행을 나와서 문득 깨달았다. 엄청나게 춥고 긴 밤이 어쩌면 창작을 하는 사람들에게는 좋은 환경이었을 거라는 생각. 아이슬란드를 여행할 때 거기 사람들이 '책이 없는 세상은 상상할 수도 없는 끔찍한 일'이라는 말하는 걸 들었다. 만약 책이 없다면 그토록 긴긴 밤을 어떻게 보내겠냐며 말이다. 러시아도 마찬가지였을 것이다. 밖으로 나서기에는 너무나 두려운 꽁

깊고 푸른 밤의 상트페테르부르크, 아름다운 피의 사원

꽁 얼어붙은 차가운 거리. 길고도 긴 겨울 밤. 그들은 책을 읽고 사색을 하고 글을 썼을 것이다, 음악을 만들었을 것이다, 그림을 그렸을 것이다. 그 속에서 대작들이 탄생하였을 것이다.

페테르부르크의 가장 큰 대로 네프스키 거리를 둘이 함께 걷는다. 깊고 푸른 러시아의 겨울 밤. 제국의 도시, 혁명의 도시, 예술의 도시 페테르부르크의 밤이 그렇게 깊어갔다.

이제 더 이상의 맹주는 없다

세르비아 베오그라드

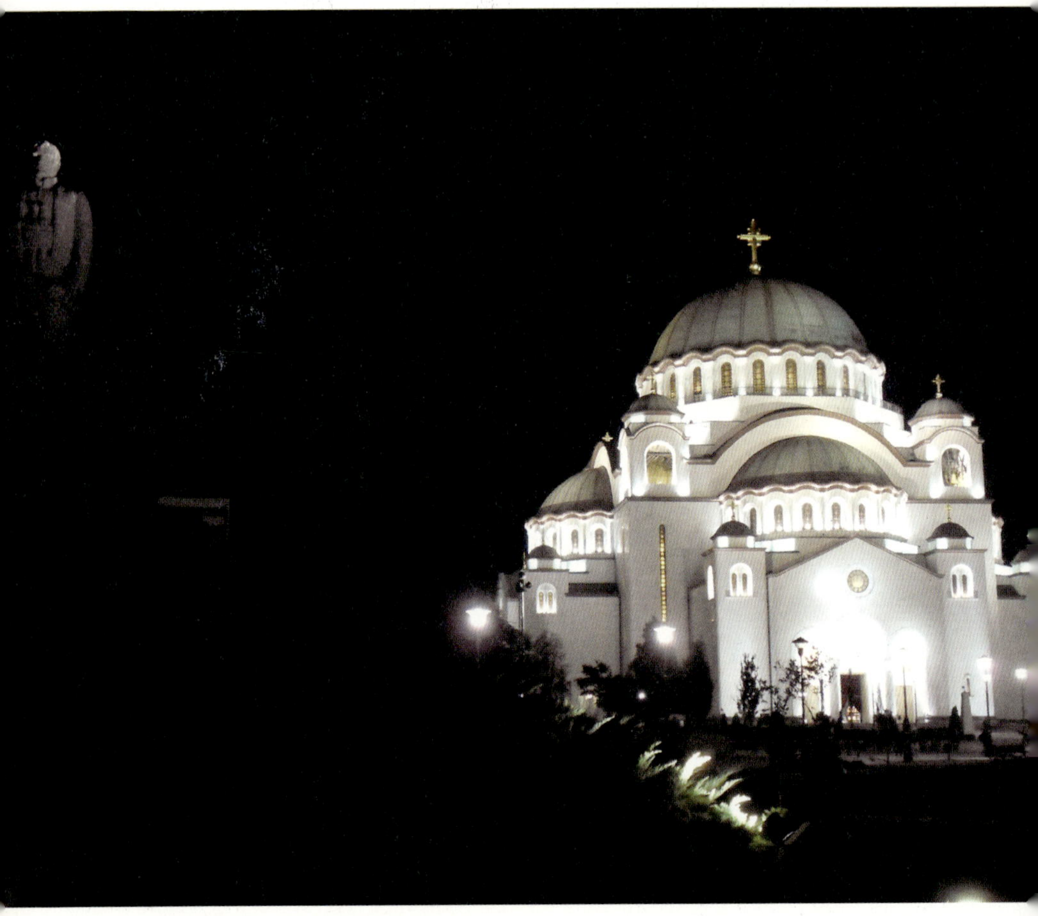

새로 단장한 베오그라드의 세인트 마크교회

smart TIP

20세기 말 어느 즈음부터 끊임없이 신문에 오르내리던 발칸 반도의 나라들. 화약 냄새가 진동하는 곳, 서로가 서로를 죽이는 전쟁터, 그곳의 이야기는 전쟁과 공습, 내전과 인종청소, 난민이나 죽음과 같은 늘 비극적인 것들이었다. 그리고 그 뉴스들의 중심에는 항상 세르비아라는 나라와 베오그라드라는 도시가 있었다. 솔직히 말하면 그들의 비극적인 이야기가 한 번도 진정으로 나의 슬픔이 되어 본 적은 없다. 아프가니스탄 난민이건 코소보 난민이건 세상 어느 곳에선가 일어나고 있는 슬픈 현재는 언제나 남의 나라 이야기였다. 이것 또한 시간이 흐르면 몇십 년 전의 베트남 난민 이야기가 과거가 되어버리는 것처럼 나의 의지와는 상관없이 일어나고 정리될 것이라며 흘려듣고 모르는 채 지내왔다.

그런데 지금 우리는 베오그라드에 들어왔다. 발칸반도 나라, 세르비아의 수도다. 어느 시점 흘려들었던 단어들이 머리 속에서 마구 조합되며 떠오른다.

베오그라드. 이 도시는 '베오그라드'라는 단어 단독으로는 떠오르지는 않는다. 항상 다른 단어가 붙어 있어야 더 익숙하다. '베오그라드 침공', ' 베오그라드 공습', '밀로세비치와 베오그라드'… 그것이 언제 일어난 침공인지, 누가 누구를 공습했는지, 밀로세비치가 저지른 악행이 어느 민족에게 어떻게 했다는 것인지… 늘 헷갈리고 정리가 안 되었지만 하나의 단어로만 오롯이 떠오르지 않는 것은 이 도시가 역사의 한 줄기를 담당하고 있기 때문이리라. 지금은 베오그라드가 세르비아의 수도이지만 예전에는 유고슬라비아연방의 수도였다. 유고Yugo라는 단어는 슬라브어로 남쪽이라는 뜻이다. 따라서 유고연방이란 동쪽의 러시아, 서쪽의 폴란드 체코 등과는 다른 발칸 반도의 남쪽에 위치한 나라들의 연방이었다. 현재의 나라들로 치자면 세르비아, 마케도니아, 크로아티아, 슬로베니아, 코소보, 보스니아 헤르체고비나의 7개 국가다(유고연방 결성 당시는 마케도니아와 세르비아가 한 나라로 모두 6개 공화국 연방이었다).

발칸의 남쪽 땅은 사람이 살기 시작한 아주 먼 옛날부터 주변의 강대 세력들에게는 욕망의 땅이었다. 로마제국이 동쪽으로의 세력 확장을 위해서도 오스만 투르크족이 서방으로 진출하기 위해서도 오스트리아 헝가리 제국이 남쪽으로 진출하기 위해서도 발칸은 필요한 땅이었다. 19세기에 들어서부터는 동쪽으로 진출하려는 독일제국과 서쪽으로 진출하려는 러시아 제국의 동서쪽 강대국에게 이리 밟히고 저리 채이면서 끊임없이 침략당하고 지배받는 지역이었다. 그래서 이 지역은 항거하고 독립하고 다시 침략을 받는 역사의 비극적 굴레가 쉬지 않고 돌아가는 곳이었다. 이차대전이 일어나자 유고슬라비아는 티토를 중심으로 수만 명의 레지스탕스가 독일 나치에 강력하게 저항했다. 이후 이들은 티토를 중심으로 유고연방을 설립하고 서방의 자본주의와는 다른 사회주의 체제를 지향하면서도 소련과는 다른 독자노선을 걷는다.

그러나 유고연방은 끝까지 하나로 묶여 있지는 않았다. 다른 강대국들의 욕망에 더 이상 침략 받지 않고 스스로 강력해지길 원했지만 그들 내부는 너무나 서로 다른 요소들이 있었다. 하나의 연방이었지만 6개의 국가가 각각 독립을 원했고 하나의 국가라 하더라도 민족 구성도 다르고 서로가 믿는 종교도 달랐다. 서로마 제국의 영향을 받은 슬로베니아와 크로아티아는 가톨릭과 기독교인들이 많았고, 동로마 제국의 영향을 받은 세르비아와 마케도니아는 정교회가 중심이었다. 오스만 투르크의 침략 이후 개종한 이슬람교도가 많았던 코소보나 보스니아도 있었다. 인간에 대한 구원과 사랑의 실천이라는 같은 지향점을 가지고 있는 종교라고 하더라도 타인의 종교는 인정하지 않았다. 각 나라들은 민족의 독립을 위해 시위를 벌였고 유고 연방의 맹주였던 세르비아 민족주의 세력들은 이들의 독립을 탄압했다. 또 같은 나라 내에서 종교가 다른 집단들도 서로 상대를 인정하지 않았다. 한 나라 안에서도 내전이 벌어지고 서로가 서로를 죽이는 일이 끔찍한 일이 일어났다. 크로아티아와 슬로베니아의 독립전쟁, 보스니아 내전, 코소보 자치주의의 민족 독립문제 등 대부분이 세르비아 민족주의에 대한 저항이자 스스로의 독립을 위한 항거였지만, 세르비아는 이를 인정하지 않고 무자비한 탄압과 공습으로 수많은 생명의 목숨을 빼앗았다. 크로아티아나 슬로베니아는

지금의 아주 평화로운 베오그라드 시내

나토군의 베오그라드 공습으로 파괴된 건물

1991년에 유고연방으로부터 독립했지만 지금도 자신들의 가족과 이웃을 살해한 세르비아에 대한 감정이 남아있는 상태다. 1995년에 독립한 보스니아에서도 마찬가지다. 그저 얻어진 독립이 아니기 때문이었다.

가장 최근에 전쟁이 일어난 곳은 코소보다. 코소보는 중세 세르비아 왕국이 처음 세워진 곳이었으나 터키 제국이 세르비아 왕국을 점령한 이후 코소보에 알바니아인을 집단 이주 정착시키면서 알바니아인과 세르비아인 사이에는 갈등이 생겼다. 1945년 티토 주도하의 구 유고슬라비아가 세워진 이후에는 코소보를 자치주로 인정하였으나, 1989년 밀로세비치 세르비아 대통령은 '위대한 세르비아 건설'이라는 민족주의적 기치아래 코소보의 자치권을 박탈해 버린다. 전체 주민의 90%에 해당하는 코소보 알바니아인은 이에 대항하여 세르비아로부터 독립을 요구하였고 양민족간 갈등은 증폭되었다. 이후 코소보는 공화국의 독립을 선포하고 코소보 해방군을 결성하여 무장투쟁을 벌인다. 세르비아군은 코소보 해방군 소탕작전을 개시하고 코소보 분리주의자들과 세르비아 공화국 경찰 간에 무장 충돌이 일어난다. 이에 코소보 알바니아인들이 대규모 시위를 벌이고 세르비아는 강경 진압한다. 이때 밀로세비치는 소위 인종청소를 한답시고 코소보에 대한 무자비한 테러를 감행하고 세르비아인으로 하여금 코소보 여성을 성폭행하게 해 인종 자체를 바꾼다는 끔찍한 작전까지 벌였다. 수많은 코소보 주민들이 학살 당하고 살아남은 자들은 나라를 버리고 난민이 되어 이웃나라로 도망가야 했다. 결국 1999년 미국을 중심으로 한 나토군이 세르비아의 베오그라드를 공습하여 코소보 내의 세르비아 군은 철수하고 코소보에는 나토 평화유지군이 들어갔다.

그러나 그것도 전쟁이었다. 지난 몇십 년 동안 크로아티아나 보스니아, 그리고 코소보에 퍼부어졌던 폭탄들이 이제는 반대로 세르비아의 베오그라드에 퍼부어졌던 것이다.

어제는 이 나라 사람들이, 오늘은 다시 이쪽 나라 사람들이 죽어가는 끔찍한 현실이 매일 매일 반복되던 곳이 발칸 땅이었다. 해방군이라는 이름으로 나토가 베오그라드를 공습하였지만 베오그라드 시민들에게는 나토군 역시 자신들의 가족과 이웃의 생명을 앗아가버린 적군에 다름없었을 것이다.

베오그라드에 들어서면서 우리는 이 도시의 유명 관광지를 봐야겠다는 마음이 거의 없어져 버렸다. 잊혀진 단어들과 헝클어진 역사를 정리하는데 더 많은 시간을 보냈다. 책을 읽고 다큐멘터리를 보고 자료를 찾고 있었다. 그리고 그 흔적을 찾고 있었다. 그것이 우리의 여행 방식이었다.
베오그라드 중앙역에서 쭉 뻗어있는 네마뉴나Nemanjina대로를 올라가다 보면 길 양쪽에 나토 폭격에 의해 부서진 건물이 그대로 남아있다. 창문은 다

부서지고 건물의 일부도 무너져 내린 모습이다. 변화한 거리였지만 다 부서진 건물들을 허물지 않고 그대로 두고 있다. '잊지 말자'고 '베오그라드에 가해진 공격이 어떠한 것이었는지 절대로 잊지 말자'고 손을 대지 않았단다. 밀로세비치가 코소보에 가한 공격과 테러도 나쁜 것이었지만 나토군이 베오그라드에 가한 공격도 마찬가지라는 것을 알리고 인류의 목숨과 삶을 짓밟는 것이 얼마나 비극인가를 경고하기 위해서라고 한다.

베오그라드에서 우리가 보았던 사람들과 거리의 풍경들은 지금까지 다른 곳에서 봐왔던 풍경들과 그리 다르지 않았다. 언제 그런 아픈 역사가 있었냐는 듯 아주 평화로웠다. 그런데도 그다지 오래전의 시간도 아닌 그들의 오만하고도 슬픈 역사가 자꾸 생각나서인지 예사롭게 보이지는 않았다.

'저 사람은 괜찮았을까? 저 사람의 가족은 아무런 문제가 없었을까?'

그러다 한편으로는 저 사람은 혹시 세르비아를 위한다는 명목으로 코소보나 보스니아를 침공하는 데 뜻을 같이 했을까?' '누군가를 죽이는 일에 가담하지는 않았을까?' 하는 상반된 생각이 왔다 갔다 했다. 한편으로는 슬픈 역사의 피해자가 아닌지 걱정이 되기도 하고, 또 한편으로는 오만한 역사의 가해자가 아닌지 힐끗거렸다.

다뉴브Danube강과 사바Sava강이 만나는 지점의 언덕위에 세워진 베오그라드 요새(Beograde Fotress)에 올랐다. 조용히 흐르고 있는 다뉴브강과 사바강을 본다. 서로 다른 곳에서 흘러와 하나로 합쳐지는 강물을 내려다보며 현재의 평화가 주는 기쁨과 만난다.

언덕 위에 앉아 있던 청년들이 우리에게 손을 흔들어준다. 그들 뒤로는 하늘이 파랗게 빛나고 있었다.

 '그래! 청년들아. 그 패기와 그 젊음으로, 올바른 신념과 세상을 꿰뚫어 보는 통찰력으로 멋진 세상을 만드시길… 지금의 이 평화를 지키면서…'

살아있어줘서 고맙습니다

보스니아 사라예보

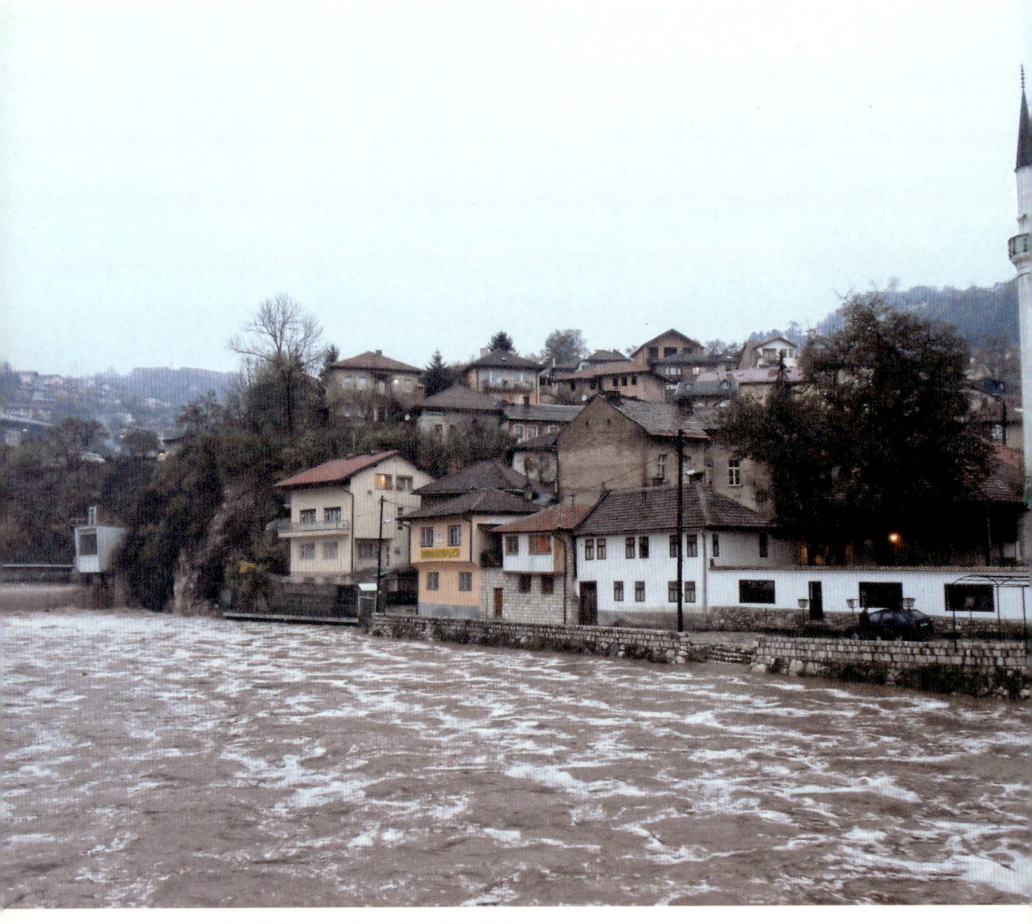

사라예보의 모든 것을 다 기억하고 있는 밀랴츠카 강

smart TIP

1992년 4월부터 1995년 10월까지 3년 7개월 동안 유고연방의 지원을 받은 세르비아계 군대는 보스니아의 수도 사라예보를 완전 포위한 채 도로를 막고 물과 전기, 음식, 난방시설 등 모든 것을 차단했다. 그리고 매일같이 사라예보에 폭탄을 퍼부었다. 1991년 10월에 있은 유고연방으로부터의 보스니아 독립 선언을 용납할 수 없다는 이유였다. 보스니아의 독립 선언은 보스니아 내의 무슬림 세력(보스니악)과 크로아티아계가 힘을 합쳤던 결과이다. 1992년 2월과 3월에 독립 찬반투표가 이루어졌지만 보스니아 내의 또 다른 세력인 세르비아계는 이를 거부했다. 그리고 내전이 시작되었다. 세르비아 군대는 사라예보 시내로 폭탄을 퍼부었고 소위 인종청소라는 걸 하기 시작했다. 사라예보 내에 살고 있던 세르비아계에도 시련은 닥쳐왔다. 보스니악과 크로아티아계는 그들을 도시 밖으로 추방했다. 어제까지 이웃으로 함께 살던 이들이 보스니악(무슬림), 크로아티아계(기독교), 세르비아계(정교회)로 나뉘져서 서로가 서로에게 총을 겨누고 죽고 죽이는 일상이 진행되었다. 3년 반 동안 외부로부터 차단된 사람들은 추위와 굶주림에 죽어나갔고 폭격에 생명을 잃었다. 일만 이천 명 이상이 목숨을 잃었고 5만 명 이상이 중상을 입었다.

- 보스니아 내전에 대하여 -

보스니아의 사라예보에서는 SA 호스텔에 묵었다. 인터넷에서 사람들의 반응이 가장 좋았던 곳이라 무작정 찾아간 곳이다. 다행히 우리가 하루 밤 머물 수 있는 침대는 남아 있었다. SA 호스텔은 가족이 운영하는 민박집 같은 곳이다. 성수기도 아닌 이 계절에 옥탑방 처럼 생긴 호스텔의 3층 거실에는 세계 곳곳에서 온 여행자들로 가득 찼다.

밤늦도록 여행자들과 가족들이 함께 사라예보 이야기를 하던 중에 주인 아저씨가 자기 집에도 폭탄이 떨어졌다며 그때 집으로 떨어진 폭탄조각을 보여준다. 아무 일 없었냐고, 아저씨, 율리아 아줌마 그리고 지금은 건장한 청년이 된 아들 아리안까지 가족들이 다치지는 않았냐고 조심스레 물어본다.

이 가족은 그 때 지하에 대피하고 있어서 아무 일 없었단다. 그 이후로는 쭉 지하에서 살았냐는 질문에 주인아저씨의 눈빛이 흐려진다.

"이해할 수 있겠어요? 3년 7개월이란 세월이 얼마나 긴 지 이해할 수 있겠어요?"

처음 얼마동안은 지하에서 오들오들 떨면서 살았단다. 그러던 어느 날 그냥 2층 방으로 올라와 버렸단다. 바로 어제 저녁 우리가 잔 그 방이라고 일러준다. 자기 가족은 다 무사했지만 일가친척들 중에 남자라고는 아저씨와 아들 단 두 명만이 이 전쟁에서 살아남았단다. 아저씨는 오른손으로 가슴을 한스럽게 때린다.

"살아있는 거나 죽은 거나 마찬가지였어요. 그래서 그냥 올라와 버렸습니다. 어디에서 살고 있으나 마찬가지였거든요…"

참혹하게 변하는 아저씨의 얼굴과 가슴을 때리는 아저씨의 손길이 우리의 마음을 짓누른다.

그 때 아리안은 아주 어렸는데 먹이는 거라고는 풀(율리아 아줌마의 표현에 의하면 Flowers였다)을 뜯어다 만든 풀죽밖에 없었다고 한다. 그 말을 하는 율리아의 눈에서는 금방이라도 눈물이 흘러내릴 것 같다.

벽에 붙어 있는 포스터에는 전쟁의 기간동안 보스니아가 어떻게 포위되었는지를 다 보여주고 있었다. 무장한 군대와 탱크와 총이 사방에서 사라예보를 겨누고 있었다.

포스터를 가리키며 아저씨가 말한다.

"우리는 지난 시절 이렇게 살았어요. 여기서 이렇게 살아남았습니다."

고맙습니다.

살아 남아줘서 고맙습니다. 그 혹독한 세월을 살아남아 이렇게 우리를 다시 맞아주셔서 정말 고맙습니다.

이해할 수 있겠어요?
3년 7개월이란 세월이 얼마나
긴 지 이해할 수 있겠어요?

사라예보의 붉은 장미

사라예보는 한때 '유럽의 예루살렘'이라고 불리던 곳이었다. 작은 도시 안에 기독교, 이슬람교, 정교회, 그리고 유대교까지 각각의 전당을 짓고 각자의 자기 믿음을 충실히 지키던 조화로운 곳이었다. 그다지 크지 않은 도심에 이슬람 사원, 기독교 교회, 유대교 예배당, 정교회 성당의 네개 종교 건물이 그다지 떨어져 있지 않은 거리에 나란히 서 있었다. 그런데 전쟁이 나면서 어제의 이웃이 오늘의 적으로 변해버렸다. 다른 종교가 서로를 적으로 만든 것이 아니라 전쟁이 서로를 적으로 만들었다.

누가 권력의 중심을 잡느냐는 암투에 서로 다른 종교와 다른 민족을 이용했을 뿐이다. 전쟁이 일어나기 전에는 '나의 종교가 무엇인가'를 고민할 필요도 없었다는 사람들이 전쟁의 소용돌이에 휘말리면서 나와 다른 종교의 사람들을 적으로 몰아세웠다. 조화롭고 평화롭게 살아가던 사람들이 전쟁이라는 광기 앞에서 이성을 잃은 것이다.

사라예보의 거리를 걸으면서 우리는 곳곳에서 내전의 상처를 발견했다. 총탄 자국이 무수히 남아있는 건물과 내전동안 세르비아계 저격수들이 지나가는 시민들을 닥치는 대로 저격하였다는 저격수의 길(Sniper's Alley)과 당시 죽어간 사람들의 공동묘지를 찾아다녔다. 그리고 길바닥에 처연하게 피어 있다는 '사라예보의 장미'를 찾아다녔다.

'사라예보의 장미'란 도심 바닥 곳곳에 칠해 놓은 붉은 페인트다. 포위기간 동안 사라예보에 퍼부어진 포탄에 맞아 사람들의 피가 콘크리트 바닥에 붉은 장미 꽃잎처럼 흩날렸다고 해서 그 흔적을 붉은 페인트로 칠해놓고 그렇게 부른다. 콘크리트 바닥에 마치 붉은 꽃이 피어있는 것 같다고 했는데 비가 오는 사라예보의 거리 바닥에서 붉은 장미 흔적을 찾는다는 것은 쉬운 일이 아니었다. 첫날은 찾지 못하고 저녁때 호스텔 가족들에게 어디로 가면 '사라예보 장미'를 볼 수 있느냐고 물었다.

"왜 못 찾았죠? 사라예보의 온 거리에 붉은 장미가 피어 있는데…"

피어있다… 온 거리에… 붉은 장미가…

문득 그런 생각이 들었다. 우리가 지금 사라예보에서 찾고 다니는 게 도대체 뭘까? 어디에서 황태자 부부가 암살되었는지, 그 다리는 어디에 있는지, 포탄의 흔적과 총알 자국이 선명한 건물은 어디에 있는지, 저격수의 거리라는 게 사라예보의 장미라는 게 도대체 어떻게 생겼다는 것인지 아직도 서로 할퀴고 싸우고 있는 건 어디 없는지를 찾아다니고 있는 우리가 보였다. 살아남아줘서 고맙다는 증거를 찾아야 하는 의무라도 있는 양 모진 세월의 흔적을 찾고 있는 우리가 보였다. 어쩌면 이 곳 사람들은 기억하기도 싫고 잊어버리고 살고 싶은데, 잠깐 여행 나온 우리들이 '역사' 운운하며 때로는 알량한 동정심까지 보이면서 그들의 상처를 헤집고 후벼 파고 다니는 게 아닌

사랑스러웠던 사라예보의 바차르시야 거리

지 부끄러웠다.

그리고 보니 모스타르에서 사라예보로 오는 길은 상상 이상으로 아름다웠다. 도도히 흐르는 네레트바 강과 험준한 산의 비경은 우리를 가만 두지 않았다.

사라예보 바차르시야Bascarsija 거리를 걸으면서 베트남의 매력적인 도시 호이안에 와 있다는 생각도 했고, 중국의 소담한 마을 양수오에 와 있는 게 아닐까 하는 착각도 했다. 지붕 낮은 기와집들과 줄지어 늘어서 있는 조그마한 가게들, 앙증맞은 돌길과 이슬람 음식의 묘한 향기, 길 가에 만들어진 소박한 카페에서 마시는 진한 터키식 커피… 평화로운 분위기였다. 마음이 편안했다.

'아! 이 사람들은 이렇게 살아가고 있었구나. 전쟁 이전에도 그리고 전쟁 이후에도 이렇게 아담한 집과 소박한 거리에서 정겹게 살고 있었구나. 이 거리를 따라 이슬람 사원도 있고, 교회도 있고, 정교회 건물도 있고 서로가 서로를 사랑하며 다른 사람들의 믿음을 존중하며 이렇게 살아왔구나.'

사라예보를 유유히 흐르고 있는 밀랴츠카 강으로 다시 나갔다. 낡은 고전의 뻔한 레퍼토리에서는 늘 이렇게 말하곤 한다. 흐르는 저 강물은 이 도시의 역사를 모두 다 기억한다고. 사라예보에서 울린 한발의 총성으로 일차대전이 시작되었고, 20세기의 끝자락에는 도심 전체에 포탄이 퍼부어지는 내전이 있었다는 사실을 사라예보의 저 강물은 똑똑히 다 기억하고 있다고 말한다. 그러나 어쩌면 지금 흐르고 있는 사라예보의 이 강은 할퀴고 물어 뜯던 아픈 상처의 기억보다는 서로가 어울려 함께 살아왔던 지난 평화의 시대를 더 소중하게 기억하고 있으리라는 사실이 오히려 진짜 뻔한 레퍼토리가 아닐까? 지금 이 도시의 사람들은 지난 아픔은 다 보듬고 새로운 공존의 시대를 만들어 가고 있음을 보고 있노라고 말하는 것은 아닐까?

살아있어 주셔서, 이렇게 살고 있어주셔서 감사합니다.
꼭 다시 한번 더 오고 싶은 곳입니다. 사라예보.

차우셰스쿠 궁전과 소박한 교회

루마니아 부쿠레슈티

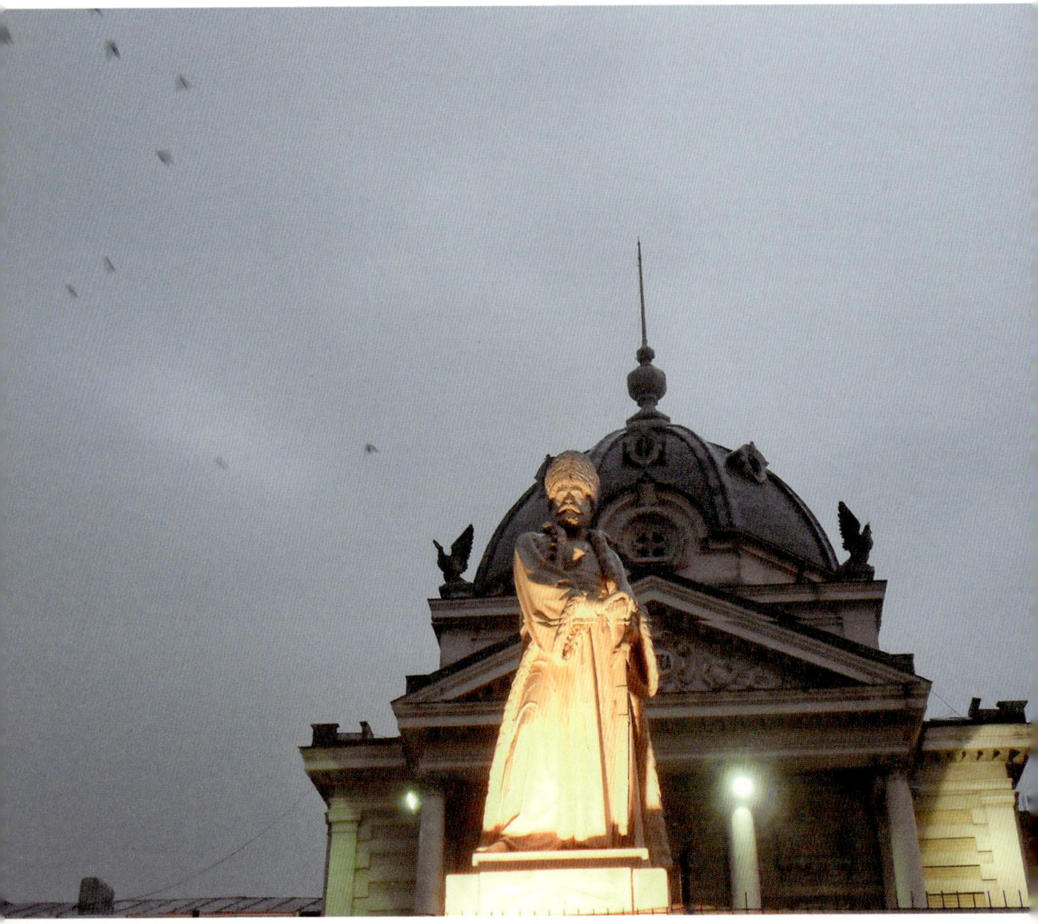

루마니아 부쿠레슈티

smart TIP

루마니아의 수도 부쿠레슈티에서는 대비되는 두 가지에 사로잡혀 있었다. 소박한 정교회와 사치스러운 차우셰스쿠 궁전.

유럽 여행을 제법 오랫동안 하다 보니 사실 성당이나 교회라고 하면 좀 물린다. 도시의 중심에 세워져 하늘을 찌를 듯 위엄을 드러내는 큰 성당도 많이 봤고, 금장식 은장식 화려한 내부치장으로 눈부시고 아름다운 성당도 어지간히 봤다. 세월과 역사가 드러나는 오래된 성당도 교회도 참 많이 봤다. 이제 웬만해선 성당이나 교회를 보고 감동하지 않을 만큼 무심해졌다. 믿는 종교는 없지만 다른 사람들의 생각과 믿음은 존중해야 한다는 마음에서 그곳들을 들어서면 예의를 지켜오는 정도였다. 우리가 믿지 않는다고 해서 다른 사람들의 믿음을 왜곡하거나 비하해서도 안되지만, 과대포장을 해서도 안된다는 수준이었다.

그런데 루마니아 부쿠레슈티에서 만나는 성당이나 교회는 아주 오랜만에 정감이 간다. 참 소박하다. 소박해서 오히려 감동을 준다. 그리 높이 만들지도 않았다. 그저 다른 건물보다 조금 더 높아 보인다. 그리 화려하지도 않았다. 꼭대기의 십자가는 있지만 외부 치장이 거의 없는 믿음의 전당일 뿐이다. 그다지 크지도 넓지도 않다. 한 오륙십 명 정도 들어갈 수 있을까? 그냥 제단 하나에 자그마한 실내다. 화려한 모자이크나 스테인드글라스도 거의 없이 단순하다. 벽이나 천정에 정교하게 만들어놓은 조각상도 많이 보이질 않는다. 대신 아주 오래된 듯한 아이콘과 프레스코화로 성서의 내용을 그려놓았다. 성당의 상징처럼 여겨지던 육중한 문도 없이 소담스러운 프레스코화가 새겨진 조그만 문 하나가 있을 뿐이다. 우연히 만난 초라한 성당 한 곳만 그런 게 아니다. 여기저기 보이는 루마니아 정교회의 건물은 다 비슷비슷했다. 도심의 한 가운데 우뚝 솟아있어 도시 전체를 거느리고 있는 느낌을 주는 중세 다른 도시들의 성당과는 달리 부쿠레슈티의 성당들은 그저 도시 곳곳에 띄엄띄엄, 때론 아파트 사이에 튀지 않게 들어가 있었다.

그래도 이 곳 사람들의 깊은 신앙심은 읽을 수 있었다. 이 나라 사람들의 절대 다수가 정교회 신자라는데 성당 밖에 만들어놓은 자그마한 봉헌대의 초는 거의 꺼지지 않는다. 사람들이 성당 안에서나 성당을 드나들 때만 성호를 긋는 것이 아니라 길을 걷다가도, 버스를 타고 가면서도 성당 옆을 지나면 성호를 긋고 예를 다하는 모습을 여러 번 봤다. 아무도 없을 것 같이 보였던 동네의 조그만 성당 안에서 기도를 하고 있는 사람들도 여럿 보았다. 단순히 관광용으로 전락해버린 듯한 다른 나라의 크고 화려한 성당에서 보이던 모습들과는 사뭇 달랐다.

참 소박하고 참 차분했다. 그동안 성당과 교회에 대해 약간 심드렁했던 우리에게 오히려 믿음이 뭔지 더 생각하게 하는 부쿠레슈티였다. 그래서였을까? 루마니아 사람들이 다른 어떤 곳보다 더 소박하게 더 따뜻하게 느껴졌던 것이.

그러나 루마니아를 들어서면서부터 우리는 또 다른 한명의 루마니아 사람, 역사 속의 그 인물을 떠올리지 않을 수 없었다. 루마니아의 독재자 차우셰스쿠다.

30년이 넘도록 장기집권을 했던 차우셰스쿠 정권이 독재에 항거하는 루마니아 국민들에 의해 무너진 건 1989년 겨울이었다. 그때 우리나라 TV에서도 차우셰스쿠의 마지막 연설 장면이 나왔던 것 같기도 하고, 루마니아 국민들의 시위 장면을 화면으로 봤던 것 같다. 국민들을 피해 도망가던 차우셰스쿠가 잡혔다는 소식과 며칠 후 처형당했다는 소식까지 들었던 것도 같다. 정말 까마득하게 잊고 있었던 역사의 장면들이다. 그 이후 지난 20년간 한 번도 그를 생각해 본 적이 없는데 루마니아엘 들어오니 그때가 떠오른다. 떠오를 수 밖에 없었다. 어디든 독재자 차우셰스쿠의 흔적이 있었고 독재정권을 무너뜨린 루마니아 민중들의 흔적이 남아 있었기 때문이다.

수탈과 독재의 상징으로 남아있는 차우셰스쿠 궁전은 미국무성 펜타곤 다음으로 세계에서 두번째로 큰 건물이다. 이 궁전을 짓기 위해 당시 차우셰스쿠 정권은 건축 재료가 되는 대리석, 참나무, 금은 등을 루마니아 전역에서 거두어 들여 국고를 탕진하고 국민을 궁핍으로 몰아넣었다. 게다가 궁전 건축비용을 마련하기 위해 루마니아의 식량을 외국으로 마구 수출하여 대규모 식량 부족상태까지 오게 만들었다. 궁핍과 기근에 견디지 못한 국민들은 더 이상 참지 못하고 차우셰스쿠를 반대하는 시위를 벌였다. 그러나 대부분의 독재정권이 그러하듯 장갑차를 투입하고 시위 군중을 향해 발포까지 하여 수많은 사상자를 냈다. 부쿠레슈티 대학생을 중심으로 성난 군중들의 시위가 며칠 동안 계속되고 결국 헬기를 타고 도망가던 차우셰스쿠는 붙잡히고 사흘만에 군부에 의해 처형당했다. 궁전이 다 지어지는 것도 보지 못한 채.

루마니아에서 우리가 마음먹고 찾아간 곳은 차우셰스쿠의 궁전이었음은 당연한 일이었다. 차우셰스쿠 궁전은 개인적으로는 들어갈 수 없다. 예약을 해야 하고 반드시 신분증을 맡겨야 하며 설명을 해주는 정부 공식 가이드와 함께 동행해야 한다. 궁전 내부로 들어가니 화려함에 눈을 뗄 수가 없었다. 사방 천지가 번쩍번쩍한 대리석이고 고급 융탄자에 고급 참나무 문들이다. 루마니아 국민들은 그렇게 소박하게 살고 있는데 궁전은 이렇듯 치장을 하려 했다니 그저 가슴이 답답할 뿐이었다. 그가 특별 주문했다는 계단도 있다. 차우셰스쿠는 외국 국빈들의 초청만찬회가 열리는 중앙 홀에 가장 위엄 있고 가장 화려하게 등장하는 자신의 모습을 그리며 극적인 등장을 연출할 수 있는 계단을 설계해 달라고 주문했다. 모든 인민이 평등하게 잘 살게 한다는 사회주의 사회에서 지도자라는 사람이 보다 근엄하게 보다 극적으로 사람들 앞에 등장하는 모습을 연출하려 했다니. 내용이 아닌 형식적인 연출이 필요한 지도자, 그의 마음속에는 이미 국민들이 있는 것이 아니라 자신의 영광만 있었던 것이다.

모두 천 개가 넘는다는 대형 홀들은 어느 것 하나 같은 것이 없다. 샹들리에도 커튼도 천정도 바닥 무늬도, 문의 모양과 조각도 모두 다르다. 여행을 다니면서 나름 여러 궁전을 봤다고 생각해 왔는데, 20세기 건물치고 이리 엄정난 규모에 이렇듯 화려한 것은 거의 본 적이 없다. 중세 봉건시대까지 거슬러 올라가도 마찬가지일 것이다. 전체 천여 개의 방 중에서 우리가 들어가 볼 수 있는 방은 5% 정도밖에 안된다는데, 그 화려함에 감탄하기보다는 점점 더 가슴이 답답해 올 뿐이었다. 궁전에서 두 번째로 큰 방이라는 대형 홀에 들어갔다. 자연 채광이 되어 아주 밝은 분위기를 자아내는 곳이다. 아가씨 가이드는 이 방이 얼마나 넓으며 얼마나 많은 대리석이 깔려 있는지 설명했다. 차우셰스쿠는 이 방이 만들어지는 것을 보면서 한 쪽 높은 연단에서 자신이 연설을 하고 있는 동안 반대쪽에 있는 똑같은 모양의 연단에 자신의 부인이 앉아서 들어 줄 것을 계획했다고 한다. 이렇게 넓은 홀의 양쪽에 부부가 마주 서는 모습을 상상했던 차우셰스쿠. 결국 부부가 마주보는 모습은 이 방에서 이루어지지 못했고 나중에 루마니아의 체조 영웅 코마네치가 이 방에서 결혼식을 올렸다나? 듣고 있던 사람들이 모두 웃는다.

차우셰스쿠가 만든 궁전이고, 결국 그를 무너뜨린 궁전이기에 당연한 것이기는 하지만 아까부터 가이드의 설명을 듣고 있자니 차우셰스쿠에 대한 빈정거림이 역력하다. 그리고 여러 나라에서 온(물론 루마니아 사람들도 있었다) 관광객들도 가이드의 설명을 들으면서 픽픽대며 웃고 있었다. 차우셰스쿠는

차우셰스쿠 궁전의 대형 홀

완전 '조롱거리'였다. 마음 놓고 조롱하고 얼마든지 희롱해도 되는 죽은 독재자였다. 마음껏 놀려도 무리는 없겠지만 당시 루마니아 국민들의 절절한 심정과 그 때 독재를 무너뜨린 준엄한 심판까지 차우셰스쿠에 묻혀 함께 조롱당하는 것 같아 마음이 편치는 않았다.

궁전의 발코니로 나가서도 조롱은 계속 됐다. 차우셰스쿠는 부쿠레슈티의 대로가 보이는 이 발코니에 서서 국민들을 상대로 폼 잡으면서 연설을 하고 싶어 했다고 한다. 그런데 그는 소원을 이루지 못하고 결국 이 궁전이 완공 되기도 전에 죽음의 길로 가 버렸다. 사람들은 또 웃는다. 결국 이 발코니에 서는 미국의 대중가수 마이클 잭슨이 처음으로 서게 되었는데 구름같이 모여든 루마니아 팬들에게 "헬로우!! 부쿠레슈티 시민여러분"이라고 해야 하는데 "헬로우!! 부다페스트 시민여러분"이라고 했다나? 사람들은 폭소를 터트린다. 부쿠레슈티를 부다페스트로 착각하여 인사한 마이클 잭슨의 이야기도 웃기고 차우셰스쿠가 마이클 잭슨으로 바뀐 이야기도 웃긴다. 그냥 웃어넘기기만 하면 되는 것일까? 화려한 샹들리에의 불빛에 소박한 루마니아 정교회의 모습이 겹쳐져 떠올랐던 건 단지 우리 둘 뿐이었을까?

결코 편치 않은 마음으로 궁전을 나왔다. 그리고 차우셰스쿠가 마지막으로 연설한 구 루마니아 공산당 건물 앞으로 가본다. 공산당사 옆의 건물에는 당시의 흔적인 총알자국이 그대로 남아있다. 그날 희생당한 사람들을 위한 티미슈아라 기념탑으로도 가 본다. 높다란 기둥 아래로 전진하고 있는 사람들의 형상을 동상으로 만들어 두었다. 기념탑에는 '1989년 12월의 영웅들' 이라고 새겨져 있다. 옆면에는 혁명의 그날, 죽임을 당한 사람들의 이름이 한명 한명 새겨져 있다. 세계 어느 나라든지 역사의 발전 앞에는 희생이라는 게 있어야 하는 건지.

결국 루마니아는 1989년 시민혁명으로 차우셰스쿠를 몰아내고 다음해에 선거로 대통령을 선출하면서 공식적으로 공산체제를 종식시켰다. 그리고 20년도 더 지났다.

지금의 루마니아는 어떠할까?

우리가 묵었던 호스텔의 주인 율리아는 살기가 너무 어렵다고 말한다. (사실 살기 어렵다는 이야기는 어느 나라, 어느 곳에서나 항상 있는 이야기이

화려한 궁전과 대비되는 소박한 정교회 건물

기는 하다) 공산 독재체제를 무너뜨렸지만 다시 선출된 사람들도 결국 그 부류의 사람들이라서 루마니아 국민들의 삶은 여전히 어렵단다. 마치 우리나라가 일제에서 해방이 되었지만 친일하던 사람들이 여전히 권력을 잡고 있어서, 일제강점기 때 잘 살던 사람들이 그대로 잘 살고 그때 어려웠던 사람들은 여전히 힘든 것처럼. 부쿠레슈티 대학에서 언어학을 전공하고 있다는 율리아는 제일 앞에 있는 사람 하나만 바뀌었을 뿐, 다음 줄에 있던 사람들이 다시 앞줄로 나와 권력을 잡고 여전히 똑같이 하고 있으니 잘 될 리가 없다고 잘라 말한다.

소박한 부쿠레슈티 사람과 독재자 차우셰스쿠. 시민혁명과 얼굴만 바뀐 지도자. 상반되는 두 가지가 겹쳐 결코 편치 않은 부쿠레슈티를 떠난다.

노래혁명, 발트의 길 위에 서다

에스토니아에서 리투아니아까지

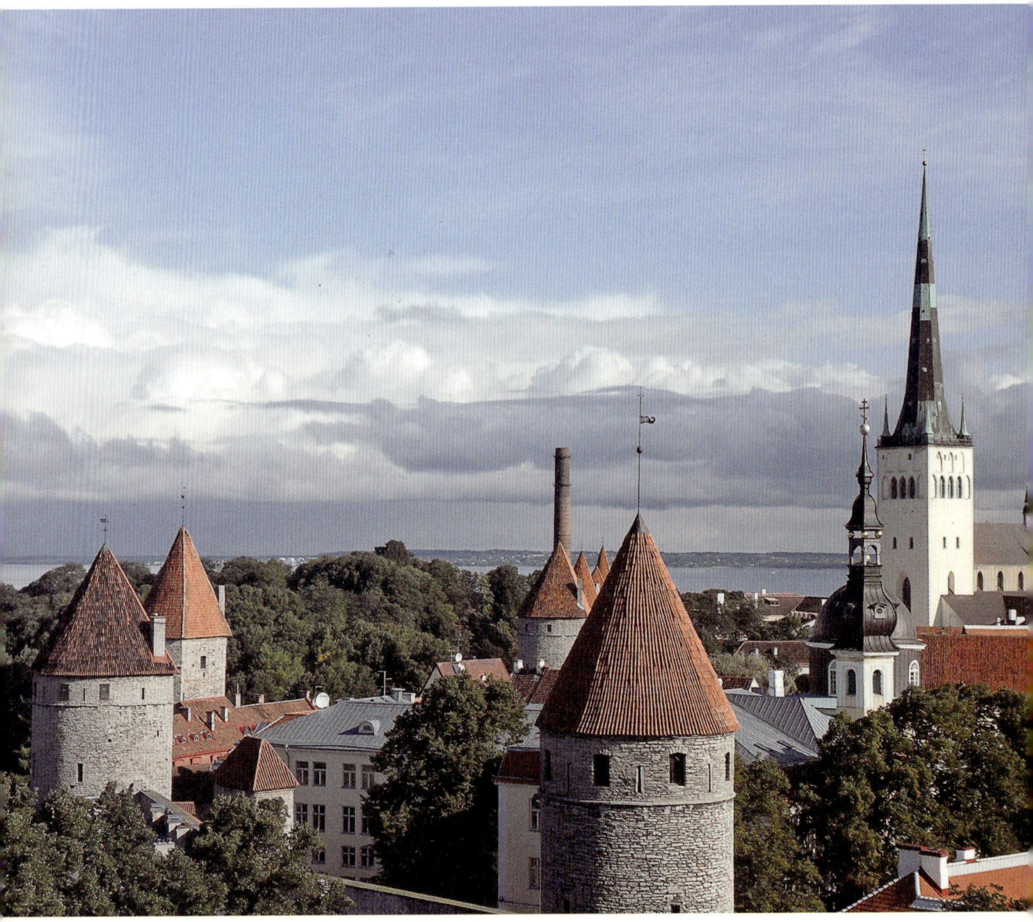

에스토니아 탈린

smart TIP

발트의 길을 아는가? 독립의 노래, 자유의 노래를 다 함께 불렀던 620km 인간 사슬에 관하여 들어본 적이 있는가?

1989년 8월 23일, 에스토니아 탈린에서부터 라트비아의 리가, 리투아니아 빌뉴스까지 세 나라에 걸친 620km 도로에는 200만 명이 넘는 사람들이 모여들어 인간 띠를 만들었다. 그들은 서로의 손과 손을 잡았다. 약속한 저녁 7시, 사람들은 다함께 소리치기 시작했다.

"라이스베스! 브리비바! 바바두스!"
"라이스베스! 브리비바! 바바두스!"

리투아니아 사람들은 라이스베스laisves, 라트비아 사람들은 브리비바briviba, 그리고 에스토니아 사람들은 바바두스vavadus를 외치고 있었다. 외치는 언어는 서로 달랐지만 그 뜻은 똑같이 하나였다.

"자유! 자유! 자유!"

기적과도 같은 이렇게 긴 인간띠를 만든 세나라 사람들의 요구는 당시 발트해 국가들을 강제 점령하고 있는 소련 정부를 향하여 세 나라의 독립을 보장하라는 것이었다.

620km 도로를 꽉 메운 사람들은 서로의 손을 맞잡은 채 다함께 노래를 불렀다. 독립의 노래, 자유의 노래를.

이날의 함성을 이해하려면 그날로부터 정확하게 50년 전인 1939년 8월 23일로 거슬러 올라가야 한다. 50년 전 그날, 소비에트연방공화국과 독일은 발트해 국가들의 의사와는 상관없이 '몰도로프-리벤트로프 조약'이라는 상호불가침조약을 맺었다. 스탈린과 히틀러가 그들 사이에 끼어 있는 유럽을 나눠갖자는 비밀협약을 체결한 것이다. 조약에 따라 독일은 폴란드를 소련은 발트 3국을 자국의 영토에 포함시키기로 합의했다. 소련은 이듬해 이차대전의 와중에도 세 나라의 국경초소를 무력으로 침공하여 각각의 정부를 무너뜨렸다. 이차대전이 끝나면서 그나마 폴란드와 체코는 주권을 보장하는 독립국가로 인정되었지만 발트 해 연안의 세 국가는 아예 소련으로 편입시키고 세계 지도에서 이들 나라의 이름을 없애버렸다. 이후 세 나라는 소련에 대해 독립을 위해 항거하였지만, 수많은 사람들이 목숨을 잃었고 시베리아로 유형을 가는 등 고통의 세월을 보내야 했다.

마침내 1989년 에스토니아, 라트비아, 리투아니아 사람들은 치욕의 50주년을 맞아 발트 3국을 점령한 소련의 부당함을 전 세계에 알리기로 했다. 가장 수치스러운 날을 민족 독립을 위한 새로운 출발의 날로 만들기 위한 것이었다. 당시의 소련은 고르바초프 시대로 내부의 힘이 약해지기는 했지만 그래도 현실에서는 엄연히 무력 침공의 위협도 가하고 있었다. 실제 행사가 있기 일주일 전까지만 해도 공산당 기관지 프라우다는 발트 3국이 계획하고 있는 대회를 불법으로 규정하고 이를 금지한다는 기사를 내놓았고, 루마니아의 차우셰스쿠도 소련에 병력을 지원하기로 했다는 이야기가 흘러나오는 위험한 시기였다. 그러나 세 나라 사람들은 거리로 몰려나왔고 620km의 긴 거리를 함성으로 메웠다. 한날 한시에 다 같이 모여 역사상 유례가 없는 긴 인간 사슬을 만들고 다함께 자유의 노래를 불렀다. 결국

중세 길드가 번성했던 성 캐서린의 길. 에스토니아 탈린.

1990년 리투아니아를 시작으로 이들 세 나라는 러시아로부터 독립을 쟁취했다.

총칼을 든 무장투쟁이 아니라 가장 평화적인 방법으로의 민족해방투쟁. 훗날 사람들은 이를 두고 노래혁명(Singing Revolution)이라고 평했고, 이 길을 '발트의 길'이라고 이름 지었다.

우리도 지금 발트의 길을 따라 여행 중이다. 에스토니아의 탈린에서 시작하여 라트비아의 리가를 거쳐 리투아니아의 빌뉴스까지, 620km 인간 사슬의 그 길을 여행하고 있다.

여름을 막 끝낸 에스토니아의 탈린 광장은 조용했다. 그러나 광장의 한 귀

통이에 있던 인포메이션 센터에는 노래하는 민족, 에스토니아에 관한 이야기가 가득했다. 19세기 말부터 시작되어온 에스토니아 대합창대회에는 수만 명의 에스토니아 사람들이 한 곳에 모여 노래를 부른다고 했다. 합창대회는 '나의 조국, 나의 사랑'이라는 노래를 부르며 시작된다.

"나의 조국은 나의 사랑
애정을 바쳤던 그대에게
노래하네. 크나 큰 행운을
생기발랄한 에스티여"

에스토니아 민족시인의 시에 곡을 붙인 이 곡은 소련 강제점령 당시 에스토니아 사람들이 국가처럼 부르며 사랑했던 노래라고 한다. 무장투쟁과 같은 총칼의 힘이 아니라 노래를 함께 부르며 사람들을 단결시켰던 에스토니아의 대 합창제는 라트비아나 리투아니아에도 영향을 미쳤다. 힘들고 어려울 때, 하나로 힘을 모아야 할 때 세 나라 국민들은 수만 명이 한꺼번에 모여 대합창을 했다고 한다. 지금도 발트의 3국들은 4~5년마다 번갈아가며 국가적으로 성대한 합창제를 열고 있다. 라트비아의 수도 리가에서는 합창을 하고 있는 10여 명의 젊은이들을 만나는 행운도 얻었다. 함께 연주되는 악기는 하나도 없이 오로지 사람의 목소리만으로 어우러지는 노래 소리. 노래로 하나가 되었던 역사를 이미 알게 된 우리들에게 리가의 광장에서 울려 오는 합창은 감동 그 이상이었다.

다시 버스를 타고 리투아니아의 빌뉴스를 향했다. 에스토니아 탈린에서 라트비아 리가, 그리고 이곳 빌뉴스까지 오는 우리의 여행은 벌써 며칠째다. 참으로 먼 길이다. 이토록 긴 길을 어떻게 사람들의 물결로 가득 채웠을까? 도시들을 연결하는 도로는 마을과는 한참 떨어져 있었고 끝도 없는 숲길이었다. 어떻게 이 먼 곳에 그 많은 사람들이 한날 한시에 모일 수 있었을까? 버스를 타고 내려오면서 내내 풀리지 않는 의문이었다.

노래하는 젊은이들. 라트비아 리가 광장.

발트의 길 시작점이자 끝. 리투아니아 빌뉴스 광장.

발트해는 인구밀도가 세계에서 가장 낮은 곳으로 유명하다. 1989년 8월 23일, 이날 대회를 기획한 본부는 620km에 이르는 거리를 소련 침공 50주년을 상징하며 모두 50구획으로 나누고 한 구획 한 구획씩 책임지기로 했다. 기획본부는 세 나라의 교통부 관계자, 환경운동 관계자 그리고 지역 주민들과 함께 세부적인 것까지 계획은 했지만 실제로는 '바닷물을 숟가락으로 퍼내는 것 같았다'고 고백했다. 그러나 물방울 하나하나와 소금 알갱이 하나하나가 모여 거대한 대양을 이루는 기적처럼 세 나라 사람들은 남녀노소 할 것 없이 수많은 사람들이 대회에 참가하겠다고 나섰다. 고작 인구의 10% 정도만이 승용차를 가지고 있던 당시, 한 동네에 몇 대 안 되는 차들은 사람들을 끊임없이 실어 날랐고 버스 회사들은 노선을 바꿔가면서까지 사람들을 각자의 위치에 내려줬다. 사람들의 행렬 100미터 마다 작은 무대가 세워졌고 록밴드, 곡예사들의 공연을 보면서 약속한 시간을 다같이 기다렸다. 그리고 약속한 저녁 7시. 그 길에 늘어선 사람들은 다 같이 손을 잡았다. 그리고 15분 동안 다 함께 외쳤다.

"라이스베스! 브리비바! 바바두스!"

"자유! 자유! 자유!"

감동의 눈물을 흘리며 다 함께 노래를 불렀다.

"자유! 자유! 자유!"

각 마을과 도시의 성당에는 그 시각에 맞춰 종소리가 울려퍼졌다. 기적이었다. 혁명이라기보다는 축제 같았다.

우리가 리투아니아의 빌뉴스에 도착한 날은 안개비가 내리고 있었다.
발트의 길, 그 길의 시작이었고 또 한편의 끝이었던 리투아니아의 대성당 광장 앞에 우리도 섰다. 대리석이 깔린 넓은 광장 바닥에는 여느 돌판과는 다른 눈에 띄는 조각이 하나 있다. 이름하여 매직 타일이다. 거기에는 반짝이는 푸른 타일로 스테부클라스Stebuklas라는 글자가 새겨져 있다. 스테부클라스는 리투아니아어로 '기적'이라는 뜻이다. 인간 사슬의 시작 지점, 그러니까 기적의 출발점이다.
사람들은 독립이라는 기적을 바라며 이곳에서 행진을 시작한 것일까? 그래서 기적이 이루어진 것일까?
스테부클라스 타일 주위를 시계 방향으로 세 번 돈 다음 그 자리에 서서 소원을 빌면 소원이 이루어진다는 전설이 있다. 우리도 각자 세 바퀴씩 돈다. 우리가 알고 있는 사람들의 건강과 행복을 빈다. 발트의 길을 떠올리며 노래하는 혁명을 생각하며 20년 전 그 날, 이 사람들의 감동을 떠올리며 천천히 기적의 타일 주위를 돈다.

뚜벅뚜벅 걷다 05

차마고도는 그들이 살아가는 길이었다_ 중국 리지앙

둘이라서 다행이다_ 스코틀랜드 글렌코

온 몸이 얼어붙던 추위, 그러나 용서한다_ 스위스 체르마트

햇살 눈부신 지중해의 다섯마을을 가다_ 이탈리아 친케테레

고맙다. 튼튼한 두 다리와 두 발에게_ 노르웨이 스타방예르

삶의 질을 묻다_ 룩셈부르크 뮬러탈 숲

한 장의 사진이 심장을 쿵쿵 뛰게 했다_ 크로아티아 플리트비체 호수

수도원이 공중에 매달렸다_ 그리스 메테오라

바람의 계곡에서 붉은 장미를 만나다_ 요르단 페트라

바다였지만, 우리는 올리브 나무 숲 트레킹을 택했다_ 터키 리키아의 길

차마고도는 그들이 살아가는 길이었다

중국 리지앙

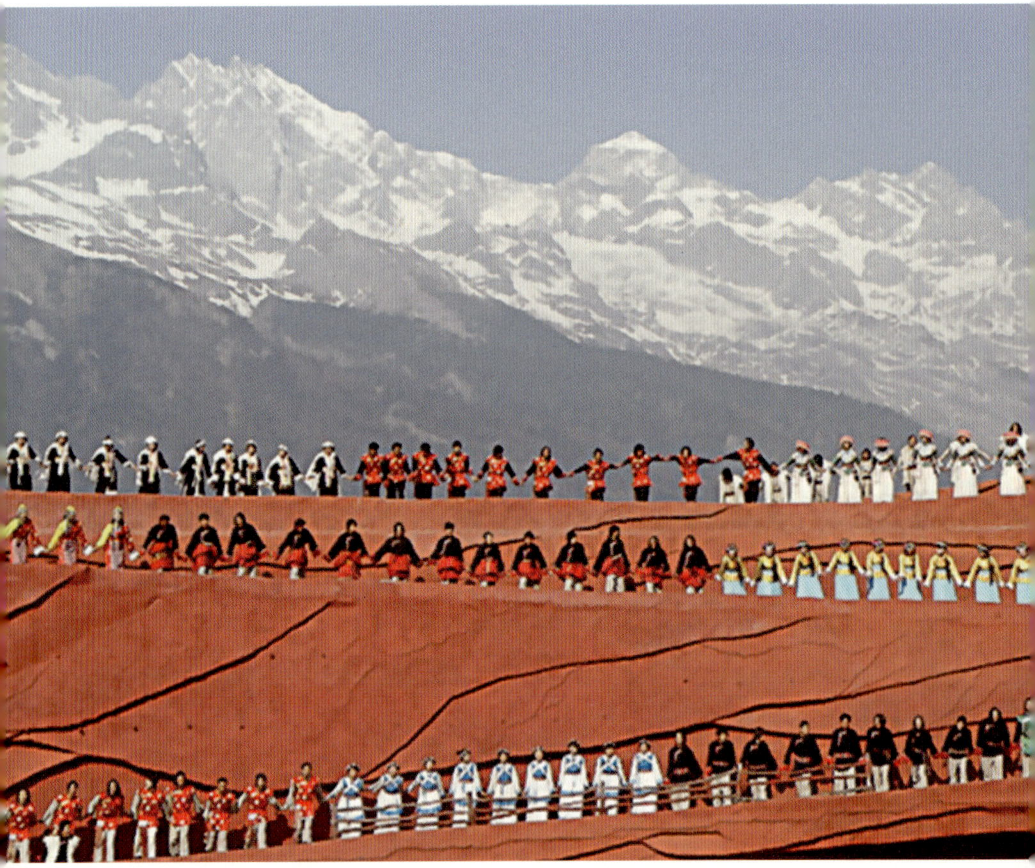

옥룡설산을 배경으로 노래하는 인상 리지앙

smart TIP

옥룡설산은 험준한 히말라야 산맥의 끝자락이라고 했다. 아득히 보이는 높은 산봉우리는 하얗게 만년설을 이고 있다. 하늘은 눈이 시리게 푸르다. 수 킬로미터의 거대한 붉은 산을 무대로 꾸며 놓았지만 짙푸른 하늘도 눈 덮인 험준한 산도 이미 무대다.

둥둥둥둥… 오페라가 시작된다. 무대 여기저기에서 배우들이 달려 나온다. 옷차림이 다양하다. 히말라야에 사는 부족들의 전통 복장이다.
출연자들이 자신을 소개한다. 나시족, 바이족, 따이족, 묘족…. 모두 인근 지역 소수민족들이다.
   "우리들은 전문배우가 아닙니다. 아마추어들입니다. 그러나 우리는
   오늘 공연에 최선을 다할 것입니다…"
야외 오페라 '인상 리지앙 印像 麗江 Impression Lijjang'이 시작되었다.

우리가 중국 원난성의 리지앙을 찾은 이유 중의 하나는 장예모 감독의 인상 리지앙 때문이었다.
전문 배우가 아닌 현지 주민 여러 소수 민족들이 배우로 나오는 오페라, 자연 그 자체를 무대로 삼았다는 야외 오페라, 줄거리도 바로 그 곳에서 살아가는 사람들의 이야기라는 인상 리지앙은 여행을 떠나오기 전부터 이미 우리 마음속에 들어와 있었다.
장예모는 영화 붉은 수수밭, 집으로 가는 길 등으로 유명한 감독이다. 지금은 아주 인기가 있는 그의 첫 번째 야외 오페라는 '인상 유삼저(오페라 양수오)'다. 가마우지를 이용하여 고기를 잡고 살아가는 리강 사람들의 삶을 오페라로 엮은 것이다. 리강에 사는 농민 배우들은 낮에는 농사를 짓고 고기를 잡다가 밤이면 자기 집 소를 몰고 고기잡이 도구를 챙겨서 양수오로 공연을 하러 온다. 천하 제일경이라는 리강과 험준하게 솟아오른 산봉우리에 직접 조명을 설치하는 지상 최대 최고의, 야외 오페라를 연출한 것이다. 그의 두 번째 작품이 히말라야 설산을 배경으로 하는 차마고도의 이야기, '인상 리지앙'이다. 세 번째가 '인상 서호'. 네 번째 '인상 하이난'은 지금 준비

중이다.

공연이 시작됐다. 말을 탄 청년들이 붉은 무대로 꾸며진 험준한 산 위를 오른다. 이들이 지금 오르는 산은 단순한 등정용이 아니다. 궁핍한 삶을 지고 가는 생존의 길이다. 이름하여 차마고도. 멀리 티베트의 말과 소금을 구하기 위해 윈난성에서 키운 차를 팔러 가는 길. 거친 자연 환경 속에서 살고 있는 사람들이 세상으로 나가 자신들에게 필요한 것을 구할 수 있는 유일한 통로로, 실크로드보다 200년이나 더 앞서 만들어진 인류 역사상 가장 오래된 동서교역로다. 윈난성 사람들이 키운 차는 이 길을 따라 티베트를 넘어 네팔, 인도로 그리고 서방세계로 전해졌을 것이다.

나시족 여인들의 아름다운 음악이 흘러나온다. 한 무리의 여자들이 커다란 광주리를 메고 그들의 일터, 차 밭으로 나간다. 들릴 듯 말듯 아련한 노래 소리, 산자락의 처자들은 땅을 일구고 차나무를 키우고 찻잎을 딴다. 차밭의 사람들은 모두 여인들이다. 단 한사람의 남정네도 없다. 히말라야 산자락의 남자들은 그냥 빈둥빈둥 놀고만 있다. 남자 배우들은 자거나 마시거나 빈둥거리는 연기를 한다. 그러나 나시족 여인들은 결코 그 남자들을 원망하지 않는다. 그들이 해내야 할 다른 몫의 일이 있다는 것을 알고 있기 때문이다.

둥둥둥둥… 한 무리의 마방들이 히말라야 설산을 오른다. 몰아치는 산바람에 히말라야의 남자들의 머리카락이 사자의 갈기처럼 휘날린다.
둥둥둥둥 북소리가 강해진다. 거대한 산을 배경으로 만들어진 야외무대가 빛나는 순간이다. 이제 한여름동안 빈둥거리고 놀기만 하던 사내들의 순간이 왔다. 자신들의 여인네가 키우고 가꾼 차를 팔러 먼 길을 떠나야 한다. 눈 덮인 험준한 산 히말라야를 넘어야 한다. 거대한 차밭으로 이루어진 푸얼 땅을 지나 제일 처음 넘어야 하는 험준한 산이 히말라야의 끝 봉우리 옥룡설산이다. 차의 본산지인 푸얼에서 출발하여 옥룡설산 아래의 리지앙에 도착한 마방들. 오늘 밤이 지나면 이제 저 가파른 옥룡설산을 넘어야 하고

둥둥둥둥… 한 무리의 마방들이 히말라야 설산을 오른다.
몰아치는 산바람에 히말라야의 남자들의 머리카락이
사자의 갈기처럼 휘날린다.

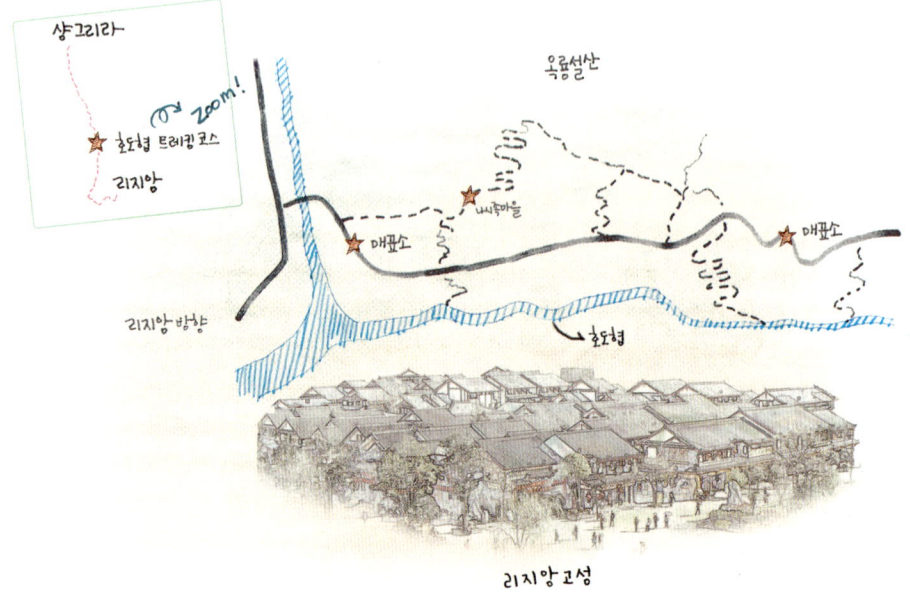

리지앙고성

옥룡설산 보다 더 모질고 거친 히말라야 산들을 넘어가야 한다. 이 길을 떠나서 차를 팔고 소금을 구하고 말을 구해서, 살아서 돌아올지 아니면 삶의 문턱을 넘지 못하고 눈 덮인 산에서 그들의 목숨을 바쳐야 할지 어느 누구도 알 수 없다. 줄에 대롱대롱 매달려 깊은 계곡을 넘어야 하는 사선의 차마고도가 그들을 기다리고 있다. 꽁꽁 언 발을, 온통 얼어붙는 비루한 몸을 이끌고 저 산을 넘어가야 한다. 오늘 밤이 지나고 나면 떠나야 한다.
차 보따리를 메고 모여든 마방들은 리지앙의 객잔에서 술판을 벌인다. 어쩌면 생의 마지막이 될지도 모르는 지상에서의 파티를 질펀하게 치른다.

사실 리지앙에 있는 며칠 동안 나는 밤이면 고성 전체가 홍청망청 술판이 되어 시끄러운 마을로 변한다는 것에 견딜 수가 없었다. 낮의 리지앙은 여러 책에서 소개한대로 '지구상에서 사랑하는 연인들에게 가장 잘 어울리는 마을'임에 틀림없었다. 미로처럼 얽혀있는 골목과 돌담, 기와지붕만 빽빽한 옛날 집들, 고성을 밝히는 홍등에 소원을 담은 종이배가 떠다니는 골목의 시냇물. 그러나 리지앙은 밤만 되면 홍청망청 마을이 떠나갈 정도의 소음이 터져 나오는 끔찍한 술판으로 변했다. 술판을 두드리는 나무막대, 찢어지는 괴성. '소리만을 골라 지워버리고 풍경으로서의 리지앙만 가질 수 있다면 얼마나 좋을까' 하는 터무니없는 상상도 했다.

그러나 나는 지금 오페라 리지앙을 보면서 밤이면 벌어지던 리지앙의 술자리를 이해하기로 했다.

'이랬구나 이 사람들은. 아주 오래 전부터…'

소금이나 말과 바꾸기 위한 차를 보따리 보따리 짊어지고 푸얼에서 따리, 리지앙까지 오는 동안은 그래도 그리 험한 산길은 아니었을 것이다.

'이제 리지앙을 지나면 저 험악한 산을 넘어야 했구나. 사랑하는 가족, 연인, 친구들과도 헤어져야 했구나.

이 길을 떠나면 삶과 죽음의 구별이 되지 않는 곳, 여기 리지앙에서 저렇듯 노래를 부르고 술을 마시며 그 밤을 보냈구나.

그들이 다시 살아 돌아왔음을 확인하는 곳도 이곳 리지앙이었구나. 가지고 간 차를 말과 소금으로 바꾸고 다시 돌아와 삶을 확인하는 장소가 바로 여기였구나. 그래서 그들은 기쁨의 술을 마신 거였구나…'

차마고도 입구에 있는 리지앙은 이별과 만남의 장소였고, 삶과 죽음의 교차점이자 출발지였던 것이다.

무대 전체로 조용한 음악이 흘러나온다. 애잔한 선율이다. 여인을 제 말에 태운 한 명의 청년이 험준한 산을 가리킨다. 사랑하는 여인에게 작별을 고할 시간이다. 바로 뒤로는 눈 덮인 실제의 옥룡설산이 파란 하늘 아래 빛나고 있다. 모든 부족들이 자신의 전통 복장을 하고 무대 위로 나와 합창을 한다. 험준한 차마고도, 살아서 돌아오시라고 무사히 돌아오시라고 노래를 부른다. 제사장이 등장한다.

"신이시여, 우리들의 산신이시여, 저들을 보살펴 주소서."

힘차게 말을 모는 청년들. 사자의 갈기를 휘날리며 그들은 길을 떠난다. 마

무사히 살아 돌아오길 비는 제사장의 기도

방들의 북소리. 그들의 기상이 하늘을 찌른다. 오십 명도 넘는 배우들이 큰 북을 들고 나와 함께 북을 치는 모습이 눈 덮인 산과 어우러져 장관을 이룬다. 북소리가 가슴을 울린다. 둥! 둥! 둥! 둥!
이제 그들은 자신이 먹고 살아야 할 길, 가족들을 먹여 살려야 하는 길을 떠나간다. 둥! 둥! 둥! 둥!

오페라가 끝났다. 배우들, 아니 바로 이 땅에 살고 있는 사람들이 다시 무대 앞에 나섰다. 둥둥둥 북소리에 온 마음을 다 빼앗긴 관객들을 향해 큰 소리로 외친다. 오늘 공연을 잘 보셨냐고. 우리들은 최선을 다했노라고. 또 어떤 이는 외친다. 자신은 노래도 잘 못하고 고함만 지르고 말만 타고 무대 위를 왔다갔다 했다고. 그러나 다음에도 또 찾아와 주시겠냐며 묻는다. 자기들은 내일도 모레도, 비가 오고 눈이 오고 바람이 불어도 여기 이 무대에 있겠다며 바로 이 땅에서 살고 있겠다며 소리친다.
둥! 둥! 둥! 둥! 설산과 함께 북소리가 가슴을 울린다.
대단하다. 거대한 자연의 한가운데서 이런 공연을 만들어내는 것도 대단하고, 농사를 짓는 농부들을 훈련시켜 이렇게 참여시키는 것도 대단하다. 무대도 음악도 사람도 대단하다.

그러나 무엇보다 내 마음을 울렸던 것은 '인류의 역사'였다.
사실 여행을 출발하기 전 한국에서 차마고도를 따라 여행을 하고 싶다는 막연한 생각을 하면서도 차마고도라는 게 TV 다큐멘터리에 나오는 그 길, 딱 그 하나인 줄만 알았다. 말을 매달아 강을 건너는 그 길, 한 발만 삐끗하면 그대로 강으로 처박힐 것 같던 아슬아슬한 그 길. 그런데 여기를 와서 보니 그게 아니었다. 옥룡설산을 걷는 호도협 트레킹을 하다 보니 산 위에는 여러 갈래의 길이 있었다. 사람이 사는 곳이라면 어디든 물건을 사고파는 교역이 필요했을 터이니 이 마을 저 마을 사이로 길은 나 있어야 한다는 것, 히말라야 산 골짜기 골짜기에 사람들은 살고 있었고 그 구석까지 길은 나 있어야 한다는 것, 길은 물건을 팔고 사는 삶의 터전이었고 더불어 이웃들을 만나는 통로였다.
그 길 하나하나가 모두 차마고도였다.
그 길에서 살아온 사람의 역사였다.

둘이라서 다행이다
스코틀랜드 글렌코

스코틀랜드의 하이랜드, 글렌코.

스코틀랜드는 북쪽 나라다. 위도 상으로도 높은 나라, 그 나라에서도 북쪽으로 올라가면 트레킹으로 유명한 지역이 나온다. 이름도 하이랜드 트레킹이다.

워낙 넓은 곳이라 어디로 어떻게 가야 하는지 헤매다 결국 스코틀랜드 관광청 홈페이지로 들어가서 Milngavie에서 시작해 Fort William까지의 산이 좋다는 걸 찾았다.
그중에서도 압권은 글렌코Glencore 주변의 트레킹이었다. 글렌코 지역은 여러 트레킹 책자에서 설명하는 수식어 자체만으로도 우리를 매혹시켰다.
    'Majestic Mountains, Stunning Geological Formations, Dramatic Atmosphere, Breathtaking Scenery… Exciting… Spectacular… Remarkable… Ecofriendly…'
더 이상의 화려한 수식어를 생각해낼 수 없을 만큼 찬사 그 자체였다. 고민하지 않고 글렌코를 찾았다.

에든버러에서 시작하여 피트로클리 - 아비모어 - 인버네스 - 포트윌리암을 거쳐 글렌코에 도착했다. 낮은 구릉에 산허리를 감아 도는 구름과 끝없이 펼쳐진 산군들. 어디에도 오염되지 않은 깨끗한 공기가 우리를 맞았다. 스코틀랜드의 하이랜드 지형은 산만 있는 것이 아니라 곳곳에 호수가 있다. 이렇게 깊은 곳에 호수가 숨겨져 있으니 괴물 '네시'가 나온다고 할 만하다. 글렌코는 호수 바로 앞에 있는 조그마한 마을이다.

한국은 장마 끝에 찜통더위라는데 여기는 겨울 잠바를 꺼내 입을 만큼 쌀쌀하다. 다행히 내리던 비가 우리의 도착과 함께 그쳤다. 맑게 갠 하늘 위로 선명한 오색 무지개가 우리를 반긴다. 숙소를 찾아야 했다. 유스호스텔이 하나 있다는 책자만 믿고 무작정 왔는데, 훤한 대낮이었지만 거리에는 지나다니는 사람도 없다. 교회 문도 꽁꽁 걸어 잠겼고 가게는 보이지 않는다. 겨우 한 명 만난 동네 사람에 의하면 글렌코 호스텔은 산길로 2km는 걸어 올라가야 한단다. 짐만 없다면 그리 먼 길은 아니겠지만 겨울 같은 쌀쌀한 날씨에 두려움이 먼저 앞선다. 간다고 해도 방이 있다는 보장도 없고 마을에는 숙소가 보이지 않는다. 숙소 위치가 정확하게 어디인지 과연 빈 방이 있는지 알아보려고 공중전화 부스 앞에서 기다리는데 우리 앞에 있는 사람이 전화로 유스호스텔의 위치를 묻고 있다. 재수~~ 마침 그 사람은 차가 있다. 가뿐하게 차에 올라탄다. 낯선 사람에게서 받는 친절이다. 배낭여행은 늘 이렇게 불현듯 나타난 의외의 친절을 받는 경우가 자주 있다. 여행을 떠나오면 항상 '오늘 저녁은 어디에서 자야하나?'가 가장 큰 고민 중의 하나이지만 우리의 경험에 의하면 나서기만 하면 길은 있다는 것이다. 정해지지 않은 다음 순간에 대한 두려움이 약간 있을 뿐, 언제나 시간이 지나고 나면 우리 한 몸 뉠 곳을 찾아냈다. 단지 그 순간이 조금 힘들 뿐, 답은 항상 있었다. 여행의 길에는 항상 사람들이 있었고 그들은 낯선 우리를 항상 도와줬다. 믿고 떠나기만 하면 된다.

마을의 중심에서 2km쯤 떨어진 산 한가운데서 글렌코 유스호스텔을 만난다. 100년도 더 된 건물이다. 역시 빈 방도 남아있다. 에딘버러 인포메이션 센터에 놓여있던 트레킹 책자에서 쭉 찢어온 사진 한 장을 달랑 들고 나타난 우리를 보고 사람들이 웃는다. 온갖 화려한 수식어를 써놓은 사진 한 장. 여기가 어디냐고, 이 장면이 있는 곳을 가려고 글렌코를 무작정 찾아왔노라는 우리를 보고 기가 찬 표정이다. 여기를 찾아온 다른 사람들은 모두들 거의 등산 전문가들처럼 보인다. 등고선이 세밀하게 그려진 엄청나게 큰 지도와 어마어마한 장비들을 갖추고 등산을 하려고 온 사람들이다. 우리처럼 허접하게 온 사람은 거의 없다. 유스호스텔의 여자 스텝은 우리의 물음에 산행 정보를 자세히 설명해 주면서도 연방 배시시 웃는다. 산속에 있는 호스텔 6인용 도미토리에 우리 둘만 넣어준다. 가엾어서 그랬나? 아니면 기가 차서 그랬나?

오늘은 우선 워밍업이다. 가까운 곳만 살살 걸으면서 마을 아래까지 내려갔

다 올라온다.

글렌코 마을을 설명한 것 중에 'Notorious Massacre in History'(악명 높은 대량 학살)이라는 게 나온다. 스코틀랜드의 슬픈 역사 중 하나다. 1688년 명예혁명 이후에 영국왕 윌리엄 3세는 자신을 따르지 않고 제임스 2세를 추종하여 도망간 스코틀랜드 사람들을 대량 학살했다. 이때 윌리엄 3세에 끝까지 저항한 중심 세력이 바로 여기 글렌코의 맥도널드 가문이었다. 아름다운 클렌코 마을의 한쪽에는 대량 학살 추모비가 쓸쓸하게 놓여 있다. 대량 학살이라고 해서 수천 명이 목숨을 잃었을 것이라고 지레 짐작했다. 내가 살고 있는 사회, 우리가 배운 역사에서 비롯된 잠재의식이다. 글렌코에서 일어난 대량학살로 목숨을 잃은 사람은 모두 38명이란다. 이곳의 추모비는 인간에 대한 존엄성을 말하고 있는데 대량이라는 단어에 연연해 사람 수에 신경을 쓰고 있었던 우리를 반성하게 만든다.

대량학살 추모비

다음날은 호스텔에서 보이는 글렌코의 꼭대기 Pap of Gencore를 올랐다. 다른 사람들은 중장비를 하고 산을 오르는데 우리는 그냥 마실 나온 사람들 마냥 살랑살랑 걸었다. 아침부터 자욱하게 낀 안개를 벗삼아 부슬부슬 내리는 비를 피하느라 우산을 폈다 접었다는 반복했지만 기분 좋게 걸었다. 야생 사슴도 만났다. 우리도 깜짝 놀라고 사슴도 놀란다. 사람 소리에 깜짝 놀라 후다닥 뛰어가다 제자리에 서서 물끄러미 우리를 쳐다보고 있다. 어쩌면 물끄러미가 아니라 겁에 질린 채 발을 못 떼고 있었는지도 모른다. 초식동물이었기에 망정이지 사람에게 광폭한 녀석들이었다면 아마 큰일을 당했을지도 모른다. 하기야 이 산에서 자유롭게 풀을 뜯고 있던 이 녀석들에게 불안감을 준 우리가 불청객이다. 혹시 또 모른다. 어쩌면 우리를 숨 쉬고 있는 길동무라고 생각했을지도. 그냥 바람이다. 그렇게 생각해주길 바랄 뿐이다.

헉헉 거리고 올라간 산 중턱. 스코틀랜드 하이랜드가 자랑하는 풍경이 펼쳐진다. 여러 잡지에서 눈부시게 아름다운 숨막히는 절경이라고 표현해놓은 바로 그 장소다.
아! 사진 찍는 걸 배우고 왔어야 하는데… 우리가 느끼는 지금의 이 벅찬 감동을 남편의 사진 실력으로는 담아낼 수가 없다. 손바닥만한 똑딱이라서 그렇다고 괜히 카메라 핑계만 댄다. 사진으로는 다 담을 수 없는 아름다운 풍광을 마음속에 담는다. 초반의 편안한 길이 사라지고 돌무더기만 가득한 제법 험한 마지막 산을 넘고서야 겨우 꼭대기에 도착했다. 아래로는 호수가 보이고 촉촉한 안개비에 초록이 푸르다. 상쾌한 공기가 가슴 깊은 곳까지 밀려 온다.

호스텔에서 만들어 온 샌드위치와 삶은 감자와 과일로 점심을 먹는다. 여행을 나오면 우리가 가장 즐겨 준비하는 소박한 점심이다. 오랜 시간 이 산을 즐기고 싶은데 꼭대기의 바람이 차다. 이제는 내려가야 한다. 무릎보호대를 끼웠다. 산을 좋아하기는 하지만… 지리산 종주를 숱하게 했지만… 그래도 산에서는 겸손해야 한다, 자연 앞에서는 겸손해야 한다. 자연 앞에만 서면

인간은 그저 나약한 존재. 건방지지 말자, 가파른 산길이다. 소박해지자, 우리 일상의 삶에서도…

무릎보호대를 착용했지만 언제나 그렇듯 산은 내려가는 것이 더 힘들다. 이미 몇 시간의 산행으로 몸도 지친데다 부슬부슬 비까지 내려 돌이 많이 미끄럽다. 결국 쫄딱 미끄러졌다. 바위에 엉덩방아를 찧었다. 방금까지 겸손해져야 한다고 스스로 다짐했으면서도 우산을 안 든 다른 한 손을 호주머니에 넣은 탓이다. 남편은 걱정스러운 눈길로 나를 쳐다본다. 이 산 꼭대기에는 지금 우리 두 사람 밖에 없다. 혼자서도 조심조심 걸어내려 가야 할 판에 나를 업고 내려갈 수도 없는 일. 게다가 내 몸무게를 감당할 수 있는 남편도 아니다. 아무렇지도 않은 듯 걸어내려 가지만 꼬리뼈가 심하게 아프다. 내일 아침에 일어나서 엉덩이가 붓는다면 병원엘 가야 할까? 여기서 또 우리의 여행을 멈춰야 할까? 온갖 생각이 머릿속을 휘젓는다. 잡념을 털어내고 오직 걷는 데만 집중해야 하는데… 다른 생각을 하고 있으면 또 다른 사고가 올지도 모르는데… 저 사람은 안 미끄러울까? 저기는 괜찮을까? 내가 아픈 한편으로 남편까지 미끄러지면 우린 정말 큰일이라는 생각이 더 많이 든다. 남편에게 기대고 또 기대고, 서로가 서로를 잡아주며 엉금엉금 기다시피 해서 산을 내려왔다. 다행이다. 둘이 함께 여행을 하고 있어서 정말 다행이다.

글렌코 유스호스텔에서 이틀을 자고 다시 길을 나섰다. 다행히 넘어진 데는 조금 욱신거리기만 할 뿐 별 탈 없이 넘어가는 듯하다. 올라갈 때는 자가용을 얻어 탔지만 내려가는 길은 아예 히치하이크 자체를 포기하고 타박타박 걸어 내려간다. 언제 다시 올지도 모르는 원시림의 싱그럽고 차가운 공기를 즐기면서 우리는 또 그렇게 걸었다.

온 몸이 얼어붙던 추위, 그러나 용서한다

스위스 체르마트

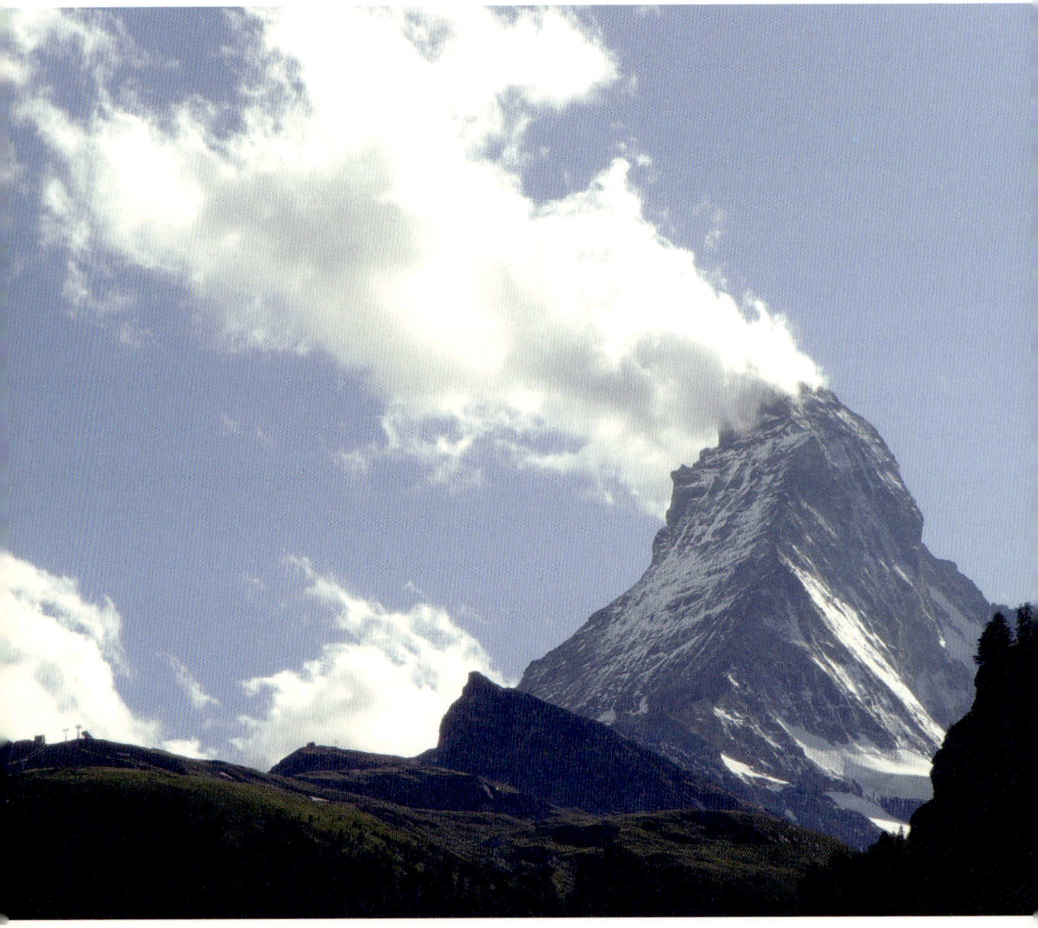

파라마운트사의 로고가 된 스위스 마테호른

smart TIP

스위스 체르마트Zermatt 트레킹은 산꼭대기의 십자가에 매달려 있는 예수님 상에서 시작했다. 황량하고 추운 설산의 꼭대기에 십자가에 박힌 예수님의 상은 왜 걸어둔 것일까? 춥고 배고픈 자들에게 사랑을 베푼다는 뜻일까? 아래 인간들의 세상이 사랑으로 따뜻해지기를 높은 곳에서 바라는 것일까? 그러나 정작 아랫동네에서 올라온 우리들은 지금 너무 춥다. 7월 한여름이라는 생각에 얇게 입고 올라온 탓이다. 아니다. 어젯밤 우리가 잤던 방이 너무 따뜻하고 좋았기 때문에 느끼는 상대적인 감각인지도 모른다.

스위스 알프스라고 하면 꼭대기에서 한국 컵라면까지 주는 융프라우만 알고 있었고, 다들 거기로만 가는 줄 알아서 사람들이 잘 모르는 체르마트는 방 구하기가 쉬울 것이라는 무식이 원인이었다. 7월의 체르마트는 그야말로 만원이었다. 이곳은 빙하투어, 산악등반, 트레킹, 스키, 스노보드, 자전거 하이킹의 천국이라고 했고 그 유명세만큼 한 여름의 체르마트는 사람들이 버글버글했다. 방을 구하는 것은 하늘의 별 따기였다. 화려해서 멋진 방, 그리하여 비싼 방은 감히 넘보기 어려운 진정한 하늘의 별이었고 싸고 좋은 방은 이미 예약이 끝난 현실의 별이었다. 무거운 배낭을 역 앞에 맡겨두고 땀을 뻘뻘 흘리고 방을 찾는데 한 호텔의 스텝이 달콤한 제안을 한다. 현금으로 처리하는 조건으로 더블 룸을 100프랑으로 소개할 수 있는 호텔이 있단다. 탈세가 전혀 없는 스위스 같았는데 여기도 결국 사람들이 사는 세상인가? 찜찜하기는 했지만 남의 사정을 따질 상황이 아니었다. 100프랑이면 우리 둘이 여기서 제일 싸다는 유스호스텔, 그것도 도미토리에 들어가야 하는 가격이다. 이틀 치 방값으로 200프랑을 지불하고 들어선 우리 방, 환상이었다. 포근하고 깨끗한 이부자리에 산이 올려다 보이는 발코니, 그리고 무엇보다 개인 욕실에 욕조까지 있는 우리로서는 최고급 방이었다. 오랜만에 이태리타올로 때까지 빡빡 밀었다. 게다가 온갖 빵에 과일 야채가 있는 화려한 아침식사까지. 춥고 배고픈 생활이 언제 적 이야기였는지 하루 만에 다 까먹어 버렸다. 제 배부르고 따뜻한 것만 생각하고 밖이 추운지, 산꼭대기가 추울 것인지 생각도 안하고 올라와버린 거다.

하기야 산을 올라올 때까지만 해도 그리 추운 줄은 몰랐다. 이번 트레킹은 하산하면서 할 작정이었다. 아랫마을에서 6인용 케이블카를 타고 스와찌 파라다이스Scharzsee Paradise까지 오른 다음, 큰 케이블카로 갈아타서 트로크네프 스테그Trockenef Steg까지, 다시 다른 케이블카로 마테호른 그레이셔 파라다이스Matterhorn Glacier Paradise까지 가서 이제 내려오기만 하면 된다고 생각한 것이다. 케이블카와 케이블카로 연결되니 거의 실내와 같으리라는 착각? 같이 케이블카를 탄 사람들이 빵빵한 스키복장에 발 패치까지 차려 입어 무슨 저런 요란법석을 떠냐며 비웃기까지 했는데 꼭대기에 올라온 소감은 '아이고! 그들이 정답'이었다. 마테호른 그레이셔 파라다이스. 굳이 해석하자면 마테호른 빙하천국이라는 뜻인데 사람들은 케이블카에서 내리자마자 스키 자세로 밖으로 나서고 빙하투어를 하러 휑하니 떠나버렸다. 바보같이 남은 우리만 맨몸으로 갈 수 있는 나무데크 꼭대기의 뷰 포인트까지 올라와 이렇게 십자가에 못 박힌 헐벗은 예수님 상을 보고 있는 것이다. 스키를 배우자고 남편은 몇 년 전부터 나를 꼬셨건만 나이 들어 이제 와서 배우면 허리 다친다고, 어디 뼈라도 부러지면 어떡하냐고 반대한 게 조금 미안해진다. 지금이라도 배우자고 설득하지만 점점 더 자신이 없어진다. 끝까지 스키는 못 배울 것 같다.

십자가의 예수님과 함께 벌벌 떨며 사진만 몇 장 찍고 후다닥 실내로 들어왔다. 체온이 떨어지는 것 같다. 그러나 하산 시간도 만만찮아 더 이상 지체되면 안된다. 여기는 3,800m가 넘는 산꼭대기. 갈 길이 멀다. 스키를 타는 사람이 아닌 다음에는 마테호른 그레이셔 파라다이스에서 다시 트로크네프 스테그까지는 케이블카를 타고 내려와야 한다. 거기서부터 체르마트 마을까지 내려가는 트레킹이다. 사방천지가 눈 덮인 산이고 빙하에 빙하 호수다.

케이블카에서 벗어나 밖으로 나오는 순간부터 내려오는 길에서는 내내 마테호른이 보였다.
마테호른Matterhorn(4,478m)은 스위스 알프스에서 제일 높은 봉우리다. 마테

호른의 만년설이 녹아 체르마트 마을 한가운데를 흘러 아름다운 산악마을을 만든 것이다. 마테호른은 1865년 영국 원정대와 이탈리아 원정대가 동시에 등정을 시도했고 영국 등반대원 일곱 명이 200m 앞서 마테호른을 최초로 정복했다. 그러나 기쁨도 잠시, 하산하던 도중 등반대원 네 명이 사고를 당해 죽음을 맞아야 했다.

19세기는 세계적으로 높은 산이나 미지의 곳을 탐험하는 시기였다. 인간의 힘으로 자연을 탐험하고 정복해야 했던 시기. 그래서 자국의 명예를 높이고 자신들의 이름을 날리던 시기였다. 그러나 21세기에 들어와서 자연은, 정복해야 할 대상이 아니라 인류가 오랫동안 함께 살아야 하는 곳으로 보존해야 하고 가꾸어야 하는 곳으로 그 의미가 바뀌고 있다. 인간은 자연을 지키고 자연은 인간에게 휴식과 안식을 주는 관계로 진전되고 있는 것이다. 수많은 당시 젊은이가 열악한 장비를 가지고 산을 오르다 목숨을 잃었다는 마

빙하가 만든 호수 앞에서 점심을 먹으면서

테호른. 그들의 희생과 불굴의 의지로 지금 우리는 아주 편하게 마테호른을 보면서 트레킹을 한다. 피부도 인종도 달랐던 그들에게 새삼 감사한 마음을 가지며 알프스를 즐긴다.

마테호른을 바로 눈앞에 두고 빙하가 만든 호수 앞에서 싸온 점심을 먹는다. 꼭대기를 가린 구름이 벗겨지길 기다린다. 트레킹을 하고 있는 대부분의 사람들이 같은 심정일 것이다. 벗겨지기를… 마테호른이 다 나타나기를…

미국의 영화사 '파라마운트'사의 영화가 시작할 때 보여주는 화면이 바로 이 마테호른이다. 어제 도착했을 때 어째 봉우리 모양이 눈에 익다 했다. 그러나 남편은 파라마운트 영화보다는 네팔의 마차푸차레 때문에 눈에 익었을 거란다. 그러고 보니 물고기의 꼬리라는 마차푸차레와도 닮은 것 같다. 도시락을 까먹고 제법 기다려보지만 마테호른은 여전히 구름에 가려진 채 우리를 아쉽게 했다. 하기야 이곳은 눈이 내려야 한다. 그리고 추워야 한다. 그래야 지금 이 아름다운 빙하도 녹지 않을 것이다. 어쩌면 지금의 우리는 폐허가 된 유적을 만나는 대신 온전하게 살아있는 지구를 보지만, 몇백 년 후의 사람들은 말끔하게 복원된 유적을 볼 수 있어도 빙하라는 것은 사진으로만 감상할 수 있을지도 모른다. 유적 복원은 사람이 할 수 있는 일이지만 자연 복원은 사람의 손으로는 어림없기 때문이다. 더 많은 눈을 내려라. 더 추워도 좋다. 한여름이라도 저 높은 곳에 눈을 뿌리고 굳건한 빙하를 만들어 지금 그대로를 지켜다오. 마테호른에 걸려있는 눈구름을 용서(?)하고 산 아래로 발길을 돌린다.

쉬다가 걷다가 쉬다가 걷다가 한참을 아래로 내려오니 드디어 초록도 보인다. 길도 편안하게 잘 나있다. 마테호른이 정면으로 바라보이는 높은 지형은 경사도 심하고 눈 덮인 얼음과 돌도 많아 조심스럽고 힘겨운 길이었지만 아래로 내려올수록 초록 풀도 많이 보이고 길도 잘 나있다. 마테호른은 안내 책자 그대로 정말 트레킹의 천국이다. 나이 든 사람들도 제법 많이 보인다. 드디어 마을이 보이기 시작한다. 인포메이션 센터에서는 걸어 내려오는 길이 4~5시간 정도면 된다고 했는데 6시간 정도 걸렸다. 우리가 그리 천천히 내려온 것도 아니고, 중간에 많이 쉰 것도 아닌데 먼 길이기는 하다. 오늘도 3만 보를 넘었다. 휴~~.

햇살 눈부신 지중해의 다섯마을을 가다

이탈리아 친케테레

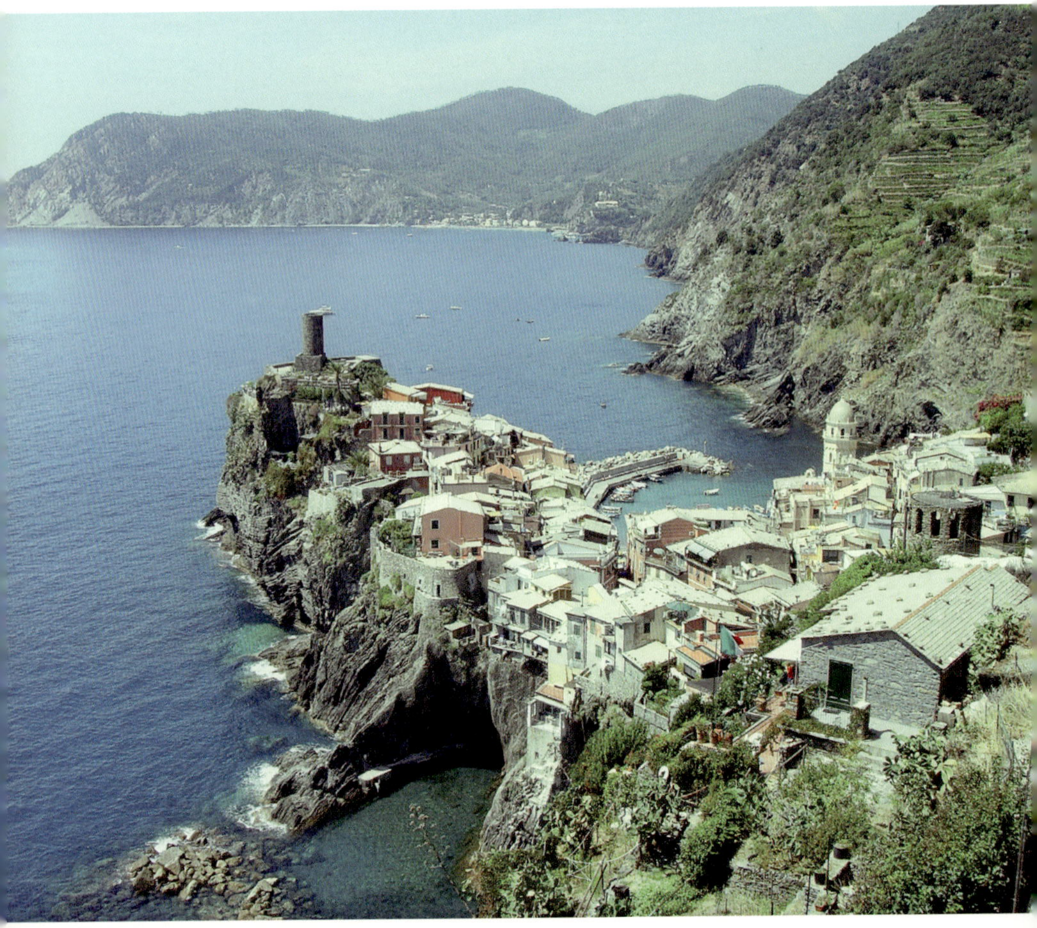

친케테레의 한 마을 베르나차

smart TIP

눈부신 햇살의 푸른 지중해. 이탈리아의 북쪽 지중해에는 이름부터 예쁜 친케테레Cinque Terre가 있다. 영어로 Five Lands를 뜻하는 친케테레는 라스페치아 지방의 다섯 마을을 말한다. 리오마쪼레Riomaggiore, 마나롤라Manarola, 코니글리아Corniglia, 베르나차Vernazza, 그리고 몬테로소 알 마레 Monterosso Al Mare.

리비에라 해안을 따라 이어져 있는 다섯 마을은 비탈진 산자락에 알록달록한 집들을 지어놓고 바다로 나있는 계단식 언덕에 포도나 올리브를 키우며 살아가는 곳이다. 마을끼리는 자동차 도로가 없고 오로지 마을용 철도와 바다 위 언덕 사이로 사람들이 걸어 다닐 수 있는 오래된 옛길로만 이어져 있다.
여름방학을 맞아 유럽까지 날아온 언니네 부부와 같이 리오마쪼레부터 몬테로소 알마레까지, 모두 12km의 친케테레 길을 걷기로 했다.

라스페치아에서 기차를 타고 내린 첫 마을인 리오마쪼레. 역 바로 옆으로 마을 중앙으로 갈 수 있는 터널을 지난다. 강렬한 지중해의 햇살이 먼저 다가온다. 바다 끝에 몇몇 집들이 있는 것 같았지만, 마을보다는 어느새 눈부신 푸른 바다에 이끌린다. 리오마쪼레에서 다음 마을인 마나롤라까지 이어지는 해안 길은 기암절벽과 푸른 바다가 어우러지는 낭만적인 분위기 덕분에 연인들의 길Via Dell'Amore, Lover's Lane로 알려져 있다. 이곳을 걸으면 사랑이 이루어질까? 이루어진 사랑이 영원할까? 사랑스런 마음으로 걷기를 시작한다. 완만한 경사가 있지만 아주 편안한 길이다. '연인들의 길'이라는 이름과 어울리게 한 쌍의 아름다운 조각도 놓여있다. 사람들은 앞다투어 조각 옆에서 다정한 포즈를 취한다. 조각상 너머로는 영원한 사랑을 약속한 자물통들이 걸려있다. 이 길목에 걸어두면 사랑이 깨지지 않는다는 믿음 때문일까? 바닷바람에 녹은 슬었지만 세월의 흐름에도 끄떡없이 꼭꼭 걸어 잠군 사랑의 자물통들로 빈틈이 없다. 넓은 바다엔 보트가 한 척 외로이 떠있다. 오늘은 바람조차 잔잔하다.

걸어서 30분 만에 두 번째 마을, 마나롤라에 도착했다. 높은 바위위에 노랑, 분홍, 파랑색의 조그마한 집들이 총총히 들어서있다. 태양 가득한 지중해 마을의 좁은 골목길에 조그만 가게들이 오밀조밀 모여 있고 그 가게에는 눈부신 태양과 꼭 어울리는 기념품들을 팔고 있다. 햇살의 노란색과 바닷물의 파란색을 섞어 만든 소품들이 아주 잘 어울린다. 반바지 차림의 꼬마 아이들이 집앞 골목에서 자기들이 만든 핀과 실 팔찌 등을 팔고 있다. 벌써부터 장사하는 데 눈을 떴을까? 아니면 마냥 앙증맞고 귀여운 애들일까? 어설프게 펼쳐 놓은 진분홍 보자기와 아이들의 밝은 옷 색깔, 만들어 팔고 있는 소박한 팔찌와 핀 등이 마을 분위기와 참 잘 어울린다. 꼬마들이 그저 귀엽다고 느껴지는 건 눈부신 태양 때문인지 모른다. 골목은 사람 하나 겨우 다닐 수 있을 정도로 아주 좁다. 이렇게 좁디좁은 골목들로 마을이 만들어져 있으니 자동차는 어림없다. 그런데 이런 길이라 더 사랑스러운 건지 모른다. 사람만이 다닐 수 있는 길, 반드시 걸어 들어가야만 볼 수 있는 곳. 그래서 이곳으로 사람들이 몰려드는 건지도 모른다. 요즘은 친케떼레의 인기가 하늘을 찌른단다. 이탈리아뿐만 아니라 전 세계에서 이곳을 걷기 위해 모여든다.

자기들이 만든 핀과 실 팔찌 등을 팔고 있는 친케테레의 아이들

마나롤라는 부산 영주동 골목과 아주 흡사하다. 좁은 골목에 다닥다닥 붙어 있는 집들, 바삐 오가는 사람들 그리고 뱃고동이 울리는 부산 항구. 영주동의 어느 골목을 걷고 있는 듯하다. 단지 그곳에는 강렬한 햇살이 없고 알록달록한 천연색의 집이 없을 뿐. 친케테레는 자기들의 삶터를 몇백 년 동안 그대로 지키는 것으로 여행자들을 불러 모으는 곳이다. 삶이 있는 바다와 삶이 있는 골목. 때로는 허물고 새로운 것을 짓는 것 보다 지키고 있는 것이 더 아름다울 때도 있다. 마을 구경을 뒤로 하고 해안 길을 따라 또 걷는다. 바닷물 색깔도 해변 바로 옆으로 나있는 길도 예술이다. 생각해 보면 여기도 부산과 아주 많이 닮은 듯하다. 바다를 바라보며 걷는 태종대 같다.

한 시간 반을 걸어 세 번째 마을 코니글리아에 도착했다. 친케테레에서 가장 작은 마을이다. 코니글리아는 천연의 요새라 할 수 있는 높은 절벽위에

있는데, 이 마을로 들어서려면 경사진 길을 따라 365개의 계단을 올라야 한다. 땀이 비 오듯 흐른다. 지중해 마을의 태양이 뜨겁다. 좁은 골목골목이 다 우리가 가야 하는 길의 한 과정이다. 골목도 하나의 구경거리고 골목의 돌담들도 눈길을 끈다. 소라 고동과 조개껍질들을 붙여 놓은 담도 보이고 아주 작은 구멍을 하나 내서 집안으로 바로 배달되는 우편함을 만들어 놓은 곳도 있다. 투박한 사람 얼굴을 조각해 붙여 놓은 집도 있다. 지중해의 한낮 뜨거운 햇살에 온 몸은 땀범벅이 되면서도 친케테레의 매력에 점점 빠져 들어가는 건 바로 이런 장면을 만날 수 있기 때문이다. 화려함이나 인공적인 장식이 아니라 있는 자연을 그대로 표현해 놓은 소박한 아름다움이 걷는 이들의 피곤함을 잊게 만든다. 골목이 만들어 놓은 그늘로 시원한 바닷바람이 불어온다. 마을 꼭대기에 있는 교회에 들어간다. 아주 오래된 듯하다. 역시 친케테레는 관광객을 위한 곳이 아니라 지금도 사람들이 살고 있는 현실의 마을이다.

다시 한 시간 반 정도를 더 걸었다. 네 번째 마을 베르나차를 만난다. 언덕 위에서 내려가는 길에 보이는 베르나차는 진짜 그림같이 예쁘다.
그런데 이렇게 앙증맞은 마을도 예전에는 악명이 높았다고 한다. 친케테레의 다섯 마을 중에 비교적 낮은 지대에 위치한 베르나차 마을은 다른 곳보다 바다로 접근하기가 쉬워서 인근 대도시 제노바와 피사의 무역선들을 해적질 하는 곳으로 유명했다. 그 이유로 여러 차례 징벌을 당하기도 했지만, 마을 주민들의 용맹함과 높은 전투 기술로 12세기경에는 해전에 동원되기도 했다는 역사가 있는 마을이다. 9백 년도 더 지난 과거의 악명은 그러나 지나간 역사일 뿐이고 지금 이 곳을 여행하는 우리 같은 사람들에게는 알록달록 예쁜 마을로만 보일 뿐이다. 유독 선인장이 많이 보여 그 뾰족한 가시가 눈에 거슬리지만 그것 역시 햇살의 강렬함을 떠올리게 하는 수단에 불과했다.

네 번째 마을에 들어와서 언니네 부부는 더 이상 걷기를 포기했다. 둘은 기차로 다음 마을까지 가기로 하고 우리 둘만 다섯 번째 마을인 몬테로소 알 마레까지 걷는다. 지중해안의 다섯 마을을 이어주는 오래된 길이라고 했지만 마지막 코스는 시원한 바닷바람이 불어오는 해안길이 아니라 산길 한가운데를 걸어가야 한다. 가장 힘들다는 1시간 반 정도의 거리다. 겨우 사람 하나 지나갈 수 있을 만큼 아주 좁은 길도 많이 만난다. 이미 온 몸은 땀에 절어 얼굴 팔 다리가 말라붙은 소금기로 퍼석퍼석하다. 한여름 뙤약볕에 이 길을 걷는 사람들의 옷차림이 예사롭지 않다. 웃통을 벗어 던진 남자들은 허다하고 아예 비키니 수영복 차림으로 걷는 여자들도 흔하게 만난다. 비 오듯 땀은 흐르지만 그걸 보는 재미도 쏠쏠하다. 마지막 이 길에서는 과수원을 많이 만난다. 레몬밭도 있고 특히 포도밭이 많다. 지중해의 뜨거운 태양을 듬뿍 받은 포도와 레몬. 상상만으로도 달콤하다.

친케테레의 다섯 마을을 이어주는 오래된 이 길도 사실은 포도밭으로 가는 길, 레몬 밭으로 가는 길이었을지도 모른다. 원래 길이란 사람들이 살아가는 통로였을테니까…
오늘 우리도 이 길을 따라 드디어 다섯 번째 마을 몬테로소 알 마레에 도착했다.

고맙다,
튼튼한 두 다리와 두 발에게

노르웨이 스타방예르

우리를 이곳까지 오게 만든 건 한 장의 사진이었다. 스코틀랜드 여행 중 보았던 산악 잡지에서의 사진 한 장. 깊은 계곡에 거짓말처럼 솟아있는 절벽과 그 위에 점처럼 서있던 사람들. 그들은 그저 형체로만 서 있었다. 사진 전체에서 사람이 차지하는 부분은 극히 일부분에 지나지 않았고 자연의 거대함이 우리를 압도했다. 벌떡이는 심장을 억누르고 글을 읽는데 '노르웨이의 스타방예르 피요르드'라는 사실을 알아냈다.

그때까지도 우리가 이번 여행에서 과연 북유럽을 갈 수 있을지는 모르는 상태였다. 언니네 부부가 유럽으로 들어오면 차를 렌트할 것이라는 계획은 있었지만, 과연 어느 코스로 어떻게 다닐 것인지는 아무것도 정해지지 않은 시점이었다. 우리는 그저 다시 한국을 떠나왔고 세계여행을 시작하면서 세웠던 애초의 계획은 이미 헝클어져 있었다. 하여튼 방학을 맞아 함께 유럽을 여행했던 언니네 부부는 돌아갔고, 유럽에 나와 있는 여행사 후배와 만날 수 있는 가장 효과적인 지점을 물색하던 중 덴마크가 정해졌고 엉겁결에 우리는 북유럽으로 들어오게 되었다. 후배는 고작 닷새를 같이 보낸 후 노르웨이의 오슬로에서 영국으로 떠나버렸고 다시 우리 둘만 남게 된 시점. 우리는 송네 피요르드를 돌아 나와 한국 사람들에게 유명한 베르겐을 포기하고 스타방예르를 택했다. 이유는 그때 스코틀랜드에서 보았던 바로 그 사진 한 장 때문이었다.

사실 송네 피요르드에서도 약간의 갈등이 있기는 했다. 남들이 다 좋다고 하는 곳은 그래도 뭔가의 이유가 있을 것이라는 괜한 믿음도 있어서 베르겐을 쉽게 포기하기가 힘들었다. 그러나 거기서 발견한 또 다른 한 장의 사진이 우리의 결심을 굳히게 만들었다. 프라이케스톨렌Preikestolen이라고 했다. 스타방예르, 바로 그곳이라고 했다.
세로로 세워 수직으로 본 사진이 하이랜드에서 발견했던 그 장면이었다면 이건 하늘에서 내려다 본 수평의 장면이었다. 이제 그 높이를 상상이라도 할 수 있었으며, 비현실적으로 보였던 절벽 위의 그 사람들이 제단 모양의 넓은 바위에 서 있었다는 것을 짐작이라도 할 수 있었다. 그리고 그곳이 지금 바

바람이 너무 세차게 분다. 날려갈 것 같다. 제대로 서 있기조차 힘들다.

로 우리와 가까운 곳에 있었다. 그래, 가자! 설레는 마음으로 차를 몰았다.

방법을 찾아야 했다. 네비게이션을 치면 스타방예르는 찾겠는데 프라이케스톨렌으로 가려면 어떻게 해야 하는지 막막했다.

노르웨이 지도를 뚫어지게 쳐다봐도 답이 나오지 않았다. 한국이었으면 인터넷에서 답을 금방 찾아낼 수 있을 것 같은데 비싼 노르웨이에서는 인터넷도 마음껏 쓸 수 없었다. 인포메이션 센터도 제대로 보이지 않았고 송네피요르드를 가면서 묵었던 호스텔에 물어봐도 대답이 신통찮다.

그냥 스타방예르에 가야 할 것인가? 우리 둘이서 저 높은 곳까지 그냥 걸어갈 수 있단 말인가? 아니면 어딘가에 투어를 신청해야 한단 말인가??? 하여튼 스타방예르 방향으로 차를 몰았다. 다행히 도중에 만난 인포메이션 센터에서 확실한 정보를 얻을 수 있었다.

'프라이케스톨렌을 가려면 스타방예르Stabanger에서 투어를 신청하거나 자동차로는 스타방예르에서 타우Tau까지 페리를 타고 가서 요플랜드Jorpeland, 요쌍Jossang을 거쳐 프라이케스톨렌 주차장에 차를 세우

고 걸어서 올라 갈 수 있다.'

정말 지난한 과정이었다. 도중에 산사태로 길이 막혀 몇 번을 돌아가야 했고, 몇 번의 페리를 탔으며 얼마나 오랫동안 운전을 했는지 모른다. 그러나, 하여튼 우리는 프라이케스톨렌 주차장에 도착했다.

등산화 끈을 단단히 조여 매고 산을 오르기 시작했다. 피요르드 여행이라면 배를 타고 가거나 편안한 해안길이어야 하는데 프라이케스톨렌은 빙하 계곡을 위에서 봐야 하는 곳이므로 먼저 산을 올라야 한다. 주차장에서 절벽바위까지의 등산은 왕복 7.6km, 4시간 정도 걸리는 거리다. 7.6km라면 그보다 빨리 갈 수 있을 것 같은데 길이 녹록치는 않은 모양이다. 600m가 넘는 절벽바위, 프라이케스톨렌에 오르면 라세 피요르드 Lysefjorde가 아래로 내려다보인다고 했다.

얼마만에 등산다운 등산을 하는 건지, 스위스 라우터브룬넨에서 융프라우 하이킹을 한 후 거의 한 달만이다. 오르막길이 만만찮다. 지리산 백무동 계곡을 오르는 느낌과 비슷하다. 끝도 없이 이어지는 돌산. 등산 중에 가장 끔

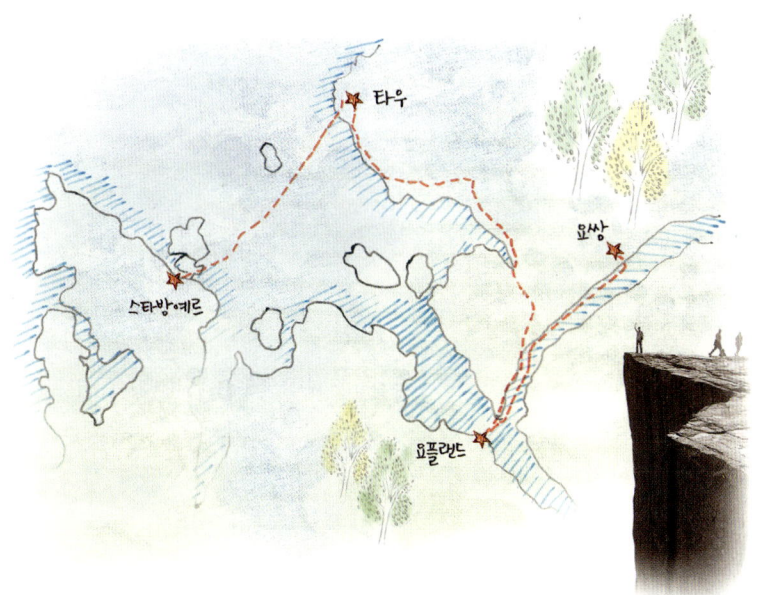

직한 길이다. 그래도 백무동 코스보다는 쉽다. 얼마 안가 힘들던 돌길은 끝나고 평지의 나무길이 나온다. 길을 헤매다 오느라 조금 늦은 시각에 도착해서 마음이 급하다. 우리가 오르기 시작했던 그 시각에는 산을 오르는 사람은 거의 없었고 산행을 마치고 내려오는 사람들만 보였다. 조바심이 났다. 지리산을 오르던 패기로 발걸음을 빨리 옮겼다. 제법 올라왔을까? 피요르드 사이로 산들이 마치 섬처럼 흩뿌려져 있는 것이 보인다. 그 반대의 모양 같기도 하다. 숲이 가득한 산 사이로 호수처럼 보이는 피요르드가 박혀 있는 것 같기도 하다.

중턱부터는 나무들이 거의 없는 바위산이다. 험준하고 경사진 바위산은 아니고 너럭바위들이 평평하게 깔려 있다. 작은 연못도 만난다. 걸음은 편안한 데 바람이 너무 세차게 분다. 날려갈 것 같다. 제대로 서 있기조차 힘들다. 양팔을 벌리고 펄럭이면 이대로 날아갈 수 있을 듯 바람이 분다. 내려오는 사람들 모두 얼굴이 하얗게 질려서 내려온다. 바람도 세찬 데다 회색의 구름이 가득 끼어 기온이 뚝 떨어진 느낌이다. 별로 경사가 없는 길인데도 사람들은 바위를 붙들고 엉금엉금 긴다. 한쪽 옆으로는 절벽 아래 피요르드가 보이기 시작하는데, 이 바람에 날려 몸이 한쪽으로 기우뚱하기라도 한다면 무슨 일이 벌어질까 두려워진다. 실제 우리가 걷고 있는 길은 폭이 상당히 넓어서 결코 피요르드 아래로 떨어질 수 없는 상황인데도 바람이 너무 세차게 불어대니 심리적인 공포감이 더 크다. 호흡을 크게 하며 마지막 산등성이를 오른다. 드디어 프라이케스톨렌이다.

프라이케스톨렌Preikestolen. 영어로 표현하면 Pulpit Rock. 제단처럼 평평하고 넓은 바위로 되어 있어서 붙여진 이름일 것이다.

사진으로 봤을 때는 100명도 넘는 사람들이 올라서 있어도 아무런 문제가 되지 않을 만큼 넓어 보였는데 오늘은 바람이 너무 세차게 불어 귀퉁이에서 한참 떨어진 안쪽에 앉았는데도 오금이 저린다. 올라온 사람들도 모두 잠시만 바위 끝에 앉을 뿐, 오래 있지는 못한다. 바람이 너무 세게 불어서… 무서워서… 추워서…

그래도 저마다 여러 가지 생각을 했을 것이다. 멋있다, 끝내준다, 아름답다, 끝이 없다는 단순한 표현에서부터 무섭다, 춥다의 감정은 물론 또 누군가를 떠올리는 것까지…

 '나는 지금 여기, 이곳에 있다.'
 '떠나온 그곳에 사람들은 잘 있을까?'
 '우리는 왜 이곳까지 왔을까?'
 '여행을 왜 하고 있을까?'

프라이케스톨렌의 귀퉁이에 서서 하늘을 향해 두 팔을 힘껏 벌린다. 세상을 가슴에 안는다.

문득 우리 둘의 발을 바라봤다. 그동안 무슨 사진이든지 주인공은 늘 얼굴이었다. 그게 앞모습이었거나 혹은 뒷모습이었거나. 그런데 오늘 우리를 이렇게 무섭도록 아름다운 곳으로 데려다 준 건 우리의 튼튼한 두 다리와 발이었다. 오금이 저리는 피요르드의 제단에 서서 오늘은 그동안 말없이 우리를 든든히 받쳐 주고 있는 두 다리와 두 발에게 감사한다.

삶의 질을 묻다

룩셈부르크 뮬러탈 숲

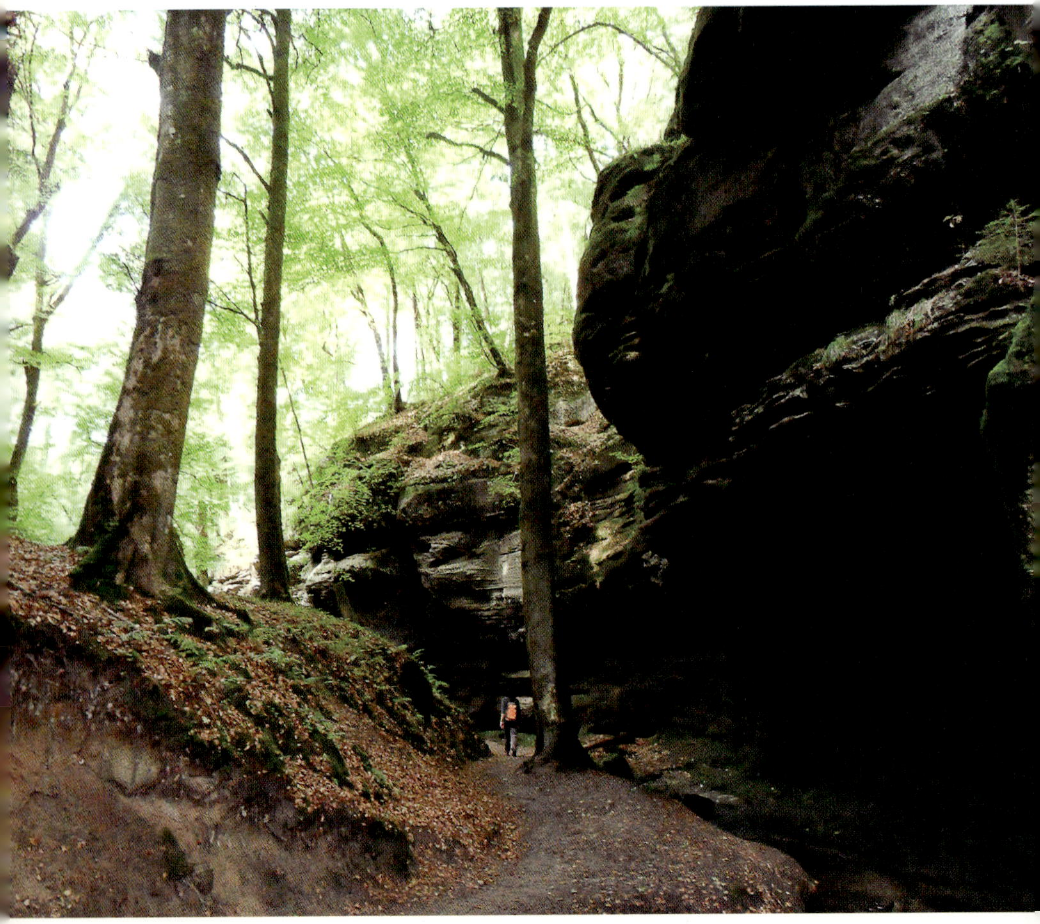

에크터나흐 뮬러탈의 숲

smart TIP

한국을 떠나오면서 가지고 나온 몇 권의 책 중 하나가 미국 작가 빌브라이슨이 쓴 『나를 부르는 숲』(애팔래치아산맥 종주기)이었다. 그의 다른 책 『발칙한 유럽 산책』을 읽으면서도 느꼈지만 문체가 어찌나 화려하고 수려한지 어느 한 문장도 간단하게 넘어가는 것 없었다. 주변 지식과 느낌, 그리고 상대방을 꿰뚫어보는 듯 한 심리 묘사까지 한편으로는 해박한 지식에 놀라 재미있어 하면서도 다른 한편으로는 너무 잡다하게 늘어놓는 것 같아 귀찮아지기까지 하던 애팔래치아 산행기를 그저 그렇게 후다닥 읽은 뒤 여행 첫 나라인 중국의 어느 호스텔에 두고 왔다. 우리도 만약 미국을 간다면 애팔래치아 산을 한 번쯤은 찾아보리라고 생각하면서 그냥 그 정도로 끝났다. 그런데 책에서 그토록 길게 써놓았던 미국 산 이야기는 별로 기억나지 않는데 단 한 번 언급되었던 '룩셈부르크의 숲' 이야기는 여행 내내 머리를 맴돌았다.

그래서 찾아낸 곳이 룩셈부르크의 에크터나흐Echternach다.
룩셈부르크는 아주 작은 나라인데 룩셈부르크 시티 이외에 아르덴느 삼림지대, 작은 스위스라고 불리는 뮬러탈Mullerthal 지역, 그리고 포도주 산지로 유명한 모젤계곡이 있다. 에크터나흐는 뮬러탈 지역의 트레킹을 위한 중심도시로 룩셈부르크시티에서 버스로 40분밖에 걸리지 않는다. 독일의 브레멘, 쾰른을 거쳐 룩셈부르크 에크터나흐의 유스호스텔에 도착했다. 거의 호텔급이다. 여름방학 시즌이 지나서인지 호스텔이 한산하다. 6인용 도미토리에 묵은 사람은 우리 두 사람뿐이다. 결과적으로는 트윈 룸.

본격적인 트레킹을 하기 위해 호스텔에서 지도를 한 장 받았다. 에크터나흐 시내 중심에서 시작해서 다시 에크터나흐로 돌아오는 루트 1(40km), 루트 2(33km)도 있고, 약간 떨어진 곳을 중심으로 하는 37km짜리 루트 3도 있다. 또 이보다는 조금 더 짧고 쉬운 난이도의 엑스트라 코스 1,2,3도 있고 루트 1,2,3의 일부를 돌면서 더 짧은 코스로 만들어진 E 1~8도 있다. 정말 다양하다. 가히 트레킹의 본거지였다. 외국 사람들이 말하는 트레킹이라는 건 우리나라 산을 등산하는 수준과 비교하면 그냥 산책 수준이다. 땀을 뻘뻘 흘리면서 높은 산을 죽을 듯이 올라가야 하는 우리나라 등산을 한 사람이라면 외국의 어느 트레킹도 충분히 할 수 있다는 게 우리의 경험이다. 게다가 이곳의 자료를 보니까 그리 험준한 산을 타는 것도 아닌데다가 조금 어렵거나 평균 수준의 난이도라고 하니 문제는 없을 것 같다. 마음 같아서는 이곳에 며칠씩 있으면서 이 코스, 저 코스 다 걸어 봤으면 좋겠다. 빌브라이슨은 이곳에서 자기 친구와 함께 와서 오랫동안 트레킹을 했었다고 적어 놓았던 것 같다. 이런 곳인 줄 진작 알았더라면 빨리 이곳으로 왔어야 했는데 렌트한 차를 돌려줄 날이 이제 며칠 남지 않았다. 프랑스 파리까지 가야 하는 지금 우리의 문제는 '시간'이었다. 우리에게 허락된 시간은 오늘 단 하루. 아쉽지만 루트 2의 5km를 섞어서 모두 11.7km의 숲길을 걷는 E1 코스를 걷기로 결정했다.

숲 속으로 들어간다. 북유럽은 벌써 겨울 같은 느낌이었고, 독일에서도 낙엽이 떨어지기 시작하는 초가을 같았는데 여기 숲은 푸른 잎들이 햇빛을 듬뿍 받아 오히려 봄 햇살 같은 색채를 띠고 있다. 그래도 분명 가을은 가을이다. 땅에는 떨어진 낙엽들로 가득하다. 푹신한 낙엽을 밟고 걸어가는 길. 참 편안

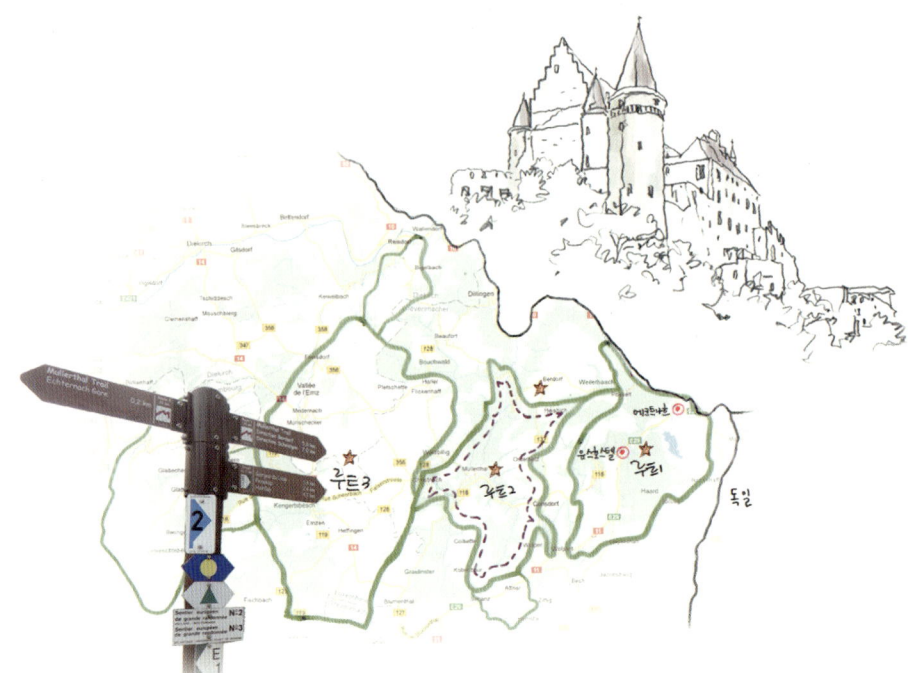

오래전엔 계곡이었음을 말해주는 바위

하다. 신선한 공기로 몸 안의 세포 하나하나가 숨을 쉬는 것 같다.

뮬러탈 지역은 아주 오래 전 물이 흐르는 깊은 계곡이었다. 지금은 계곡의 물이 마르고 나무가 울창한 숲으로 되었다. 계곡 옆의 높은 바위에는 물이 흘렀던 흔적들이 많이 보인다. 틈틈이 물살이 갈라놓은 멋진 바위들도 보이고 그 바위틈으로 사람이 지나다닐 수도 있다. 어느 순간에는 물길이 바위 전체를 완전 뚫고 지나가 마치 동굴처럼 만들어진 곳도 만난다. 나무들은 얼마나 크게 자랐는지 하늘을 걷는 내내 하늘을 올려다본다. 사진 한 장에 키 큰 나무를 다 담아낼 수도 없다. 숲길 중간에 나무 데크길도 나타나고 다시 숲길이 이어진다. 그냥 숲 그 자체다. 길을 잃을 염려는 전혀 없다. 트레킹 시작부터 갈림길이 나올 때마다 안내표지판이 방향을 알려준다. 우리는 이 안내판에서 뮬러탈 트레일 루트 2와 E1 표지판만 보면서 가면 된다.

뒤따라오는 남편은 쉬지 않고 사진을 찍는다. 나는 넣지 말고 그냥 숲만 찍으라고 하는데 숲이 너무 거대해서 사람을 넣지 않으면 숲의 크기를 가늠할 수 없다고 사진의 소품으로 나를 꼭 넣어야 한단다. 모델도 아니고 뒷모습을 자꾸 찍어대는 통에 신경이 쓰인다는 내 말에 예뻐서 넣는 것이 아니라 숲의 크기 때문에 못났어도 넣는 것이라고 신경쓰지 말고 가던 길이나 쭉

하늘 끝까지 자라는 뮬러탈 숲의 나무들

가시라고 놀린다. 모르겠다. 나는 그저 숲길을 걷고 있는 것일 뿐이고, 뒤에 오는 사람은 사진 찍기를 좋아해서 그저 찍는 것일 뿐이고. 뒤통수를 찍거나 말거나 숲길에 취해 걷고 또 걷는다.

도대체 얼마동안 이 숲길을 걷고 있는 건지 흐르는 시간조차도 아득하다. 수백 미터 높은 절벽 위에서 내려다보아 감동적이었던 노르웨이 스타방에르의 피요르드, 아래에서 위로 호수와 하늘을 보아서 감동적이었던 송네 피요르드. 그런데 여기 룩셈부르크의 숲은 직접 안으로 들어가야 하는 곳이다. 이 숲길의 냄새를 맡으며… 이 숲의 공기로 숨을 쉬며… 나뭇잎 사이로 새어 들어오는 햇빛을 받으며 숲을 직접 느껴야 하는 곳. 한 걸음 한걸음 숲을 온 몸으로 받아들인다.

뒤따라오던 남편이 어느새 나란히 섰다. 도대체 행복하게 산다는 건 뭘까?

삶의 질이 높다는 건 뭘까? 숲길을 걸으면서 느끼는 행복함에서 문득 우리 둘은 삶의 질을 생각한다. 자연스럽게 룩셈부르크라는 나라, 유럽이라는 대륙으로 화제가 연결된다.

'그냥 유럽 내의 작은 세 나라로 외우기만 했던 '베네룩스 3국', 작아서 유럽 내에서는 아무 것도 아닌 나라 정도로 보였던 룩셈부르크가 아니다. 그건 학창시절의 알량한 암기력에 지나지 않는다. 여기 와서 안 사실인데 룩셈부르크는 아주 부유한 나라에 세계에서 범죄율도 가장 낮은 나라다. 룩셈부르크는 프랑스 독일과 함께 EU 추진과 결성의 핵심국가다. 그래서인지 유럽연합 재판소, 유럽연합 은행, 유럽연합 의회 등 EU의 핵심기관들이 룩셈부르크에 많더라…' 부끄러운 나의 고백이 이어졌다.

작은 나라지만 룩셈부르크도 유럽의 역사에 나오는 전쟁의 비극에서 벗어날 수는 없었단다. 전쟁의 결과 프랑스 왕조시대인 적도 있었고 에스파냐 왕조인 적도 있었다고. 룩셈부르크의 역사에서는 루이 14세도 등장하고 마리아 테레지아도 칼스왕도 등장한다. 프랑스 오스트리아 스페인의 역사가 이곳에서도 다 등장한다고 일러준다.

유럽에 관한 우리의 생각이 이어진다. 중세 이후 끊임없이 서로가 서로를 침략하고 지배하고 지배당해왔던 유럽. 언제는 같은 나라이기도 했다가 어느새 다른 나라로 돌아서기도 했던 대륙. 일이차 세계대전을 겪으면서 한 대륙에서 수많은 사람들이 서로가 서로를 죽이고 죽여야 했던 그 끔찍한 시간들을 보내고 이제 유럽은 다른 어떤 가치보다도 인간의 생명이 가장 중요하다는 사실을 표방하고 있단다. 그 결과 개인의 자유보다는 공동체 내의 관계를 더 중요시하고 부의 축적보다는 높은 삶의 질을 더 소중하게 생각하는 대륙으로 바뀌고 있는 중이라는 사실까지.

숲의 맑은 공기를 마시며 시작한 우리의 트레킹은 '삶의 질'을 생각하게 하는 사색의 길로 바뀌어 가고 있었다.

한 장의 사진이 심장을 쿵쿵 뛰게 했다

크로아티아 플리트비체 호수

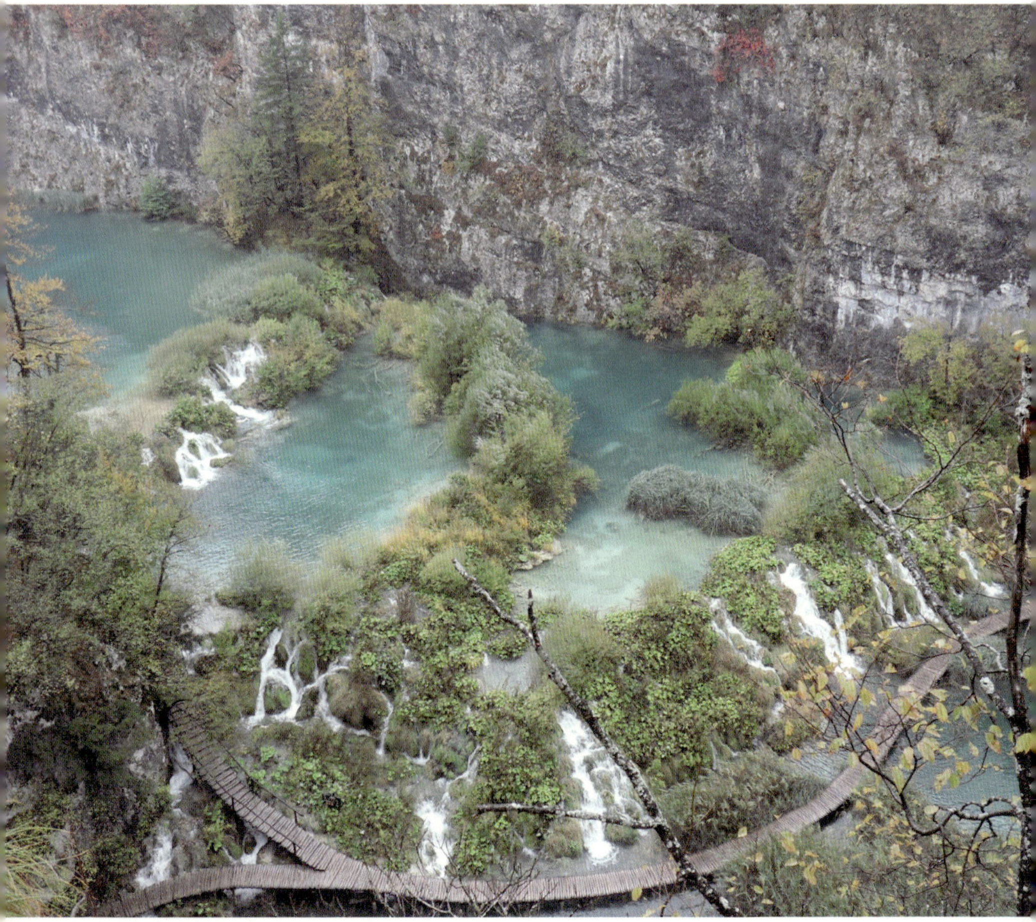

크고 작은 폭포를 담고 있는 플리트비체 호수

smart TIP

몇년 전의 일이다. 한겨레신문의 여행 코너에 실린 한 장의 사진을 보는 순간, 심장이 쿵쿵 뛰었다. 이름도 생소한 플리트비체 호수, 크로아티아에 있는 호수라고 했다.

하늘빛을 가득 담은 코발트 블루의 맑은 호수 주변을 사람들이 걷는다고 했다. 숲을 지나고 호수 사이를 걷는 사람들의 모습이 담긴 한 장의 사진은 어느 새 내가 그곳에 가있는 상상을 하게 했다. 언젠가는 저 호수를 나도 걸어보리라 다짐하면서 그 신문 한 면을 통째로 찢어 식탁 옆 한쪽 벽면에 한동안 붙여두었다. 몇 년을 가슴속에 품고 살던 플리트비체 호수. 우리가 지금 그곳에 있다.

플리트비체는 움직이지 않는 정물이 아니라 흐르는 호수다. 더구나 물은 북쪽에서 남쪽으로 흐른다는 고정관념과는 다르게 플리트비체의 물은 남에서 북으로 흐른다. 남쪽의 비엘라Bijela강과 츠르나Crna 강에서 흘러내려온 물이 호수를 이루고, 호수는 다시 하류의 호수와 폭포로 연결되며 절경을 이룬다. 큰 호수가 폭포가 되어 아래로 흘러 다시 호수를 이루고, 그 호수는 여러 줄기의 폭포수로 흘러 다시 아래 호수를 만들어내고, 다시 폭포… 다시 호수… 프로스찬스코 호수에서 시작된 맑고 풍부한 물은 모두 16개의 호수와 92개의 크고 작은 폭포를 지나며 8km에 걸쳐 길게 이어진다. 플리트비체 국립공원은 유네스코 자연유산으로 등록된 곳이다.

플리트비체는 크로아티아의 수도, 자그레브의 동남쪽에 위치한다. 버스로는 2시간 30분 정도 걸리는 거리였으나 하나도 지겹지 않았다. 자그레브부터 이어지는 풍경은 한동안 우리 집 벽면에 붙어 있던 플리트비체에 가까워지고 있다는 흥분의 강도를 더했다. 우리는 조용한 호수마을에서 쉬고 싶어 플리트비체에서 이틀을 머물렀지만 자그레브에서 당일치기도 가능한 거리다. 플리트비체 호수를 산책하는 코스는 모두 다섯 가지. 본인의 체력과 시간에 따라 선택하면 된다. 산책길이 워낙 좋아 시간만 허락한다면 호수 전체를 돌아보는 C코스나 K코스 어디든지 전혀 문제가 없다. 호숫가를 따라 걷다가 큰 호수를 만나면 배를 타고, 돌아올 때는 공원내를 돌고 있는 버스를 타도 된다. 110크루나(약 27,000원) 하는 입장료에 배, 버스비가 다 포함되어 있다. 우리는 모두 4~6시간 걸린다는 C코스를 택했다.

우리도 이제 플리트비체 호수로 들어간다. 심장을 쿵쿵 뛰게 했던 그 한 장의 사진이 있는 실재 속으로…

세 개의 입구중에 우리가 선택한 곳은 Entrance 1 이다. 들어서자마자 절벽 아래로 폭포와 호수가 나타났다. 한줄기로 흘러내리는 폭포가 아니라 여기저기에서 쏟아져 내린다. 가을 단풍도 곱게 물들었다. 안타깝게도 안개비가 내리고 있어 눈부시게 파란 하늘은 없다. 기대했던 에머랄드빛이나 초록빛의 호수 색깔은 아주 잠시 비쳤고 때로는 잿빛처럼 보이기도 했다. 그래도 좋다. 이만해도 충분히 비경이다. 비경 속으로 한무리의 관광객들이 걸어가고 있다. 호수와 호수 사이로 난 나무다리 위로 우산을 받쳐 든 사람들이 걸어가고 있다. 지금 이 빛깔을 무엇이라고 표현해야 할까?

'비 오는 호수'. 소녀 시절 꿈꾸어 왔던 순간이다. 고즈넉해서 좋다. 동굴도 만난다. 동굴로 들어갔다 나오는 호수의 한가운데로 나무다리가 놓여 있다. 그 위를 걷는다. 아랫바닥까지 훤히 들여다보이는 물속에는 고기들이 떼를 지어 놀고 있다. 동굴 위로 올라간다. 아름다운 호수가 그대로 다 드러난다. 호수 가운데로 휘감아 돌아가며 놓인 나무 다리 그 위로 사람들이 걷고 있다. 아~~ 여기다, 바로 여기다. 심장을 요동치게 만들었던 한 장의 사진이 바로 이 곳에서 보이는 저 장면이다. 나도 그곳으로 들어갔다. 휘감아 도는 나무다리를 지나고 호수와 나란히 붙어 있는 길을 걷는다. 제일 아래에 있는 호수에서 시작해서 자그마한 폭포들을 지나 조금씩 위로 올라간다.

제법 큰 호수에 다다랐다. 배를 기다리면서 잠시 쉰다. 여전히 부슬부슬 안

호수를 가로지르는 나무 길

개비는 내리지만 초록 잔디는 숨을 쉬는 듯 파릇파릇하다. 사람들은 배를 기다리며 카페의 난로 옆에서 눅눅한 옷을 말린다. 옷은 눅눅하지만 기분은 상쾌하다. 안개비에도 파릇파릇한 초록 잔디처럼.

호수 저편에서 우리를 실어갈 배가 왔다. 배는 사람들로 가득 찼다. 비가 오고 춥기도 했지만 사람들의 얼굴에는 웃음이 끊이지 않는다. 조용히 호수를 가로지르던 배는 우리를 땅으로 내려놓았다. 다시 호수의 옆길을 따라 걷는다. 조그만 폭포들을 또 만난다. 거대한 산에서, 하다못해 바위틈으로 쏟아지는 폭포는 봤지만 이렇게 이끼나 조그만 나무들 틈새로 흘러 내려오는 폭포는 처음이다. 바로 윗 호수에서 아래 호수로 흘러내리는 폭포다. 나무 숲 사이로 폭포수가 흐른다. 물속은 석회성분의 흰 바닥을 배경삼아 식물이 그대로 다 들여다보인다. 물은 자신을 담은 그릇의 모양 그대로 만들어 진다고 했나? 자신을 담은 그릇의 색깔을 그대로 보여준다고 했나? 플리트비체 호수는 자연을 그대로 담고 자연의 색깔을 그대로 보여주는 곳이다.

또 한 단계 위로 올라간다. 참 길을 잘 만들어 두었다. 전혀 힘들지 않다. 화사한 햇살이 없어도 호수는 물속의 성분을 담아 에머랄드빛을 낸다. 예쁜 나무다리가 또 나타난다. 우산을 받쳐 들고 걷고 또 걷고… 나무, 숲, 호수, 하늘… 여행, 한국, 가족, 친구들, 선후배… 생각, 생각…

호수로 축 늘어진 가을 단풍마저도 잘 어울린다. 어느새 호수가 아니라 숲이 가득한 산이다. 숲길에 낙엽이 많이 쌓였다. 제법 많이 걸어 올라왔나 보다. 플리트비체의 제일 위 호수에 도착했다. Entrance 3라는 팻말이 보인다. 이제는 파노라믹 버스를 타고 우리가 처음 출발한 Entrance 1까지 돌아가기만 하면 된다. 버스를 탄다. 왼쪽으로 끼고 올라왔던 호수의 오른편을 보면서 다시 내려간다. 버스 밖으로 보이는 경치도 비경이다. 한번에 그냥 바로 Entrance 1까지 내려가려고 했는데 너무 안타깝다. 호숫가를 걸어서 다시 돌아가고 싶다는 생각에 Entrance 2에 내려 버렸다. 다시 숲길이다. 돌아가려면 한 번 더 배를 타야한다. 배가 올 때까지 촉촉하게 젖은 숲에서 시원한 심호흡을 한다. 배가 왔다. 여전히 잔잔한 호수를 가르고 배는 서서히 움직인다. 배에서 내려 다시 걷는 길. 아까 올라올 때 내리던 비는 이제 거의 내리지 않는다. 햇살이 잠깐 비치니 호수의 색깔은 더 푸르다. 안개로 촉촉이 젖어있는 호수를 걷는다. 평생의 동반자, 영원한 친구인 우리 둘. 이 길을 함께 걷는다.

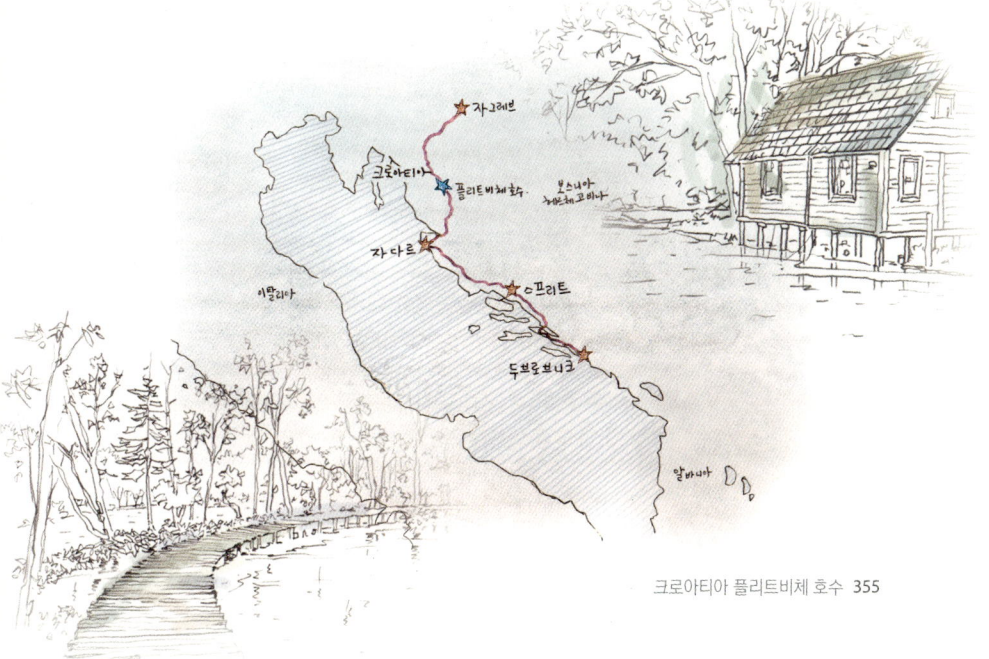

수도원이 공중에 매달렸다

그리스 메테오라

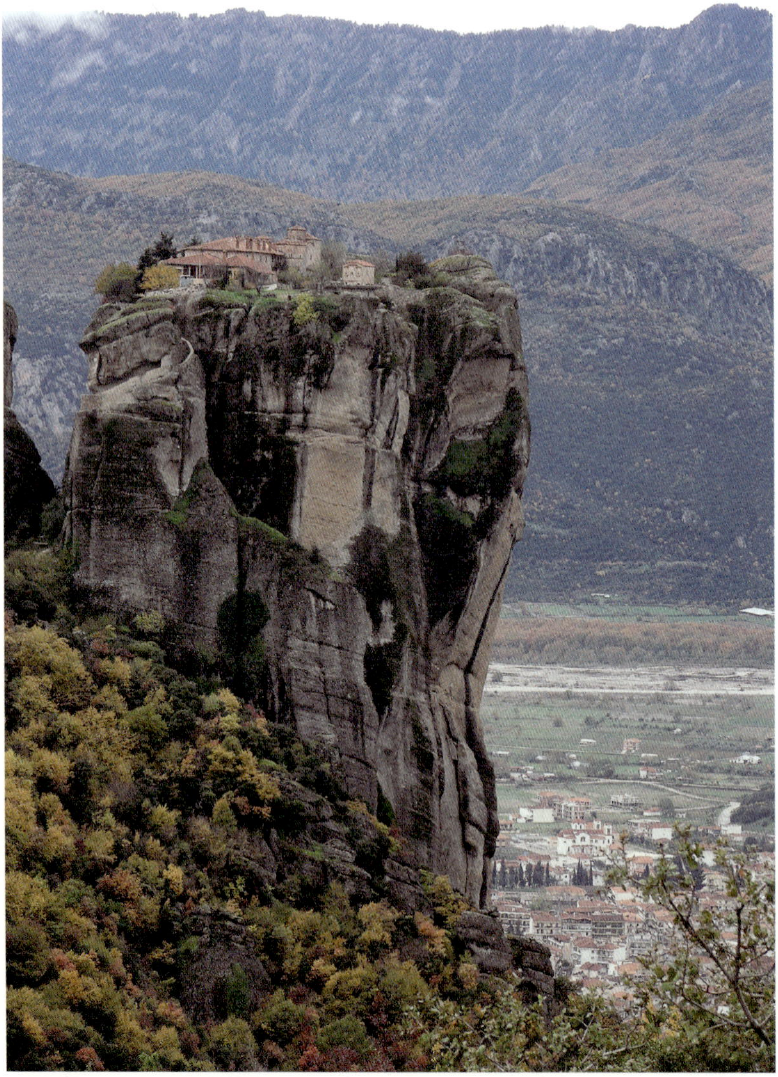

공중에 매달린 아기아 트리아다 수도원

smart TIP

'메테오라'는 그리스어로 '공중에 매달아 올리다'라는 뜻이다. 그리스에서 우리가 제일 먼저 찾아간 곳은 그리스 북부의 메테오라였다. 넓은 평원 여기저기에 불현듯 솟아오른 높은 바위산과 그 끝에 중세 수도원들이 묘기처럼 올려져 있는 곳이 메테오라다. 희한한 자연을 만나는 것도 재미있지만 험준한 바위 끝에 신들을 경배하는 수도원을 지은 옛사람들의 경건함을 만나는 일도 큰 재미다.

메테오라까지 가는 길은 쉬운 일이 아니었다. 마케도니아 국경을 넘어 그리스로 들어온 우리는 택시를 타고 우선 플로리나Florina까지 가야했다. 거기서 다시 기차로 플래티Platy까지 가서 기차를 갈아탄 다음, 라리사Larissaa에서 또 한번 칼람바카Kalambaka로 가는 기차를 갈아타야 했다. 새벽 6시 반에 마케도니아를 출발한 우리는 버스, 택시, 기차 온갖 종류의 교통기관을 이용하여 어두운 저녁이 되어서야 메테오라 수도원으로 오를 수 있는 칼람바카에 도착했다. 수도 아테네에서도 메테오라를 오는 방법이 어려운 것은 마찬가지다. 한 번에 연결되는 기차는 없고 우선 팔레오파르살로스Paleofarsalos까지 가서 칼람바카로 가는 기차를 갈아타야 된다. 꽁꽁 숨겨져 있는 수도원, 모든 탐욕을 버리고 인간의 세상에서 멀리 떨어져 신을 섬기던 당시의 수도 생활을 떠올리게 되는 순간이었다.

산 바로 아래 있다는 알소스 호스텔Alsos Hostel에 짐을 풀었다. 우리 방 너머로 바위산을 밝혀놓은 불빛이 보인다. 호스텔 식당에서 고기도 굽고 밥도 해서 근사한 저녁을 먹는다. 몇 안되는 여행자들이 삼삼오오 모여 있는 식당 한 쪽으로 긴 머리의 사내가 기타를 뜯고 있다. 바위를 밝힌 불과 기타 소리가 잘 어울리는 밤, 이제 내일 아침 저곳을 오르기만 하면 된다.

밤에는 불빛 사이로 거대한 바위벽만 보였는데 아침 햇살이 비치자 메테오라의 경이로운 바위산이 바로 우리 방 발코니까지 다가왔다. 숙소 옆으로 난 길을 따라 산을 오른다. 혹시라도 비가 올까봐 우산까지 챙겨 들었지만 하늘로 향하는 우리의 산행을 방해할 것 같지는 않다. 오랜만에 맑은 날씨에 하늘까지 열렸다. 숲 속으로 난 계곡을 따라 한참을 걸어 올라야 한다. 아기아 트리아다Agia Triada 수도원이 가까워져 오고 있다. 벌써부터 등에 땀이 흥건히 베인다.

바위산 정상은 꼭 수도원 하나 정도가 들어앉을 수 있을 만한 넓이다. 바로 그 자리에 절묘하게 수도원이 지어져있다. 마치 딴 곳에서 짓고 덜렁 들어 바위산 위로 옮겨 놓은 듯이 보인다. 아기아 트리아다 수도원의 맞은편에는 꼭 그 만한 넓이의 바위산이 아래 평원을 내려다보며 거짓말처럼 솟아 있다. 두개의 높은 바위산 사이로 칼람바카 시내가 내려다 보인다. 여기서 파는 엽서에서 가장 많이 등장하는 장면이다. 아기아 트리아다 수도원 너머 또 다른 바위산의 꼭대기에는 아기오스 스테파노스Agios Stefanos 수도원도 보인다. 사방 천지가 바위산이고 그 아래로는 숲이다. 사람이 사는 세상과는 고립되어 있는 또 하나의 새로운 세상이다.

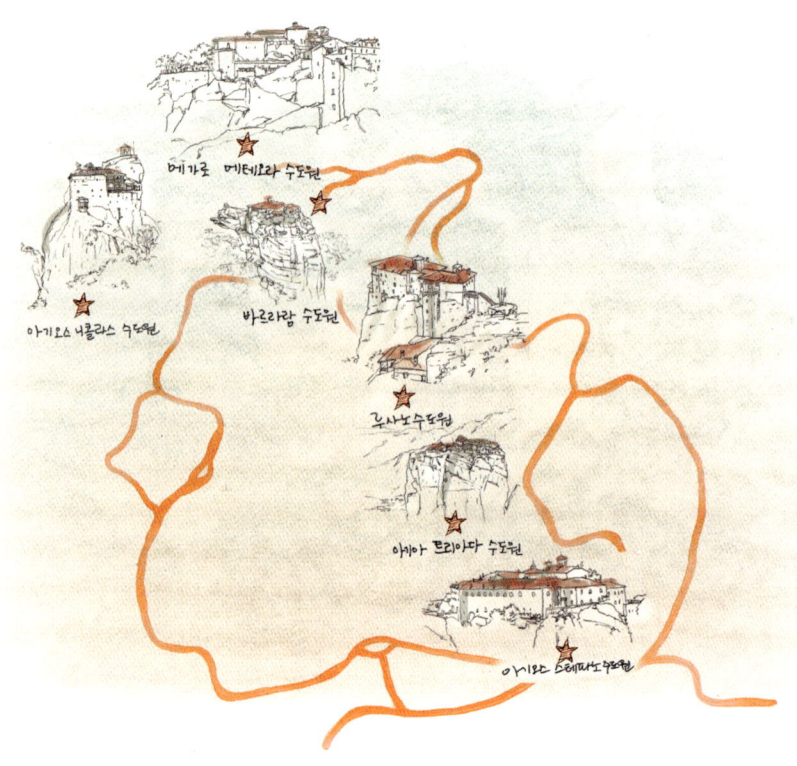

이 거대한 바위를 어떻게 다듬었을까?
하루하루 수도원 생활이
이 바위를 쪼개는 일이었을까?

거대한 자연 앞에 선 두 사람.

유럽의 성당들은 어느 도시든 도심의 정중앙에 위치하고 있다. 물론 인간과 신이 좀 더 가깝게 만날 수 있도록 사람들이 살아가는 곳에 성당을 지었겠지만 적어도 중세 이전까지는 사람에 대한 배려라기보다 교회가 인간사회를 더 쉽게 지배하려는 목적이었을 것이다. 도시의 어느 지점에서 보아도 우뚝 솟아있는 성당의 높은 첨탑들은 인간이 우러러봐야 하는 최고 지점이 바로 신이고 교회라는 것을 암묵적으로 가르치자는 그런 의도. 그런데 메테오라의 수도원들은 인간사회와는 한참 떨어져 있다. 현세의 삶을 오직 내세를 위한 준비과정으로만 생각했던 중세, 오직 구원을 받기 위해 신에게 기도하고 수양하는 중세의 수도원, 신을 찬양하고 신에게 모든 것을 의지했던 시대… 그 때 인간 사회의 의무는 무엇이었을까?

남편은 '메테오라는 아래에서 봐야 하는 곳' 같단다. 신은 올려다보아야 하는데, 위로 올라와서 신의 높이와 같이 아래 인간 세상을 내려다보니 수도원이라는게, 수도생활이라는 게 시원찮아(?) 보인단다. 건방진… 아무리 높다한들 이곳 역시 하늘 아래라는 사실. 줄줄 흐르는 땀 정도로 세상과 단절하며 살았던 당시의 수도생활을 맞먹어 보려는 얄팍한 건방이다.

바위산 꼭대기에 아슬아슬하게 걸려있는 수도원들을 보면서 우리의 길을 걷는다. 지나가는 자동차가 있으면 히치하이크를 해볼까 잠시 고민했지만 금세 포기한다. 적어도 이곳에서만큼은 문명의 이기를 포기하는 것이 맞을 것 같다. 천천히 걷는다. 건너편 도로에서 높은 수도원까지 연결되어 있는 기다란 줄 하나가 보인다. 줄 중간에는 큰 통 하나가 매달려 있다. 뭔가가 배달되는 모양이다. 예전에는 수도원에서 필요한 물품 뿐만 아니라 수도사들도 줄에 매달린 통 안에 실려 꼭대기에 있는 수도원으로 배달(?)되기도 했단다. 엊저녁 가게에서 보았던 엽서가 문득 떠오른다. 바구니 속에서 온 몸을 웅크리고 하늘로 끌어올려지던 수도사의 모습.
'바로 저런 형태였구나.'

스테파노스 수도원에서 아래를 내려다보며 다시 한 구비를 돌아간다. 공중에 매달린 트리아다 수도원이 이제는 뒤로 보인다. 중간 중간에 불쑥 불쑥 솟아있는 바위산을 보고 있자니 '메테오라는 화가 난 제우스 신이 천계에서 지상으로 던진 바위 덩어리들'이라는 이 곳의 전설이 맞는 게 아닌가 착각할 정도다.

전해져 오는 말에 의하면 메테오라에 처음 사람들이 살기 시작한 것은 9세기경. 인간세계의 생활을 끊은 수도사들이 마을과 떨어진 산속에서 신과의 교류를 추구하기 위해서였다고 한다. 이후 14세기 세르비아인이 테살리아 지방을 침입해오자, 수많은 수행자들이 전란을 피해 이곳 메테오라를 찾아와 공동생활을 시작했고 수도원을 짓기 시작한 것은 중세부터였다. 예전에

는 수도원이 20개도 넘었다는데 지금은 6개만 남아있다.

산 전체를 바라보며 얼마동안 걸었는지도 모르겠다. 지나온 바위산들을 되돌아보는데 아까 우리도 올랐던 바위산 위에 사람 하나가 섰다. 거대한 자연에 아주 조그마한 인간이다. 아무리 위대하고 웅장한 건축물이라도 자연이 만들어 놓은 거대함을 넘어서는 경우는 한 번도 없었다. 바위 산군들 사이에 서서 머리를 쳐들고 다리에 힘을 주어 보지만 사람은 역시 거대한 자연의 일부일 뿐이다. 또 한번 다짐한다. 경건하게 살아가자. 소박하게 살아가자.

나머지 수도원 4개가 한눈에 다 보이는 곳까지 걸어왔다. 제일 위에 있는 메가로 메테오론Megalo Meteoron 수도원, 오른쪽 아래로 바르람Varlaam 수도원, 왼쪽 아래로 루사누Roussanou 수도원이 보이고, 저 멀리 제일 작은 아기오스 니콜라오스Agios Nikolaos 수도원도 보인다. 모두들 바위 위에 아슬아슬하게 걸려있다.

바르람 수도원으로 오른다. 바위산 위에 지어진 바르람 수도원의 외벽은 그냥 바위의 일부분처럼 보인다. 사람의 손으로 만든 건물도 세월이 흐르니 자연이 되어버렸다.

이 거대한 바위를 어떻게 다듬었을까? 하루하루 수도원 생활이 이 바위를 쪼개는 일이었을까? 바위를 쪼개는 엄청난 일 자체가 신에게 나아가는 수양이었을까? 수도원 안으로 들어간다. 여자들은 바지를 입고 원내로 들어갈 수 없어 입구에서 주는 큰 천으로 바지를 가려야만 했다. 검은 수사복은

입은 수도사도 보인다. 사진을 찍을 수는 없었지만 맑은 얼굴의 나이 많은 수도사였다. 세계 어느 곳이든지 수행을 하는 사람들의 얼굴은 어찌 이리 맑은지… 해탈의 경지에 들어서 그런가? 인간세계의 사소한 욕심을 버려서 그런 것일까?

루사노 수도원이 있는 바위산을 옆으로 돌아 산을 내려온다. 산을 내려오는 길에 오히려 마음이 차분해진다. 신앙이 없는 우리들이 하늘 가까이 지어놓은 수도원에서 신을 만날 수는 없었지만 경건함을 배우고 다시 인간세계로 내려온다. 거대한 자연 앞에서 서면 늘 그랬던 것 처럼. 앞서 가는 사람도 별로 서두르지도 않는다. 그저 하늘 한번 쳐다보고 뒤돌아보다가 그리고 또 걷는다.

하늘을 올랐다가 내려온 기분이다. 메테오라의 수도원은 역시 아래에서 올려다봐야 제 맛이다. 위로 올라가면 장엄한 경치가 발아래 펼쳐져 날아갈 듯 상쾌하기는 하지만 뭔가 모르게 수도원의 경건함을 훼손하는 느낌이었다고 할까? 아니 건방진 인간의 모습을 느꼈다고 할까?

아침에 처음 시작할 때는 메테오론 수도원이나 바르람 수도원으로 단번에 빨리 가고 싶어 히치하이크를 할까도 생각했었다. 그런데 걸어서 천천히 그곳을 다 둘러본 지금, 히치하이크를 하지 않은 건 정말 잘한 결정이었다. 이동성과 속도성으로 편리한 자가용이지만 빠른 속도 그만큼 생각도 바람처럼 휙휙 지나가 버렸을지도 모르기 때문이다. 메테오라의 장엄함이 천천히 걷는 속도에 맞추어 우리 마음속에 오랫동안 머물러 있음을 고맙게 생각했다.

메테오라 수도원을 다 돌아보고 내려온 카스트라키 마을. 여기서 우리 집이 있는 칼람바카까지는 다시 2km다. 우리는 거기서도 버스를 타지 않고 천천히 걸어서 다시 칼람바카로 돌아갔다. 산 위에서 배운 경건함과 소박함을 되새기면서 천천히 천천히…

바람의 계곡에서 붉은 장미를 만나다

요르단 페트라

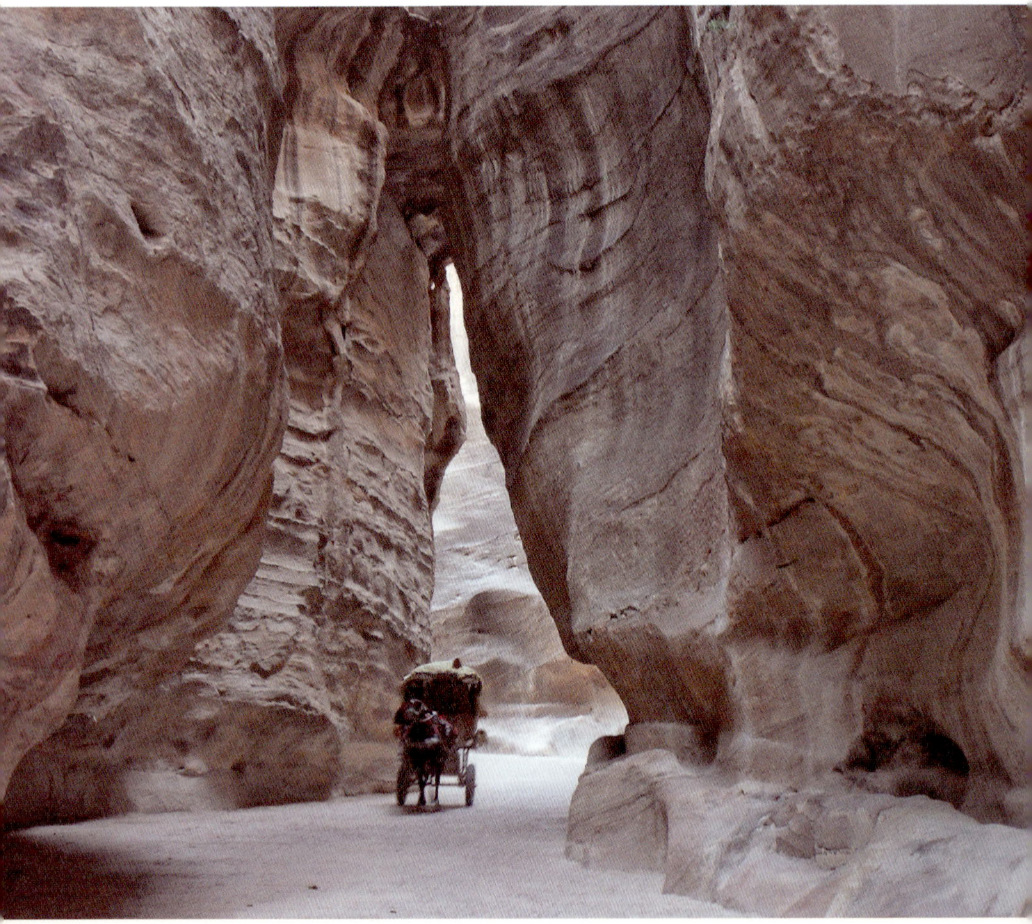

죽기 전에 반드시 봐야 한다는 페트라 협곡

smart TIP

요르단의 페트라를 가려면 우선 와디무사라는 도시로 가야 한다. 아랍어로 와디가 계곡, 무사는 모세라는 뜻이니 와디무사는 모세의 계곡이다. 계곡이라는 이름이 붙으려면 푸른 녹음은 관두고라도 최소한 물이라도 흐르고 있어야 할 것 같은데 와디무사에 도착한 우리를 반기는 것은 황량한 바위산과 거친 모래바람이 이는 무채색의 도시였다. 사막의 나라 요르단에서 '계곡'이라는 단어의 선입견을 지운다. 물이 흐르는 곳만이 계곡이 아니라 바람의 계곡도 있고 바위의 계곡도 있다. 바람의 계곡, 바위의 계곡 페트라를 간다.

페트라Petra. 죽기 전에 반드시 한번은 가봐야 하는 여행지, 영화 인디아나 존스의 배경, 유네스코 세계문화유산 등 수많은 수식어로 여행자들을 유혹하는 곳. 요르단을 여행하는 사람의 99%가 찾는다는 페트라. 우리에게도 '요르단' 하면 와디럼 사막과 페트라였다.

우선 와디무사의 발렌타인 인Valentain Inn에 짐을 풀었다. 와디럼 사막 투어를 같이 했던 일본 청년 카츠와 같이 움직이고 있었는데 이집트 다합에서 우리 옆방에 묵었던 유타까지 만났다. 넷이 함께 한 방을 쓰기로 했다. 도미토리다. 조용한 청년 유타에 더 조용한 카츠다. 그래도 둘은 같은 일본인이라 제법 소곤거리기는 한다. 쌀쌀한 겨울 날씨에 모래 바람까지 불고 있어 밖으로 나갈 엄두가 안 난다. 비싸다고 툴툴거리면서도 숙소에서 파는 저녁을 먹기로 했다. 한일 양국이 만났는데 술이라도 한 잔 하자고 맥주를 사서 자리를 만든다. 유채색이라고는 하나 없이 황량했던 와디무사가 불빛으로 치장한 밤이 되니 은근 멋있다. 단 일주일간의 휴가를 받아 요르단만 여행하고 있다는 카츠. 요코하마가 고향이라는 말에 문득 'Blue Light 요코하마'라는 노래를 흥얼거렸다. 그 도시가 어디에 있는지 어떻게 생겼는지도 모르지만 제목도 모르는 어떤 노래의 단 한 구절, '블루라이트 요코~하~마'만이 내가 알고 있는 요코하마의 모든 것이다. 그래서 내게 있어 요코하마는 항구여야 했고, 늘 푸른 불빛이 흔들거리고 있는 도시였다. 조용한 카츠도 그 구절을 같이 부르면서 웃는다. 유타는 후쿠오카에서 왔다고 했다. 고등학교만 졸업하고 공부가 너무 싫어서 그냥 취직해서 돈을 벌었단다. 몇 년 동안 자신이 번 돈을 모아 세계여행을 떠나온 것이다. 대학을 가지 않은 건 후회하지 않지만 좀 더 열심히 공부를 했더라면 여행 다니는데 필요한 영어를 더 잘 할 수 있었을지 모른다며 웃는다. 그래도 가방에서 영어 회화책과 전자수첩까지 보여주며 여행을 하면서도 매일 공부를 하고 있으니 어제보다는 오늘, 그보다는 내일 더 영어를 잘 할 수 있으리라고 자신한다. 한국인 둘과 일본인 둘. 모래바람이 부는 와디무사의 어느 한 귀퉁이 숙소에서 키득거리며 페트라의 내일을 기다린다.

이른 아침. 어제보다는 날씨가 훨씬 좋다. 바람도 잦아들었다. 햇살도 환하게 비추는 게 페트라를 들어서는 발걸음이 가볍다. 페트라 1일권을 끊었다. 3일권을 끊는 사람도 있다는데 따지고 보니 우리 여행이 얼마 안남은 것 같아 욕심을 버린다. 오늘 하루 부지런히 돌아다녀야 한다.

들어서자마자 바로 바위산 계곡이다. 말을 타라, 마차를 타라 마부들이 우리를 유혹하지만 오늘도 우리는 튼튼한 두 다리만 믿는다. 걸어서 페트라를 들어간다.

'THE SIQ'라는 팻말이 보인다. 아랍어로 SIQ는 협곡이라는 뜻이다. 이게 그 유명한 페트라의 협곡이다.

하늘을 가릴 듯 엄청나게 높은 바위산과 그 사이로 난 좁은 길. 이 상태로 1.2km가 이어진단다. 바위산의 끝을 보려고 몇 번씩이나 하늘로 머리를 들어보지만 위가 보이지 않는다. 위대한 자연의 힘이다. 오랜 세월이 보인다. 위대한 자연과 세월의 힘. 거대한 바위산에 가려 햇살조차 숨어버린 좁은 협곡을 따라 걷는다.

인간의 흔적이라고는 아무 것도 없나 싶었는데 바위산 아래 기다랗게 패여 쭉 이어져 있는 홈을 발견한다. 물을 끌어들이는 수로란다. 물이 없는 페트라에서 살던 나바티안들이 멀리서 물을 끌어오기 위해 만든 물길이다. 자세히 보면 물길뿐만 아니라 낙타를 타고 가는 상인들의 모습, 신의 모습, 각종 상징물도 바위산에 새겨놓았다.

물길이 선명한 바위 아래쪽과 한 줌의 햇살로만 드러나는 협곡 사이의 하늘을 번갈아보면서 어둡고 좁은 길을 걷는데… 갑자기 앞이 확 트인다.
신기루 같은 협곡의 끝이다. 아! 그리고 알 카즈네 AL KHAZNEH. 거대한 바위산을 뚫어 지어놓은 신전, 알 카즈네.
누군가에게 뒤쫓기며 컴컴한 협곡을 따라 달리는 말, 긴박한 음악이 흐른다. 그리고 갑자기 쏟아져 들어오는 햇살, 환한 세상이 펼쳐지고 알카즈네가 나타난다. 보물을 찾아 떠나는 영화 인디아나 존스의 한 장면이다. 알 카즈네는 보물창고라는 뜻인데 어디에 보물이 있었을까? 신전의 제일 윗부분에 조각되어 있는 항아리에 먼 옛날 나바티안들이 보물을 숨겨놓았다는 전설이 있었지만 지금은 텅 비어있다.

신들의 보물창고, 알카즈네

딱 여기까지인 줄 알았다. 우리가 알고 있던 페트라에 관한 지식은 여기까지였다. 하늘을 가리는 높은 바위산 사이로 어두운 협곡을 한참 걷다보면 그 끝에 갑자기 앞이 확 트이면서 거대한 신전이 펼쳐지는 장면. 그게 페트라의 전부인 줄 알았다. 그것만 해도 좋을 것이라는 생각을 했었다. 낮이라도 어두운 좁은 협곡을 따라 한참을 걷다가 갑자기 환해지면서 세상 밖으로 우리를 인도하는 듯한 알카즈네. 그걸 만나기만 해도 페트라의 위대함을 다 보는 것이라고 생각했다. 그런데 알카즈네 너머로도 거대한 세상이 펼쳐져 있었다. 하나의 거대한 왕국을 보는 듯하다. 게다가 햇살이 드러난 바위산에는 눈으로 보지 않고서는 도저히 상상할 수 없는 아름다운 물결 무늬들이 드러났다. 아주 오랜 세월 지층이 쌓이고 쌓여서 만들어낸 기하학적 무늬. 사람들은 이것을 '페트라의 무늬'라고 불렀다.

바위산의 거대함에 놀란 이후 아름다운 무늬에 홀딱 반하면서 점점 더 페트라의 안쪽으로 들어간다. 이제는 왕족들의 무덤이 있는 거대한 바위산이다. 이란의 다리우스 왕 무덤도 바위산을 뚫어 만들어 놓았었는데 나바티안들도 페르시아 문명의 영향을 받은 것일까? 곳곳에 바위를 뚫어 놓은 동굴이 보인다. 동굴들은 왕족 귀족들의 무덤이기도 하고 집터이기도 했다. 우리는 이게 누구의 무덤인지 몇 세기에 세워진 것인지 어떤 의미를 갖는지, 그 보다는 켜켜이 쌓여진 지층에서 오랜 세월을 느끼고 자연이 만들어 놓은 아름다운 무늬 마음을 더 뺏겼다. 사람이 만든다고 이렇게 절묘하게 만들어낼 수 있을까? 붉은색, 흰색, 갈색, 노란색, 오렌지 색 층층의 물결무늬다. 동굴 안에 만들어진 카페에서 커피 한잔을 한다. 커피 파는 청년에게서 동화책 '알리바바와 40인의 도적'이 생각난다. 어릴 때 내가 상상했던 얼굴, 영락없는 그 모습이다. 여기서 살고 있단다. 동굴의 천정에도 역시 페트라의 무늬가 보인다.

AD 25년경에 나바트인들이 만들었다는 원형극장을 만난다. 페트라는 AD 6세기경에 로마에 점령당했는데 로마인들이 보수 확장한 것이다. 바위산을 그대로 깎아 계단식으로 7~8천명을 수용할 수 있는 거대한 규모다. 미국의 그랜드캐년도 대단했다. 내가 본 그랜드캐년은 위에서만 볼 수 있어서 인간을 약간 오만하게 만들었다. 그랜드캐년 안으로 직접 들어가 본 것이 아니라 전체를 조망할 수 있는 아래로 내려다보는 곳을 선택했기 때문이다. 그래서 그곳에서는 뭔가 '자연을 정복'하는 느낌, '내가 이 위에 올라왔다'는 건방진 생각을 했다면 위로 쳐다보게 만드는 페트라 협곡이나 멀리 떨어진 곳에서 거대한 자연을 올려다 볼 수 있도록 만들어 놓은 이 곳에서는 자연에 대한 경외심을 갖게 한다.
대단하다, 페트라.

왕족들의 무덤을 쭉 보고 돌아 나오는데 한 꼬마가 졸졸 따라온다.
"뽐뽀. 뽐뽀."
"뽐뽀가 뭐야?"
뭐를 달라고 하는 소리인 것 같은데 알 수가 없다. 웃으며 얼굴이 꼬질꼬질하다. 하기야 얼굴 씻을 물이 있을까? 옷 빨아 입을 물이 잘 나올까? 가지고 있던 비스킷을 조금 준다. 꼬질꼬질한 얼굴에 천사 같은 웃음을 짓는다. 조그만 동굴 안에 사는 엄마한테 뛰어가며 따라오라는 손짓을 한다. 메마른 나뭇가지들을 주워와 불을 피워놓고 엄마와 아들 셋이 옹기종기 모여 앉아 있다. 베두인 차를 한잔하고 가란다. 이 사람들은 왜 도시로 나가서 살지 않을까? 이렇게 열악한 곳에서 왜 그대로 살고 있을까? 도시인의 눈으로 또 그들을 바라본다. 그들이 살고 있는 삶을 제대로 알지도 못하면서 도시인의 의문을 가진다. 답도 모르면서. 요르단은 전 국민의 90%가 글을 안다고 한다. 이는 중동 국가들의 평균치인 50%에 비하면 아주 높은 수치다. 요르단 정부에서 베두인 유목민들에게 교육과 주택을 제공하지만, 아직까지도 많은 베두인들이 정부의 이런 혜택에 별다른 매력을 못 느끼고 여전히 사막에서 살고 있다고 한다. 여전히 양과 염소, 낙타를 키우면서.

이제 왕족들의 무덤으로부터는 떠나자. 페트라에서 가장 높은 곳에 있는 수

도원엘 가야한다. 발걸음을 옮기는데 어디선가 말발굽소리가 난다. 청년 하나가 잽싸게 달려와 수도원은 여기서 아주 멀리 있으니 말을 타고 가라고 꼬신다.

"이보슈! 튼튼한 우리 두 다리로 걸어갈꺼유."

산꼭대기에 있는 수도원엘 가기 위해서는 로마시대의 황제가 복원했다는 나바티안의 대로를 지나야 한다. 페트라 지역을 조사해보면 BC 7천년경부터 사람들이 살았던 흔적을 발견할 수 있다. 그러나 역사 속에서 확인할 수 있는 사실은 AD를 넘어선 나바티안 문명, 로마제국 시대다. AD 6세기경이 지역에 아주 큰 지진이 일어나 많은 건축물들이 함몰되고 폐허가 되어 그 이후에는 사람이 살지 않았을 것이라고 짐작만 할 뿐이다. 그래서 19세기 초 탐험가 부르크하르트가 이를 알아내기 전까지 페트라는 외부인에게는 잊혀진 도시였다. 당시의 지진으로 나바티안의 대로에는 허물어진 기둥들이 많이 보인다. 지금은 복구중이다.

수도원으로 올라가는 길은 제법 경사진 힘한 길이다. 그러나 아름다운 페트라의 무늬가 새겨진 바위들을 보고 또 주변 경관에 취해서 올라가는 길은 하나도 지겹지 않다.

뒤를 돌아다보면 햇빛이 비치는 각도에 따라 색깔이 달라지는 바위산도 장관이다. 수도원을 오르는 길에도 당나귀를 타라는 호객꾼들이 극성이다. 페트라의 호객꾼은 나름 자신들의 영역이 있는 모양이다. 입구에서 한번 타면 끝까지 쭉 들어가는 게 아니라 입구에서 협곡, 협곡에서 왕족의 무덤, 그리고 나바티안 대로와 수도원을 오르는 산길 등으로 나름 영업구간이 나눠져 서로를 침범하지는 않는 상도덕(?)이 있는 듯하다. 대신 걸어가기를 원하는 여행자들은 매번 사양해야 하는 귀찮음도 있다. 우리는 튼튼한 두 다리만 믿고 뚜벅뚜벅 산길을 걸어 올라간다. 그런데 당나귀를 타고 가는 사람이 오히려 더 애처롭다. 쉬엄쉬엄 걸어올라 가는 우리는 주변의 멋진 경치를 천천히 감상하고 감동하면서 올라가고 있는데 말을 탄 사람들은 양손으로 고삐를 꽉 움켜쥐고 바짝 긴장한 얼굴로 앞만 쳐다본다. 하늘을 본다거나 산을 둘러본다거나 더구나 페트라의 무늬를 관찰하는 건 엄두도 못내는 일이다. 그냥 수도원에 도착한다는 최종 목적만이 있는 것 같다. 우리처럼 이렇게 천천히 걸어 올라가야 가다가 힘들면 쉬면서 하늘도 한번 보고, 바위산도 한번 보면서 페트라를 온 마음에 담아갈 건데… 괜히 남의 걱정까지 한다.

30분 정도를 걸어 올랐을까? 드디어 아드 데이르 수도원 Ad Deir Monastery 에 도착했다. 페트라에서 알 카즈네 다음으로 유명한 건축물이다. 이 꼭대기에 저걸 어떻게 지었을까? 짓는다는 표현이 어쩌면 안 어울릴지도 모르겠다. 페트라에 있는 유적들은 뭔가 건축물을 쌓아올린 게 아니라 바위산을 통째로 뚫어서 만들어 놓은 것이다.

그래서 '짓는다'는 표현보다는 저걸 어떻게 '해내었을까?'라는 표현이 더 맞는지도 모른다. 수도원의 기둥 옆에 섰다. 천연의 바위 그대로다. 사람들의 생각대로 둥글게 깍은 것일 뿐. 층층이 쌓인 세월이 지층 그대로 드러난다. 수도원의 벽면에도 지층의 물결무늬, 붉은 장미꽃 같은 페트라의 무늬가 보인다. 세월이 남아 있다.

수도원을 아래로 두고 페트라 전체 전경이 내려다보이는 곳을 찾기 위해서 우리는 그 보다도 한참을 더 올랐다. 온통 바위산이었다. 문득 푸른 나무 가득한 우리나라의 산이 그립다. 우리나라 지리산이 그립다. 한국이 그립다. 세상 구경을 하고 싶어서 떠나왔으면서도… 세상 곳곳의 대단한 자연에 엄청난 감동을 하고 있으면서도… 좋은 곳을 보면 꼭 떠나온 한국이 생각난다.

페트라의 무늬, 붉은 장미.

바다였지만, 우리는
올리브 나무 숲 트레킹을 택했다
터키 리키아의 길

욜루데니즈 해변이 내려다 보이는 리키아의 길

리키아의 길은 터키의 수도 앙카라를 가는 버스 안에서 우연히 발견했다. 앙카라 정보를 찾으려고 론니플래닛을 읽고 있던 중에 '리키아의 길'이라고 세계 10대 좋은 길 중의 하나가 터키에 있다고 하질 않는가? Country Walking Magazine이라는 잡지도 세계에서 50개 아름다운 길 중 15번째로 이 길을 추천했다고.

"그래 가자, 그 길을 걷자."

리키아의 길을 가려면 터키 남부의 도시 욜루데니즈를 가야 한다. 앙카라를 들렀다가 힛타이트의 유적이 있는 보아즈칼레를 가려던 계획을 갑자기 바꿨다. 별다른 유적도 남아있지 않은 보아즈칼레보다는 터키의 걷는 길에 더 마음이 갔다. 예정에도 없던 욜루데니즈가 갑자기 우리 여행 속으로 끼어들었다.

지중해안의 도시 욜루데니즈는 휴양지로 유명하다. 태양이 타들어가는 여름이면 세계 곳곳에서 수많은 여행자들이 찾아와 코발트색 바다와 눈부신 백사장을 즐기며 수영을 하고 보트 투어를 한다. 또 이천 미터 산꼭대기에서 바다로 떨어지는 아슬아슬한 패러글라이딩도 즐긴다. 여름철 욜루데니즈는 사람들로 발 디딜 틈이 없다. 2002년 여름에도 방을 구할 수 없어 결국 하룻밤도 못 자고 다른 데로 떠나게 만든 곳이다.

그러나 지금은 한 겨울. 여행자들이라고는 거의 없다. 패러글라이딩을 하기 위해 찾아오는 몇몇이 보이기는 하지만 뜬금없이 리키아의 길을 트레킹 하고 싶다며 이곳을 찾아온 우리 같은 사람은 아예 없었다.

리키안 웨이에 대한 정보를 수집해야 하는데, 상가도 거의 문을 닫은 이 겨울철에 인포메이션 센터가 열려 있을 리도 없고 호텔 스텝들은 제대로 알지도 못한다. 바닷가 주변을 어슬렁거리다 할머니 한 분을 만났다. 반쯤 열어둔 여행사 문 앞에서 쭈뼛거리고 있는데 할머니가 구원의 손길을 뻗어 주신 거다. 아~~ 할머니~~ 얼마나 자세히 '리키아의 길'을 설명해주시던지. 터키 할아버지와 결혼을 해서 젊은 시절부터 이곳에서 살고 계시는 영국 출신 할머니다. 한겨울이라 숙박을 구하기 힘들거라면서 여기저기 전화까지 넣어주신다. 몇 통의 전화 끝에 여기서 하루를 걸어가면 나오는 마을, '카박'을 일러주신다. 지금은 겨울철이라 리키아의 길에 있는 대부분의 민박이 영업을 하지 않는데, 젊은 청년 Fatih가 마침 여름을 대비해 통나무집을 공사 중이란다. 그 중에 한 칸은 빌려줄 수 있단다. 올리브가든이라는 이름과 함께 전화번호도 가르쳐 주신다. 한 시간 이상을 붙들고 이것저것 물어보는데 아무런 댓가도 없는 일에 차까지 내주면서 정말 열정적으로 설명해 주신다. 고마운 할머니.

욜루데니즈에서 카박까지 할머니의 설명을 후다닥 적은 론니플래닛의 한 페이지를 쭉 찢는 것으로 우리의 트레킹 준비는 끝났다. 아, 하나 더 남았다. 내일 모레 이틀치 먹을거리 장도 봐야 한다. 감자와 계란, 초콜릿, 음료수… 주섬주섬 주워 담았다. 이제 내일 아침 출발하기만 하면 된다.

날이 밝았다. 지난 일주일동안 내내 비가 오고 날씨가 흐렸다고 해서 걱정을 했는데 오늘은 하늘이 맑게 개었다. 리키아의 길Lycian Way은 터키 남부 도시 페티예에서 안탈야까지 이르는 509km의 산길이다. 실제 시작 지점은 페티예에서 욜루데니즈로 가는 중간 지점 오바직Ovasic마을이다. 우리는 리키아 길의 제일 첫 단계인 오바직Ovasic부터 아린짜Alinca 마을까지만 걷기로 했다.

리키아족은 BC 1400년경부터 안탈야와 페티예 사이의 넓은 반도에 정착한 민족으로 AD 1세기부터 3세기까지는 해양무역으로 막대한 부를 쌓았던 민족이다. 터키정부는 지난 1999년 리키아 족들의 유적(주로 산위의 웅장한 무덤- 석관)이 있는 길을 따라 산길을 조성하고 '리키아의 길'로 이름지었다. 먼 옛날 사람들이 살았던 흔적을 따라 만든 길이기 때문에 산위로 길이 나 있다. 안탈야, 페티예가 모두 지중해안의 도시인 점을 감안한다면 리키아의 길은 산길이지만 가는 길 내내 쪽빛 지중해를 감상할 수 있는 아름다운 트레킹 길이다.

진짜 총을 멘 사냥꾼 아저씨들.

리키아의 길. 자, 이제부터 시작이다. '안탈랴부터 페티예'까지, 509km 리키아의 길. 나무 안내판과 함께 시작하는 처음은 숲길을 따라 나있는 평평한 길이다. 상쾌하다. 갈림길에 붙어 있는 Lycian Way 플래카드를 만나면 이제는 더 이상 다른 곳을 기웃거리지 않아도 된다. 그냥 이 길을 따라 걷기만 하면 된다. 소나무 숲길을 조금 밖에 안 걸은 것 같은데 멀리 터키 남부의 해안선이 그대로 드러난다. 지중해다. 갑자기 산길 아래쪽이 부석거린다. 사람들 소리다. 잘 정돈되어 쉽게 걸을 수 있는 길을 놔두고 바위산 아래쪽에서 위로 올라오는 사람들이다. 저 아래 욜루데니즈 마을에서 중간을 가로질러 숲길을 헤치고 올라온 것이다. 어깨에는 긴 총을 하나씩 멨다. 분명 장난감은 아니고 진짜 장총이다. 산에 사냥하러 가냐고 묻는데 영어가 안 통한다. 손짓 발짓으로 토끼를 잡으러 가냐? 곰을 잡으러 가냐? 이것저것 물어보지만 하여튼 웃기만 한다. 그러면 산에 있는 양을 잡으러 가냐는 말에 '양'은 알아들었는지 산위에 있는 양들은 모두 자기들 거라며 터키말로 무슨 이야기를 덧붙인다. 무슨 뜻인지 사실 잘 모르겠다. 여기는 양치기 목동들도 진짜 총이 필요한 것인지… 그렇다면 무서운 짐승이? 하여튼 총을 멘 양치기(?), 사냥꾼 아저씨들과 함께 말도 안 통하지만 서로 보고 웃으면서 함께 걷는다.

산위로 나 있는 길이지만 바다를 끼고 도는 아름다운 길이다. 저 아래로는 간밤에 우리가 묵었던 욜루데니즈 마을이 다 보인다. 초승달처럼 굽어 있는 흰 모래해변과 죽은 듯이 조용한 바다. 욜루데니즈Oludeniz는 여기 말로 죽은 듯 조용한 해변, 사해라는 뜻이다. 마치 정지된 화면처럼 바다는 푸르기만 할 뿐 아무런 움직임도 없다. 쪽빛 바다를 오른쪽으로 보면서 계속 걷는다. 아직까지는 길이 잘 나있다. 하기야 오바직부터 안리짜까지의 트레킹은 난이도에서도 'easy' 수준이었다. 그저 평평한 길. 왼쪽으로는 산, 오른쪽으로는 바다.

4km쯤 평탄한 길이 끝나고 길이 좀 좁아진다. 드디어 오르막이다.
산을 오르는 우리 두 사람은 우리가 생각해도 서로에게 참 무심한 편이다.

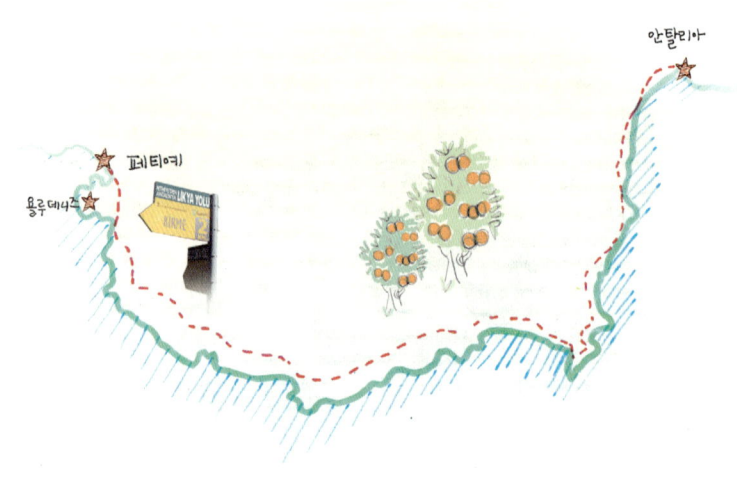

키르메 마을에서 만난 터키 할머니

다른 사람들은 조금만 험한 길이 나와도 손을 잡아 부인을 끌어올려주기도 하고, 붙잡아주기도 하는 것 같더니만 우리 평생 그런 일은 잘 없다. 그렇게나 여러 번 지리산 종주를 했어도 내 손을 잡아 높은 곳으로 끌어 올려준 적도 없고 나를 밑에서 밀어준 적도 거의 없었던 것 같다. 그저 내가 앞서거니 혹은 남편이 앞서거니, 걸어가다가 한 사람이 조금 뒤로 쳐진다 싶으면 그 자리에 멀뚱히 서서 기다리기만 할 뿐. 남자는 짐을 왕창 들고 여자는 낭창낭창 걸어가는 다른 커플들을 볼 때마다 괜히 신경질이 나서 "이 산을 전부 돌아봐라. 나처럼 배낭 무겁게 들고 가는 여자 있는지 한번 찾아봐라"며 항변해 왔지만 여태껏 그것 하나 해결 못하고 있다. 하기야 해외여행에서는 트레킹을 하면 주로 큰 가방을 호텔에 맡겨놓고 나오니 이제 그런 쪼잔한 항의 따위는 필요조차 없는 일이 되어 버렸지만.

한참을 더 올랐다. 그래도 아직 이 산의 구비를 완전히 돌지는 않은 모양이다. 땀을 흠뻑 흘릴 만큼 한참을 올라왔는데 저 아래로는 여전히 욜루데니즈 해변이 보인다.

아침에 입고 나왔던 두터운 윗옷은 이미 벗어버렸다. 다시 걷는다. 한참 후에서야 해안선의 한 구비를 완전히 돌아섰는지 왼쪽으로 보이던 바다가 사라졌다. 그러나 그것도 잠시였다. 아주 잠깐 평평한 길이 나오는가 싶더니 다시 바다가 보인다. 고도만 조금 달라졌을 뿐이다. 하늘색과 바다색의 구별이 거의 없다. 어디쯤이 수평선인지 알 수가 없다. 그 모습이 장관이다. 한참을 더 올라온 것 같은데 우리 앞에 펼쳐진 시야는 여전히 욜루데니즈 그 자리다. 그러나 시각적으로는 더 멀리 떨어져 있어 볼 때마다 새롭다. 숨이 가빠온다. 세계 10대 아름다운 길이라더니 걷는 내내 바다와 산, 그 아름다움에 넋을 잃는다. 다시 돌길은 이어지고 키 작은 나무들과 온통 바위뿐인

육중한 산들이 눈앞에 펼쳐진다. 우리는 그냥 한 점이다. 엄청난 자연 앞에 서 있는 그냥 하나의 점이다.

여행을 왜 떠나오는 걸까?
세상의 아름다운 경치를 보기 위해서? 그건 어쩌면 잘 찍힌 사진 한 장이나 다큐멘터리를 보는 것이 더 나을지도 모른다. 숨 막힐 듯 아름다운 한 장의 사진이나 감동적인 다큐멘터리로 만났던 장면을 실제로 와서 보면 그만한 감동이 없는 경우가 종종 있었다. 고작 이 정도밖에 안되는 걸 그렇게 환상적으로 표현했다는 사실에 때로는 실망도 하기 때문이다.
인류의 도도한 역사를 직접 이해하기 위해서? 사실 책이나 상상만으로 접하는 것 보다는 직접 눈으로 보는 것이 훨씬 더 빨리 이해될 수는 있다. 긴 여행을 하면서 얽혀있던 역사의 실타래를 하나하나 풀어보는 것은 재미나는 일임에는 틀림없다. 메소포타미아, 그리스 로마, 페르시아, 힛타이트, 앗시리아, 이집트, 무슬림과 기독교… 우리 머릿속에서 마구 헝클어져 있던 아주 오래된 역사가 여러 곳을 여행하면서 하나씩 제자리를 잡아가고 거대한 줄기와 가지를 만들어내는 것도 사실이다. 그러나 이것 역시 반드시 '여행'이라는 체험을 통해서만 가능한 것은 아니다. 여행은 그것을 더 실감나게, 좀 더 명확하게 정리해 줄 뿐이다.
세상 곳곳에 살고 있는 사람들을 만나고 그들의 삶을 직접 보고 싶어서? 맞는 말이다. 그러나 그것은 그리 만만한 일은 아니다. 우선 언어의 문제와도 부딪히고 그 사람들의 삶을 깊숙하게 들어가 볼 수 없는 이유이다. 그래도 그들의 삶을 가까이 들여다보면 좀 더 쉬울 수는 있겠지만 이것 역시 '여행'이라는 과정이 반드시 필수적인 것은 아니다.

그렇다면 왜?
우리 둘은 그랬다. 정말 세상을 우리 눈으로 보고 싶었다. 푸른 지구를 만나고 싶었고, 그 속에서 살아가는 사람들의 모습을 보고 싶었다. 뚜벅뚜벅 걸어 들어가 우리의 머릿속에 갇혀있던 여러 가지 생각들을 풀어내고 싶었다.

버터플라이 계곡. 하늘을 나는 패러글라이딩이 보인다.

여행을 계속하다 보니 점점 더 눈으로 보는 것에서 답을 찾아내는 것이 아니라 생각으로 정리를 하고 있었다. 그것이 인류 역사에 대한 정리이건, 푸른 지구에 대한 정리이건 일상에서 벌어지는 수많은 크고 작은 일들로부터 방해받지 않고 지속적인 생각을 할 수 있다는 것이 여행이 주는 가장 큰 선물이었다. 하기야 '생각을 한다'는 것은 어느 공간 어느 시간에서나 가능한 일이다. 단지 한국이라는 사회, 아니 나는 제쳐 두고라도 미친 듯이 자기 일에만 빠져 있던 남편 같은 워커홀릭에게는 '생각이라는 것을 할 공간적 시간적 여유'가 없었던 게 더 큰 문제였는지도 모른다. 그런데 여행을 나오니 어느 공간, 어느 시간에서든 우리에게는 여유가 주어졌고 생각이라는 소중한 것을 가질 수가 있었다.

더구나 매번 장소가 옮겨지고, 시대가 옮겨지고, 사람들의 삶이 달라지는 우리 여행에서는 늘 새로운 것이 던져졌고 여유를 가진 우리는 그 새로운 것에 대해 느긋하게 '생각'하고 '정리'할 수 있었다. 사실 그런 여유를 즐길 수 있는 가장 평화롭고 가장 완벽한 순간은 '걷고 있는 중'이었다. 참 많이도 걸었다. 어느 도시에 들어가든 우리는 걷고 있었고 어느 마을 어느 산자락에 가든지 우리는 걷고 있었다.

2시간 반쯤 걸었을까? 조그만 마을이 하나 나온다. 코자작$_{\text{Kozagac}}$마을이다. 참 멋진 곳에 둥지를 틀었다. 다섯 가구 정도나 될라나? 아주 조그만 마을이다. 연기가 피어오르는 것으로 보아 분명 사람이 살고 있는데 움직임은 보이지 않는다. 그저 그림처럼 딱 멈춰 있다.

한 구비를 돌았는데 저 멀리 뭔가 날으는 게 보인다. 패러글라이딩이다. 높은 산 위에서 바다 아래로 날고 있다.

이정표가 보인다. 키르메$_{\text{Kirme}}$ 마을까지는 2Km, 우리가 시작한 오바직까지는 8Km라고 표시되어 있다. 발바닥이 아프다.

리키아의 길은 중간 중간 바위나 나무에 빨간색과 흰색 페인트로 방향을 알려주고 있어서 길을 잃을 염려는 거의 없다. 지금은 겨울이라 한명도 못 만났지만 봄이나 가을에는 이 길을 걷는 사람이 아주 많다고 한다. 부지런히 2km를 걸어서 키르메 마을의 올리브나무 사이를 지난다. 산길 10km째다. 키르메 마을은 아까 코자작 마을보다는 제법 크다. 산골 마을에 사람들도 완전 산골 사람들이다. 영화에서 보던 딱 그런 할머니, 할아버지들이다. 터키 산골, 불가리아 산골, 그리스 산골 하면서 영화에서 보이던 장수마을의 어른들, 꼭 그 모습 그대로다. 펼쳐진 풍경도 영화의 그 장면이다. 통 넓은 바지를 입은 할머니 한 분이 인자한 미소로 우리가 가려고 하는 파라야 Faralya 마을로 가는 길을 가르쳐 주신다.

이제부터는 내리막이다. 햇볕 잘 드는 산골 마을에 올리브 나무가 가득하다. 이 사람들은 무엇으로 먹고 살까? 깊은 산중이라 밀농사를 하는 것 같지는 않고 양을 키우고는 있지만, 생활비를 다 보탤 수 있을 정도로 크게 하고 있는 것 같지는 않다. 이렇게 평화롭고 소박하게 사는 곳이라면 도시 사람들처럼 많은 돈이 필요한 것은 아니겠지만 그래도 기본적인 생활비가 필요하겠지? 어쩌면 올리브가 생활비에 도움이 될지도 모른다. 터키의 식탁에 반드시 올라오는 올리브가 제법 돈벌이가 될지도. 그러나 그것 또한 그리 큰돈을 벌만큼 하는 것 같지는 않다. 그저 조금의 벌이 정도? 소박한 사람들의 소박한 삶이다.

햇살이 비치는 산길에서 행복한 걸음을 계속한다. 계속 내리막이다. 그러나 지겹지 않다. 사방으로 펼쳐지는 자연이 품에 안긴다. 다시 3km쯤 걸었을까? 마을이 나타난다. 아마 파라야 마을이겠지?

파라야 마을로 들어서니 다시 지중해가 보이기 시작한다. 바다 쪽으로 난 높은 산과 산 사이에 깊숙한 계곡이 보인다. Butterfly Valley다. 양쪽으로 펼쳐진 바위산의 모양이 마치 나비의 날개 같다 하여 이름이 그런 줄 알았는데 실제 희귀종 나비가 유명한 골짜기란다. 이 마을에는 펜션도 제법 많다. 리키안 길에서 주로 하루를 묵고 가는 마을이다. 뒤로는 높은 산이 앞으로는 바다가 펼쳐지는 아름다운 마을에서 하루를 묵는 것도 행복한 일이겠지만, 1박2일을 기약하고 온 우리는 숨 막히는 경치 앞에서 잠시 쉬어만 간다. 아침에 삶아온 계란과 감자, 쥬스로 점심을 먹고 발걸음을 재촉한다.
우리는 여기서 7km를 더 걸어가면 나오는 카박 마을에서 하루를 묵을 예정이다. 여기부터 카박까지는 해안차도로 걷는 게 더 좋다는 욜루데니즈 할머니의 조언을 따르기로 했다. 내내 바다가 보이는 길이다. 찻길이라고 하지만 지나다니는 차가 거의 없다. 간혹 만나는 차들은 천천히 스치면서 손을 흔들거나 클랙슨을 누르면서 인사를 한다.
두 시간쯤 더 걸었을까? 힘이 팔팔할 때는 7km라면 두 시간이 안 걸릴 텐데 20km째를 걸어오니 발바닥도 아프고 힘도 빠져 제법 걸렸다.

아~~ 드디어 카박마을이다. 장엄한 바위산과 소나무 숲, 그리고 오렌지 나무들. 어제 저녁 욜루데니즈 할머니에게서 미리 알아둔 집, 올리브 가든을 찾는다. 진짜 이름처럼 올리브 나무가 가득한 곳이다. 올리브 나무 사이로, 지중해 바다 속으로 들어가는 느낌이다.
와우! 잘생긴 청년 파티가 미리 연락 받았다며 우리를 맞는다. 겨울철이라 한참 보수공사 중이다. 3월에 다시 개장 준비를 한다며 자는 곳만 제공할 수 있고, 식사는 준비해 줄 수 없단다. 할머니한테서 이미 들었던 이야기다. 우리는 감자도 삶아오고, 계란도 삶아 왔다. 그리고 물, 빵, 소시지, 참치, 쥬스… 가방 한 가득 준비해왔다.
파티는 흙을 고르던 두툼한 손으로 마당의 오렌지 나무에서 오렌지 두 개를 뚝 따서 내민다. 그리고는 너털웃음을 지으며 우리가 잘 통나무집과 마당에 있는 화장실, 올리브 정원 사이로 내려가는 바다 정자 등을 안내하고는 Good Night! 한마디를 남기고 떠나버린다. 지중해 산간마을의 한 모퉁이, 여러 채의 통나무집이 있는 이 산막 전체를 우리에게 내어주고 그는 가버렸다.

숨 막힐 듯 아름다운 경치에 멋진 통나무집, 그리고 덩그러니 남은 우리 둘. 바다가 내려다보이는 정자에서 방금 건네받은 오렌지를 까먹으며 20km를 걸어온 피로를 한꺼번에 푼다. 지중해로 넘어가는 붉은 태양을 보면서…

8/28 (T151, 금) Stockholm
8/29 (T152, 토) Stockholm 시내
8/30 (T153 일) Stockholm → Oslo
8/31 (T154 월) Oslo 시내
Flam → Gudvangen
Flam → Aurland

에필로그

걸음, 경비

어느 날의 걸음. 와우! 484만 걸음

여행 경비 결산

어느 날의 걸음,
와우! 484만 걸음

2009년 3월 8일부터 2010년 2월 4일까지 여행 중 걸음을 합쳐보니 모두 4,844,314걸음이다. 와우! 스스로 생각해도 대견하다. 한 걸음이 60cm라고 계산하면 2,900km쯤을 걸은 셈이다. 그런데 걸어 다니면서 표지판의 거리와 우리 걸음수와 비교해보면 거의 1km가 천 걸음정도 되는 경우가 많았으니 실제 거리는 그보다 더 길 것이다. 서울-부산을 왕복으로 몇 번은 걸었다는 이야기다. 그러나 얼마나 긴 거리를 걸었는가보다는 조금 더 천천히, 생각할 여유를 가진 것 같아 뿌듯하다.

젊은 나이에 떠나는 여행이 아니어서 우리의 가장 큰 걱정은 건강이었다. 여행을 떠나기 일 년 전부터 나는 늘 만보계를 차고 다녔고 하루에 만보 이상은 꼭 걸으려고 노력했다. 일을 하고 있었으니 퇴근하고 돌아와서 아무리 시간이 늦어도 하루에 만 이삼천보를 채우기 위해 다시 밖으로 나가 동네를 걸었고, 일요일이 되면 피곤해 하는 남편을 일으켜 세워 해운대 바다를 나가고 산을 오르면서 건강을 다졌다. 건강해야만 여행을 다닐 수 있기 때문이었다. 그런데 여행을 마치고 나서 드는 생각은 뚜벅뚜벅 걸어다닌 여행 덕분에 더 건강해진 기분이다.

온몸의 무게가 수직으로 발바닥에 전달되어 지구의 중력을 원망도 많이 했다. 장단지에 알이 배기고 허벅지가 부서지는 듯한 피곤함으로 숙소에 들어선 수많은 날들에 대한 기억이 아련하다. 고맙다. 잘 걸어준 우리 두 다리와 발바닥이. 신발 밑창이 다 떨어지고, 가지고 간 양말이 거의 다 헤져서 나중에는 꿰매 신고 다녔다는 우리의 이야기에 어떤 사람은 자기도 신발이 다 떨어질 때까지 신어보고 싶다고 말했다. 어른이 되고 나서는 신발이 떨어져서 바꾼 적은 거의 없다면서.

걸음 계산은 하루도 안 빠지고 내 허리춤에 차고 다니던 만보계의 위대한 승리다. 매일 저녁 숙소로 돌아와서 만보계에 그 날 하루 걸어다닌 걸음을 내 일기장에 적는 기쁨은 대단했었다. 아!! 오늘도 우리는 이렇게 부지런히 다녔구나! 뚜벅뚜벅 세상을 걸어다녔구나! 험한 산을 오르기도 하고, 바닷가 길을 걷기도 하고, 사막을 가로지르기도 하고, 도심을 마구 헤집고 다니기도 했던 우리 여행의 어느 날, 하루 걸음을 정리해본다.

중국 윈난성에서 티벳까지 이르는 차마고도의 한 자락, '호도협 트레킹'. 하루 **33,439걸음**.
험준한 히말라야 산을 넘나들었던 먼 옛날 이곳 사람들의 삶과 죽음이 계속 떠오른 산행이었다.

네팔 안나푸르나 베이스캠프를 올랐다가 내려가는 길. **29,308걸음**. 온통 눈이었다. 어디가
하늘인지 어디가 땅인지도 구별하기 어려웠던 눈부신 길. 고산증으로 심장이 벌렁거리고 머리가
깨질 듯이 아팠는데도…내려가는 길이 아쉬워 자꾸 자꾸 뒤돌아보며 안나푸르나를 내려갔다.
머리와 가슴이 따로 놀아서 머리는 빨리 내려가라고 발걸음을 재촉하는데 가슴은 천천히
내려가라고 발목을 잡았다.

인도 맥그로드 간지의 3,000m급 트리운드 트레킹. 끊임없이 속이려 들던 인도 사람들. 쓰레기와 오물로 뒤덮힌 더러운 인도 거리를 벗어나 우리는 천국을 걷는 기분이었다. 이날 우리는 모두 **34,360보**를 걸었다.

이란의 야즈드. 사막의 한가운데 도시, 야즈드는 집들도 모두 흙담이었다. 끝도 없이 이어지는 무채색의 거리, 아주 새로운 낯선 세상이었다. 꼭 아라비안나이트에 나올 것 같은 골목길이었다. 하루종일 이 골목, 저 골목… **18,362걸음**.

육각형의 돌기둥이 빼곡이 솟아있는 **북아일랜드의 자이언츠 코지웨이**. 낯선 풍경에 신기해하면서 하루종일 걸은 날이다. 처음에는 같은 숙소에 있던 대만 노부부와 함께 있었는데 결국 이들은 중도에 포기하고 우리 둘만 바닷길을 다 걸었다. **37,558걸음**.

스코틀랜드 아비모어의 Cairngorms National Park를 오른 날. 산정상까지는 푸니쿨라도 운영되고 케이블카도 있었는데 우리는 다 사양하고 두 발로 그냥 걸었다. **29,129걸음**.

아이슬란드의 굴포스. 엄청난 굉음을 내며 쏟아져 내려오는 폭포 가까이에서 우리의 옷은 흠뻑 젖었더랬다. 빙하의 나라, 용암의 나라 아이슬란드는 정말 많이도 걸어다녔다. 그래도 이 날은 **13,766걸음** 밖에 안 걸어다닌 날이다.

"왜 난 걷는 건지♪♪ 무엇이 삶의 목적인지♪♪ 언제나 변함없는 저 푸른 산과 하늘 ♪♪" 하루 종일 드라마 '산'의 주제곡을 불렀던 날이다. 마테호른이 있는 **스위스의 체르마트. 36,522걸음.**

독일과 오스트리아 국경 근처의 히틀러의 별장, Eagle's Nest.
아직 우리나라 사람들은 많이 안가는 곳이었는데, 독일 사람들에게는 아주 인기 있는 트레킹 코스라고 했다. 13,285걸음.

스웨덴의 스나르스테드. 영국의 스톤헨지와 비슷하다는 거대 바위덩어리들이 늘어서 있던 곳. 오랜만에 바다 짠 냄새가 나서 두고 온 해운대가 많이 생각난 날. 10,271걸음.

드라마나 CF에 단골로 출연한다는 **독일의 슈베린 성**. 동화같은 성과 믿기 어려울만큼 큰 호수가 있던 마을. 하루종일 상쾌한 기분이었다. **15,276걸음**.

룩셈부르크 에크트나흐의 뮬러탈 숲도 걸었다. 아주 오래 전 거대한 물줄기가 흘렀을 깊숙한 계곡. 이제는 육지로 올라와있지만 아직도 검은 이끼가 가득했던, 산소 가득한 상쾌한 숲. 걷는 길이 천국같았던 뮬러탈 숲. **30,657걸음**.

우크라이나의 키예프. 전혀 계획에도 없던 우크라이나를 여행해서 마치 행운을 만난 듯한 느낌을 줬던 도시. 하루 종일 황금돔에 취해 돌아다녔다. **24,125걸음.**

러시아의 모스크바. 크레클린 궁과 바실성당. 그리고 붉은 광장. 오며 가며 저 광장을 얼마나 많이 다녔던지. 가을의 문턱에 들어선 모스크바의 바람은 제법 차가웠다. **22,715걸음.**

에스토니아 탈린에서 새벽 배를 타고 건너와 하루동안 후다닥 돌아다닌 **핀란드 헬싱키**. **시벨리우스 조각공원**이다. 9월 말이었는데도 얼마나 추웠던지 하루 종일 오들오들 떨었던 기억만 있다. 그래도 허락된 단 하루의 시간, 종일 무릎이 깨지도록 **28,253걸음**이나 걸었다.

라트비아의 시굴다. 리가에서 버스를 타고 찾아간 전원도시 시굴다를 찾았을 때는 여행자들의 발길이 뜸한 가을이었다. 비는 내리고 바람은 차고. 온 거리에 주인없는 사과나무만이 우리를 반겼다. 땅바닥에 떨어져 있는 사과를 가방 한가득 주워서 먹은 날. **10,448걸음**.

루마니아의 시나이아 산을 찾았을 때. 이곳에서 처음 눈을 만났다. 그런데 눈이 반갑다기 보다는 추위때문에 오히려 원망스러웠다. 산을 오르다 오르다 너무 추워서 그냥 포기하고 내려온 날. 30,172걸음.

헝가리 제국의 영광이 고스란히 살아있던 **부다페스트**. 왕궁으로 광장으로 거리로 온 부다페스트를 돌아다녔지만 결국 우리가 마지막으로 선택한 건 뜨뜻한 물이 있는 세체니 야외온천이었다. 한국 육개장과 꼭 닮은 굴라쉬 한 그릇에 언 몸까지 녹이면서… 29,987걸음.

불가리아의 **벨리꼬 뚜르노보**. 마치 우리나라의 달동네를 보는 듯한 정겨웠던 곳. 벨리꼬 뚜르노보 성도 포근하게 우리를 맞아주었다. **21,481걸음**.

열심히 걸었지만 아주 잘 쉬고 왔다는 느낌이 들었던 **크로아티아의 플리트비체 호수**. 코발트 연초록 호수의 오묘한 빛깔. 햇빛이 있었더라면 더 환상적이었을 플리트비체 호수 걷기. **16,556걸음**.

벼랑 끝에 매달린 공중수도원이 있던 **그리스의 메테오라**. 하루 종일 산길을 걸어다니면서 자연과 하나가 되어 있는 하늘에 매달린 중세 수도원을 만났었다. **28,531걸음**.

하나의 방에 작은 탑, 트롤로를 한 개씩 이고 있는 **이탈리아의 독특한 마을, 알레르벨로**. 돌조각 하나하나로 쌓아올린 이색 지붕과 하얀 담벼락이 가득한 동화속 마을이었다. **20,307 걸음**.

여권을 잃어버리는 바람에 졸지에 가게 된 **그리스 산토리니 섬**. 갑자기 가지게 된 여유로운 시간 덕분에 설렁설렁 섬 전체를 돌아다녔다. 이아 마을에 저녁 노을을 보러 간 날. **17,951걸음**을 걸었다.

남들은 낙타다, 말이다, 당나귀를 타고 다니던 **이집트 카이로 기자지구의 피라미드**에서도 우리는 그냥 뚜벅뚜벅 걸어다녔다. 피라미드를 만들었던 먼 옛날 노동자들을 생각하면서. **19,685걸음**

요르단의 페트라. 하늘 높은 줄 모르고 치솟아 오른 바위 틈을 지나 신기루 처럼 성전이 나타나던 곳. 천천히 느긋하게…. 22,983걸음.

먼 옛날 귀금속, 향유, 올리브, 비단, 청동상, 물, 소금을 실은 캐러반들이 북적거리던 사막의 오아시스. **시리아의 팔미라**. 중국의 비단이 여기까지 발견되어서 실크로드를 지중해까지 연장시킬 수 있었단다. 팍팍한 돌산 흙길을 따라 16,486걸음.

5일을 머물렀던 **터키의 괴레메**. 우리가 한 일이라고는 아침부터 저녁까지 걸어다닌 일 밖에 없었다. 과연 우리가 살고 있는 지구가 맞는가라는 생각과 함께. **27,168걸음**.

정말 많이 걸어다녔다. 걸어다니는 골목 골목에서 아이들도 만나고 그곳에 살고 있는 사람들도 만났다. 덕분에 우리는 택시나 버스의 속도보다 훨씬 느리게 그곳을 볼 수 있었고, 더 자세하게 만났고, 더 깊은 감동을 받았다. 오를 수 있는 산이라면 다 올라보려고 노력했다. 그곳의 자연속에 푹 파묻혔다. 그래서 행복했다. 천천히… 느긋하게…

다 정리하고 보니 이날이 가장 많이 걸은 날이었다. **아일랜드의 '모어 절벽'**을 따라 걷는 길. 하루 동안 **41,538걸음**. 5월 하순에 잠깐 한국에 들렀다가 다시 여행을 시작했던 시점이었다. 그때 우리가 할 수 있는 일은 정말 걷는 것 뿐일 것만 같았다. 지상의 슬픔을 가슴에 품고 아무 말 없이 그냥 걸었다. 어디선가 바람만 불어오면 눈물이 나던 시간, 모든 것이 어려웠던 순간들. 수억 년에 걸쳐 만들어진 시간의 길을 걸으면서 우리 만남의 짧고 행복했던 시간을 아픈 다리로 달래면서 잊을 수 있었다, 보낼 수 있었다. 그냥 하루 종일 걸으면서…

여행경비 결산

중간에 잠깐 한국을 들어갔다 나온 것을 빼고 나면 모두 311일간의 세계여행. 우리가 쓴 돈이다. 그냥 대충 전체로 얼마가 들었냐는 것만 계산하면 될텐데 뭘 그리 머리 싸매고 고생하느냐고 옆에서는 핀잔을 줬지만, 이것 역시 우리 여행의 일부분이라고 생각하고 정리했다.

모두 약 3,924만 원. 물론 두 사람의 여행경비다. 먹고 자고 돌아다니고 모두. 여행을 시작하기 전 여행준비금까지 모두 포함해서다. 어떤 사람들은 그 정도나 들었냐고 놀라는 사람도 있을테고, 또 어떤 사람들은 그 정도밖에 안 들었냐고 놀라는 사람도 있을테다. 아마 여행을 좀 더 뒤에 떠났다면 더 적게 들었을 수도 있다. 이유는 환율 때문이다. 지금 170원정도 밖에 안하는 위엔화가 우리가 떠날 때는 220원이나 했었다. 달러도 1400원을 넘어서고 있었고, 유로도 1800원이 넘었다. 여행을 시작하고 나서는 조금씩 내려 많이 안정되기는 했지만 처음에는 심했다.

우리는 나이가 들어서 떠난 여행이니 그래도 좀 편안한 잠자리, 좀 더 질 높은(?) 음식을 먹고 다녔다. 젊은 친구들은 이 보다 더 적은 금액으로 여행을 충분히 할 수 있을거다. 또 우리는 가는 곳마다 거의 빼놓지 않고 무언가를 보러 다니고 들러보고 이것저것 다 하면서 부지런히 돌아다녔다. 여행 중에 간혹 만날 수 있었던 "아무것도 하지 않고 그저 룸펜처럼 그냥 어디에선가 죽치고 있으면서 이게 여행입네~"하던 꼴불견의 사람들보다는 더 많은 경비가 들었음에는 틀림없다. 멀리까지 시간을 투자해 여행을 나와서 그저 여행을 나왔다는 것만 떠벌이고 아무것도 하지 않은 채, 그래서 돈이 적게 들었다고 하는 것은 자랑이 아니라 부끄러워해야 하는 것. 여행 중간 중간 은행에서 그 나라 돈으로 직접 인출을 했기 때문에 그 때 그 때 적용되는 환율로 계산했다. 어떤 나라는 숙박비가 비싸고 어떤 나라는 교통비가 비싸고 각 나라마다 특징이 있다. 인도같이 물가가 싼 나라에서는 매번 신나게 사먹고 다니고 더블 룸에서 잤지만 유럽같이 물가가 비싼 나라에서는 여러 명이 함께 자는 도미토리를 선택할 수밖에 없었고 제대로 된 식당엘 한번 가본 적이 없다. 매번 폼 다 구겨가며 슈퍼에 들러 초록색 시장바구니에 음식 재료를 가득 사와 호스텔 식당에서 밥을 해먹었다.

그리고 아이슬란드나 북유럽같이 비명이 나올 만큼 비싼 동네에서는 슈퍼에서 사 온 걸로 해결하는 것도 모자라 여러 번을 차에서 자는 노숙도 했었다. 지금 생각해보면 나름 낭만도 있는 것 같기도 하지만 다시 한 번 더 차 안에서 자라고 하면 그건 생각해 볼 일이다. 매번 자고 일어나면 온몸이 부스러지는 느낌이 들었으니 말이다. 그래도 그곳을 여행할 때는 다행히 여름으로 어둠이 거의 오지 않는 백야 수준이라서 뭐 그런대로 참을 만은 했지만… 다시 하라고 하면 못할 짓이다.

1. 네팔이나 북유럽의 경비는 숙박비, 교통비, 식비 이런 식으로 일일이 자세하게는 정리할 수가 없다. 두 번의 경우 선후배가 우리 여행에 동행하여 함께 신나게 돌아다니느라 통째로는 얼마가 들었는지 알겠지만 하루하루 가계부를 적는 데 게으름을 부려 정리할 수가 없다. 또 이때의 경비는 정상보다 좀 더 적게 쓴 경우다. 동행한 벗들이 우리를 먹여주고, 돈도 더 보태서 경비 절감에 많은 도움이 됐다. 감사.. 감사… 한국에 오면 술 한 잔 거하게 산다고 해 놓고 아직도 이 숙제는 해결 못하고 있다. 여전히 우리의 빚이다.

2. 살인적인 물가를 자랑하는 스위스에서 우리의 여행경비는 매우 적게 들었다. 순전히 후배가 하고 있던 투어야 여행사 덕분이다. 10일 정도를 머무른 스위스 산장의 숙박비를 다 해결해 줬다. 산장에 있어서 밥도 계속 해먹을 수 있었고. 또 뒤의 며칠간은 언니 부부가 와서 먹여주고 재워줘서 거기서도 왕창 아꼈다.

3. 유럽의 교통비는 기절할 만큼 비싼데 이 부분도 우리는 주변의 도움을 많이 받았다. 43일 동안은 차를 리스해서 다녔는데, 이 비용은 언니 부부가 함께 여행을 다닌다면서 왕창 부담했다. 자기네들은 20일도 채 여행을 안 했었는데… 그리고 여행사에서 유레일패스를 우리 둘에게 무상으로 제공해줘서 그것도 엄청 도움이 됐다. 그러니까 다른 사람들이 우리와 같은 코스로 여행을 한다면 교통비로 훨씬 더 많은 금액을 각오해야 한다.

4. 비싼 동네에서 놀다가 러시아로 들어가니 오히려 물가가 싼 느낌이 들어 잘 먹고 다녔다. 물론 잠은 도미토리에서 늘 잤지만. 대부분의 사람들이 러시아의 물가를 많이 걱정하는데 생각해보면 그리 걱정할 만한 수준은 아닌 것 같다.

5. 이집트는 물가가 아주 싼 곳이었는데 비싼 유럽으로 다니다가 체감물가가 확 떨어지는 것 같아 사치를 한 것 같다. 하루에 7만 5천 원 정도가 들었는데, 여행 초반에 아주 아끼던 정도로 아꼈다면 이것보다 훨씬 더 적게 쓸 수도 있었을 것 같다. 그건 요르단이나 시리아도 마찬가지인 것 같다. 특히 터키에 들어와서는 마지막 나라라는 생각에 앞의 여행보다는 훨씬 더 풍족하게 다녔던 것 같다.

6. 비행기 값으로는 모두 780만 원 정도 들었다. 처음 여행을 계획할 때는 중국 베이징까지만 비행기를 타고 가서 모두 육로로 갈 생각이었다. 육로로 유럽까지 가서 돌아올 때만 편도 비행기를 끊어 올리려고 생각했었는데 도중에 한국에 들어와야 할 일이 생겨 예산을 훨씬 초과한 경우다. 이란 - 한국 항공권, 그리고 한국에서 다시 유럽으로 나가는 항공권이 그 경우다. 그러면서 일정도 약간 바뀌어 아이슬란드를 가게 되어 아이슬란드 왕복 비행기 삯도 지출했다. 그래도 인터넷을 통해 런던에서 출발하는 저가항공권을 구매해서 그나마 나은 경우였다. 아니면 우리가 갔던 여름 최성수기의 가격은 1인당 100만 원이 넘어야 살 수 있는 것으로 안다. 또 파키스탄 비자가 나오지 않아서 인도에서 이란으로 갈 때도 비행기를 탈 수 밖에 없었고, 여권을 잃어버리는 바람에 그리스에서 일정이 바뀌어 이집트까지도 비행기를 타야만 했다. 그래서 우리 여행 경비에 많은 부분이 항공권 구입에 할애됐다.

7. 결론적으로 말하면 여행경비 지출이 정상적이라는 거다. 주변 사람들의 도움으로 많은 부분이 절감되었지만, 여행 당시 환율이 지금보다 훨씬 높았다는 점, 뜻밖의 일로 한국을 한번 왔다 갔다 하면서 몇 백만 원의 항공비와 다른 부대비용이 더 들었다는 점을 감안한다면 서로 상쇄될 수 있다는 얘기다. 우리와 비슷한 수준의 여행을 한다면 이 정도가 든다는 사실. … 좀 더 젊어서 가거나, 자는 것, 먹는 것의 수준을 조금 떨어뜨린다면 그래도 여기서 제법 많이 아낄 수 있다는 생각에는 변함이 없다. 그러나 누구의 표현대로 이보다 더 낮은 수준은 우리 나이에 무리일지도 모른다.

8. 여하튼 우리는 만족하고 있다. 한국에서 우리 둘이 살아도 먹고 자고 생활하려면 꼭 이만큼의 돈은 아니더라도 아주 많은 지출을 해야 하는데 세계를 돌아다니면서 많은 것을 배우고 건강하게 돌아오는 데 지불한 금액이 이 정도라는 것에 만족한다. 다시 한 번 더 하면 이 보다 더 아낄 수 있을까? 아니면 더 써야 할까???

9. 매일매일 일기를 쓰듯이 정리해 놓은 가계부를 보고 혼자서 뿌듯해 했다. 우리 블로그에 어떤 곳에서 잠을 잤는지, 무엇을 먹고 다녔는지, 그 나라의 물가는 어떠했는지 꼼꼼하게 적어 놓았다. 사실 한국에서도 나는 가계부를 거의 쓰지 않는데 여행을 나가니 부지런해지는 것 같다. 여행을 돌아와서 만난 한 후배가 그랬다. 여행 하루하루를 적은 일기도 좋았지만 자기는 여행가계부를 보면서 놀랬노라고. 각 나라의 물가가 어떻는지 자세히 알 수 있어서 다른 어느 것 보다 중요한 정보라고. 여행을 꿈꾸는 다른 사람들에게 도움이 됐으면 좋겠다.

블로그 주소 : http://blog.daum.net/freeleeandkim

여행경비 총 결산 (2009년 3월 8일 ~ 5월 23일, 6월 16일 ~ 2010년 2월 4일, 총 311일간)

나라	경비					총	하루평균	걸음	특이사항
	숙박비	교통비	식비	입장료 및 투어	기타				
중국(15박 16일)	264,000	304,000	289,000	263,000	28,000	1,148,000	71,750	318,739	
라오스(8박 9일)	117,000	144,800	162,000	52,500	12,600	488,900	54,330	129,813	
태국(5박 6일)	110,100	46,400	110,700	33,500	36,300	337,000	56,170	52,553	방콕-네팔 항공권 646,000
네팔(12박 13일)						817,400	62,880	223,492	
인도(18박 19일)	118,950	178,630	241,080	64,910	37,100	640,670	33,720	266,133	인도-이란항공권 1,162,200
이란(16박 17일)	206,500	220,600	164,900	18,900	61,400	672,300	39,547	282,337	이란-한국항공권 1,641,800
잉글랜드(7일)	283,180	124,350	142,100	262,660	4,100	816,390	116,630	104,773	유럽왕복항공권 2,390,000
아일랜드(10일)	541,570	326,960	209,740		60,190	1,140,460	114,000	213,972	런던-케리항공권 66,930
스코틀랜드(8일)	275,240	280,990	185,270	100,950		842,450	105,000	188,704	더블린-에딘버러 항공권 57,640
아이슬란드(9일)	315,000	1,639,870	151,120	69,180		2,175,170	241,690	116,664	아이슬란드 왕복 항공권 1,133,740
스위스(13박 14일)	300,800	162,800	231,000	74,600	101,400	870,600	62,200	243,785	
프랑스 ~ 독일 (가족과 함께 리스) 16박 17일	1,021,010	572,410	490,100	156,860	86,160	2,326,540	136,860	265,591	
독일 ~ 덴마크 (둘이서 차 리스) 15박 16일	1,073,410	495,550	337,010	66,240	488,500	2,460,710	153,800	228,880	
북유럽(12일)						1,969,760	153,110	125,892	
러시아(8일)	225,610	198,000	245,360	48,910	27,020	744,900	93,110	172,358	
우크라이나(3일)	96,400	184,000	59,600	3,900	3,500	347,400	115,800	69,907	
발틱3국(10일)	275,830	352,320	269,590		30,770	928,510	92,850	167,122	
동유럽(34박 35일)	1,205,040	1,553,970	882,340	149,450	102,800	3,893,600	111,250	574,416	
그리스(14박 15일)	515,680	363,620	459,360	31,680	320,320	1,690,660	112,710	215,947	아테네-카이로 항공권 214€ 376,640
이집트(22일)	204,580	322,900	331,130	219,350	557,010	1,634,970	74,320	247,434	
요르단(7일)	98,610	85,250	110,310	153,770	40,950	488,890	69,840	77,956	
시리아(10일)	201,570	63,880	94,880	510	142,600	502,900	50,290	104,758	
터키(35일)	1,036,010	665,130	817,560	214,910	14,440	2,478,050	78,520	453,088	
총(311일)						29,686,230		4,844,314 걸음	7,474,950

여행준비금 : 항공권 2명 (395,000원) 준비물 (1,530,780원)   총   1,889,780원
여행중 경비 :   총 29,686,230원
여행중 항공권 :   총 7,474,950원
여행보험금 9개월(처음 2개월은 여행준비금에서 이미 지불)   총   188,550원
                                                        총 39,239,510원

*모든 금액은 2인 기준입니다.